ATT FÖRSTÅ OCH PÅVERKA BETEENDEPROBLEM

Olle Wadström

Första upplagan 1989
Andra reviderade upplagan 1995
Tredje omarbetade upplagan 2004
Fjärde reviderade upplagan 2007
Femte upplagan 2008
Sjätte reviderade upplagan 2013
Sjunde reviderade upplagan 2020

FÖRORD

Under de många utbildningsdagar som jag under årens lopp hållit för föräldrar och lärare på skolor, universitet, lärarutbildningar, föräldrar till och personal för utvecklingsstörda har jag alltid mötts av frågan:

Var kan man läsa mera om det här sättet att arbeta? Man har blivit entusiastisk och gärna velat börja arbeta på detta vis.

Den här boken har tillkommit för att möta behovet av en bok på svenska i ämnet tillämpad beteendeanalys. Jag har i boken vänt mig till lekmän och jag har ansträngt mig att göra svåra och komplicerade sammanhang lättbegripliga och har i många fall undvikit onödiga fackuttryck. Vissa facktermer har jag dock inte kunnat eller velat undvika då en och annan läsare söker sig fram till flera böcker i ämnet och då bör vara van vid en korrekt terminologi.

Boken kan även vara en lämplig introduktion för en majoritet av experter med annan skolning och terapeutisk inriktning. Såväl psykologer, psykiatriker, socionomer, socialarbetare, vårdpersonal och inte minst föräldrar torde kunna ha nytta av boken.

Jag vill rikta ett tack till professor emeritus Sten Rönnberg som hade värdefulla synpunkter på det ursprungliga manuskriptet 2004.

Under de omtryckningar som skett under åren har en del nytt tillkommit och annat har förändrats. De instuderingsfrågor som exempelvis Bengt Daleflod och Eva Magoulias har utarbetat och som kan sökas på nätet kan fortfarande användas även om vissa sidhänvisningar inte längre stämmer på grund av små redigeringar.

Linköping i april 2020
Olle Wadström

HUR BLEV PELLE BRÅKIG OCH VARFÖR SLÅR SIG JONAS?

Pelle 14 år har under det senaste läsåret blivit alltmer aggressiv och "kantig". Han är lång och gänglig alltid klädd i nitad skinnjacka, trasiga jeans och har stubbat hår. Han snusar och röker.

Han är medlem i en "klick" på skolan som kallar sig skinheads. Till gängets attribut hör hakkors, dödskallar m.m.

I kretsen av sina klasskamrater är han ofta direkt provocerande mot lärare och skolpersonal. Han går exempelvis inte undan för lärare som kommer gående i korridoren, utan han ställer sig vanligen än mera i vägen – som för att provocera. Om en lärare då skulle tilltala honom skulle han exempelvis svara: – "Skit i det!" –"Det ger väl jag fan i!" eller – "Skit på dig!" Vissa lärare har tagit honom åt sidan och talat med honom om hans tjuriga och provocerande sätt. Vid dessa enskilda samtal är han ofta tyst och tillmötesgående – ibland nästan inställsam. Han har aldrig velat eller kunnat ge någon förklaring till sitt provocerande beteende. Trots samtalen har problemet upprepat sig senare vid liknande tillfälle.

Pelle är mycket känslig för tillsägelser och kritik från lärare. Om han kritiseras i klassrummet kan det resultera i utbrott av otidigheter och en vägran till efterrättelse.

Under låg- och mellanstadiet var Pelle en ensam, ängslig och rädd pojke. Enligt lärarna hade han varit mycket lätt att ha med att göra. Han beskrevs som följsam och "snäll".

Även på den tiden var han svår att kritisera, då han ofta tog mycket illa vid sig och grät. Han upplevdes som försiktig och han höll sig alltid i bakgrunden.

Vad kan ha orsakat den stora förändringen i hans beteende? Hur kan en pojke förändras så fullständigt?

Jonas är en svårt utvecklingsstörd pojke som saknar tal. Plötsligt en dag när han är 8 år börjar han slå sig i ansiktet med knutna händer.

Föräldrarna gör allt som står i deras makt för att Jonas ska sluta slå sig och för han ska må bättre. De vill att han inte ska sakna något. Eftersom Jonas inte kan uttrycka med tal vad han önskar, har hans föräldrar lärt sig att tolka andra uttrycksmedel som kroppsspråk, tecken på irritation o.s.v.

På senare tid har tecknen på irritation blivit allt flera och slutligen har han börjat skada sig själv. Man kan inte förstå vad som ligger bakom detta. Föräldrarna är helt förvirrade.

Beteendeanalys

För att förstå varför Pelle blivit en så provocerande och tuff yngling och varför Jonas började sitt självskadande, måste vi göra beteendeanalys.

I en beteendeanalys försöker man finna de faktorer som får beteendet att starta och vad som gör beteendet värdefullt för personen. Man söker beteendets värdefulla konsekvenser eller vilken "nytta" personen har av sitt beteende och orsakerna till varför personen gör det han gör. Ibland försöker man även förstå hur beteendet lärts in.

Därmed har vi gjort helt klart att beteendet är utgångspunkten för våra beteendeanalyser. I Pelles fall är beteendet hans provocerande uppträdande mot lärare och i Jonas fall är beteendet slag i ansiktet. De beteendena blir alltså våra utgångspunkter, när vi ska göra beteendeanalys.

Vilka är de STARTANDE ORSAKERNA och vilka är KONSEKVENS-ERNA på deras beteenden. Kan vi finna svaret på dessa frågor, så kan vi kanske göra något för att påverka beteendet.

Det vi söker är förhållandet mellan orsaker, beteende och konsekvens. Detta förhållande kan skrivas som en formel:

Startande faktorer – Beteende – Konsekvenser

Den formel man använder har bokstäver för att beteckna "faktorer", "beteende" och "konsekvens". Formeln får följande utseende:

S står för *"Situationsfaktorer"*, *"Startimpulser"* eller *"Stimuli"* vilket är detsamma som alla typer av saker och händelser, som aktiverar, startar eller väcker motivation att göra beteendet. Hit räknas allt som påverkar personen här och nu, exempelvis andra människors agerande, saker och personen ser, tankar han tänker och känslor han känner.

R står för *"Respons/beteende"*, det vill säga hur vi reagerar när vi upplever *"Situationsfaktorerna"*. Med andra ord hur vi beter oss i den givna situationen. Det är R (beteendet), som alltid är utgångspunkten för beteendeanalysen. Det är beteendet eller reaktionen vi vill förklara och därför söker vi Stimuli som kan ha startat Responsen.

K står för det som sker som en direkt följd eller *konsekvens* av Reaktionen eller på beteendet. Konsekvenserna kan vara av två sorter. Dels kan det vara sådana konsekvenser som vi uppskattar och eftersträvar. Det är dessa som får oss att upprepa beteendet i framtiden. Dels kan konsekvenserna vara sådant som vi inte har något intresse av och sådana konsekvenser får oss att välja bort beteenden. Beteenden som inte leder till något önskat, kan man lika gärna slopa.

Sambandet mellan de startande orsakerna (S), beteendet (R) och dess konsekvenser (K) blir lättare att överblicka om man ger strecken "namn". Det första strecket mellan S och R uttalas "gör att" och det andra mellan R och K uttalas "för att" eller "leder till att".

Ett exempel:

Naturligtvis skulle vi ha kunnat skriva samma sak med ord och meningar, men då hade flera ord krävts och sambandet mellan "törst" och "släckt törst" hade inte framgått riktigt lika tydligt. "Jag är törstig, vilket gör att jag går och dricker vatten. Det leder till att törsten släcks".

Då man använder formeln, framgår tydligt att vårt handlande eller Reaktion är ett medel eller en förbindelselänk mellan det vi vill och det vi uppnår. Just detta gör att vi motiveras att upprepa vår Reaktion det vill säga vårt handlande. Man kan säga att det finns ett logiskt samband mellan orsakerna S och konsekvenserna K.

På vilket sätt kan Pelles provocerande och Jonas självskadande vara en förbindelselänk mellan situationsfaktorer och konsekvenser?

Pelles beteende

Vad kan tänkas vara viktiga "startfaktorer" eller orsaker till att Pelle så provokativt går ut och ställer sig i vägen för lärarna?

En viktig orsak tycks vara att kamraterna ska vara närvarande. Pelle är ju helt annorlunda mot lärarna då han är ensam med dem. Då är han nästan "inställsam".

På vilket sätt kan kamraternas närvaro vara av betydelse? Kan det vara så att Pelle hoppas, tror eller vet att hans tuffa beteende gör intryck på kamraterna? När han är ensam med läraren har han inte längre den sociala pressen på sig att visa sig tuff eller provocerande.

Pelle hade varit en ensam och osäker pojke tidigare. Nu har han blivit medlem i ett gäng där attityden mot vuxna och auktoriteter är aggressiv och provokativ. Tror han att han måste visa att han tillhör denna grupp, genom att bete sig som gruppens normer "föreskriver"?

Om detta resonemang är riktigt skulle det kunna skrivas på följande vis med vår orsaksformel:

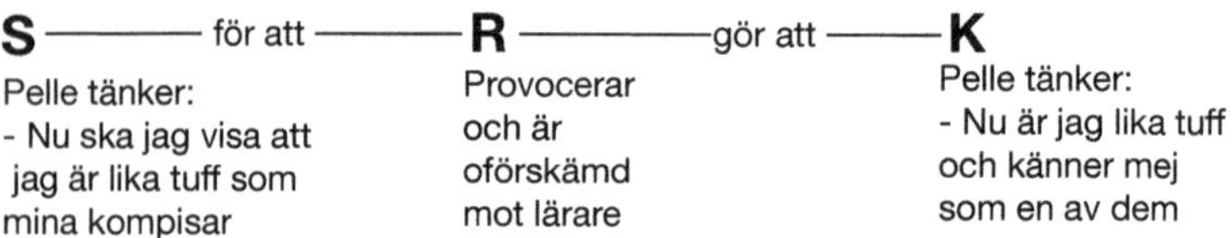

Att provocera och genera lärare blir enligt detta resonemang ett sätt för Pelle att visa att han är "en i gänget". Med tanke på hans tidigare isolering och ensamhet är det säkert mycket viktigt för honom att känna den samhörigheten. Provocerandet blir det pris han tror att han måste betala, för att bli "godkänd" i gänget. Varje gång han har burit sig illa åt mot en lärare, känner han sig nöjd med att han verkligen vågade och tror också att han stiger i de andras aktning och platsar i gänget. Han har uppnått det han vill (K) och det motiverar honom att upprepa sitt provocerande beteende.

En något mer fullständig analys skulle kunna skrivas;

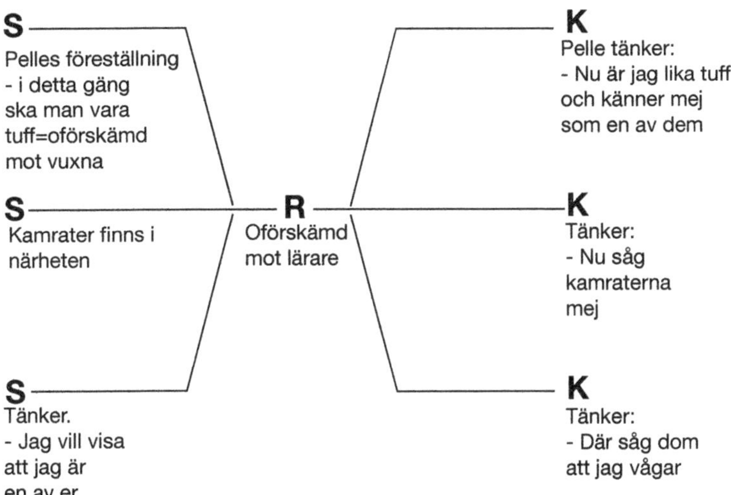

Kanske har vi i vår beteendeanalys närmat oss den sanna bilden, som kan förklara varför Pelle, tillsynes utan orsak, ställer sig i vägen för lärare och beter sig otrevligt mot dem. Vi kan också förstå varför han är så annorlunda mot samma lärare när kamraterna inte finns i närheten. Analysen är logisk i förhållande till de detaljer vi känner till om Pelle.

Pelles beteende förklaras av de konsekvenser det får för honom. Om det inte hade några förstärkande konsekvenser för honom, då skulle han sannolikt inte bete sig på detta vis.

Hur kan vi då förklara Jonas självskadande?

Kan det vara så att Jonas självskadande är ett effektivt medel att få föräldrarna att anstränga sig ännu mer att göra allt till det bästa för Jonas.

Om man blir vittne till att en utvecklingsstörd person slår sig våldsamt i ansiktet, blir man rädd och upprörd och är i princip beredd att göra vad som helst för att få beteendet att upphöra. "Vad som helst" kan innebära att man i sin nöd erbjuder något att äta eller dricka eller att man hindrar genom att hålla händerna. Tänk om den självskadande är förtvivlad för att han vill ha något att dricka, eller något att äta eller är olycklig och behöver tröst. I så fall kan de försök, som omgivningen gör att stoppa självskadandet innebära, att Jonas lär sig att använda självskadandet för att "be om" detta i framtiden. Vi lär oss ju att använda effektiva beteenden, det vill säga beteenden som har en god och önskad effekt. Och om Jonas märker att han får vatten att dricka när han slår sig, då är det "bara" att slå sig för att få vatten i framtiden. Inlärningen kan vara helt omedveten på samma sätt som vi inte tänker på att vi kan släcka vår törst genom att gå till vattenkranen.

Med vårt formelspråk kan det samband Jonas lär sig uttryckas på följande sätt:

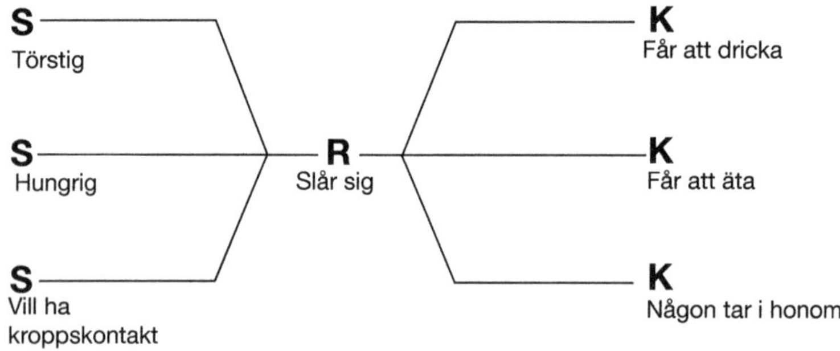

Kanske har vi även i Jonas fall de sanna sambanden mellan orsaker och konsekvenser? Kanske har vi funnit det som uppmuntrar eller motiverar Jonas att fortsätta med sitt självskadande?

Anpassning är inlärning

Ingen annan levande varelse har en anpassningsförmåga jämförbar med människans. Hon kan överleva i arktiskt klimat likaväl som i tropiskt, trots att hon inte har några naturliga förutsättningar för någotdera. Hon har varken tjock päls till skydd mot kylan eller effektivt kylningssystem mot ökenhettan. Likväl kan hon klara sig i dessa miljöer. Hon kan anpassa sig till och överleva i kaotiska förhållanden, som krig och naturkatastrofer, likväl som hon kan anpassa sig till välordnade och hårt reglerade samhällen. Förklaringen till denna helt unika förmåga till anpassning är människans inlärningsförmåga. Människan kan lära sig beteenden, handlingar och handlingsmönster, som gör henne kapabel att överleva och klara sig under de mest skiftande betingelser.

Ibland kan inlärningen av handlingsmönster bli fel, vilket kan innebära att personen betraktas som ouppfostrad, beteendestörd, konstig, avvikande, kriminell, farlig eller frånstötande. Sådan felinlärning beror ofta på att anpassningen sker till egendomliga omständigheter i miljön.

Ett exempel på detta är den utvecklingsstörde man som hela livet bott på ett vårdhem av den gamla sorten. Naturligt nog hade han anpassat sig till förhållandena på vårdhemmet. Därför ville han gå och lägga sig klockan 19 för det hade han gjort i 25 år. Han ställer sig i kö för att få hjälp med tandborstning och tar alltid till sig för mycket mat, eftersom han har lärt sig att det inte finns mer mat om man vill ha påfyllning efter en stund. När denne man lämnar den "abnorma" miljön kommer hans beteenden att framstå som egendomliga, svårbegripliga och oönskade, trots att de var helt naturliga i den gamla situationen.

Exemplet är kanske något tillspetsat, men i själva verket är det samma mekanismer som visar sig vid så kallade kulturkrockar. När man i en främmande kultur beter sig som man brukar göra hemma, kan problemen bli stora. När en västerlänning äter griskött och dricker alkohol betraktas detta som förkastligt i islamsk miljö eller till och med olagligt. På samma sätt framstår arrangerade barnäktenskap som olagliga och omänskliga av västerlänningar.

En annan typ av felinlärning är när vi helt oavsiktligt lär oss av tillfälliga händelser. En person som blir rånad på en mörk gata, vågar efter den händelsen inte gå ut efter mörkrets inbrott. Han har lärt sig att mörker är farligt och får automatiskt ångest då det är mörkt.

Handlingsmönster och beteenden kan alltså skapas både genom erfarenheter under en längre tid och från enstaka tillfällen.

• Mänskligt beteende måste ses och förstås i sitt sammanhang (ibland används ordet "context" för sammanhang).

• Beteenden startas av Situationsfaktorer (S) och utförs för att de förväntas leda till vissa Konsekvenser (K).

• Beteendets relation till de faktorer som "startar" det och de Konsekvenser som väntas följa på det kan uttryckas med en formel:

Konsekvenserna som beteendet (R) får, påverkar den framtida användningen av det. Man lär sig använda beteenden som "duger till" något.

VAD ÄR BETEENDE?

En känd amerikansk forskare, Fredrik Skinner, menade att beteende är alla händelser och skeenden som uppkommer inom och på grund av att vi är en levande individ. Samma sak sagt med andra ord: Beteende är "allt en död man inte kan göra".

Med den beskrivningen blir "beteende" ett mycket omfattande begrepp. Till vardags betraktar vi beteendet som det vi ser en person göra. Han går. Hon sjunger. De pratar mycket. Pojken cyklar, Johan kräks och Karlsson super. Men med Skinners definition kommer företeelser som "tänker", "funderar", "drömmer", "sover" och även "må illa", "vara yr", "sörja", "glädjas", "uppskatta" också att räknas som beteenden. Även hjärtklappning och att svettas är beteenden, liksom att få ont i magen, när pupillen utvidgas eller när man blir torr i munnen. Både tankar, känslor och sådant som händer inne i kroppen utan vår vilja är att betraktas som beteenden.

Beteende är alla de händelser och processer som har sitt ursprung hos eller i organismen (människan i vårt fall).

Det är den definition som boken utgår ifrån. Att förstå en människas beteende kan ibland innebära att förstå varför hon känner ångest, i ett annat fall kan det gå ut på att förstå varför hon tänker skrämmande tvångstankar och varför hon har mardrömmar varje natt. Det instrument man har för att förstå alla dessa typer av beteenden är beteendeanalys.

Tillämpad beteendeanalys är kärnan i denna bok. Innan vi fördjupar oss i detta måste vi klara ut att det finns tre olika typer av beteenden.

Tre olika typer av beteenden

Först skiljer vi mellan viljestyrda beteenden (två typer) och icke viljestyrda beteenden (en typ).

Viljestyrda beteenden kan sedan delas upp i:

1. **motoriska** beteenden yttre och vanligen synliga.
2. **tankar** eller **kognitiva** beteenden, vilka är inre, dolda och osynliga

Ej viljestyrda beteenden

3. Den tredje typen av beteende är icke viljestyrt och kallas **autonoma beteenden** (s. 73 och framåt). Det är sådant som ständigt försiggår inuti våra kroppar. Bara någon gång emellanåt blir vi medvetna om de autonoma beteendena. Vi märker att vi får hjärtklappning eller att vi blir svettiga. Ibland märker vi även autonoma beteenden hos andra personer exempelvis att någon rodnar.

I våra kroppar pågår ständigt processer för att hålla oss vid liv – temperaturreglering, matsmältning, näringsupptagning, hormonproduktion med mera. Allt detta är autonoma beteenden, som vi inte kan kontrollera viljemässigt. Det finns flera skillnader mellan framför allt de viljestyrda och de autonoma beteendena. Först ägnar vi oss åt de viljestyrda beteendena.

Viljestyrda beteenden

De viljestyrda beteendena – motoriska handlingar och tankar – kan vi starta och stoppa när vi vill. Vi kan bestämma när och hur vi ska använda dessa beteenden. Även om vi ibland har en känsla av att vi "inte kan låta bli att tänka en viss tanke".

Vi använder vårt viljemässigt kontrollerbara beteende i speciella syften och vi förväntar oss resultat (konsekvenser) av dem. Vi utför beteendet "för att" eller "i hopp om att" något önskat ska hända. Avsikten behöver inte vara medveten eller avancerad. Det kan handla om så banala saker som att "det ska sluta klia på näsa" eller "att jag vill uppfatta bättre vad någon säger till mig".

Alla viljemässigt kontrollerbara beteenden har syfte, avsikt eller förväntade konsekvenser. Här följer några exempel på "syften" och "förväntade konsekvenser" som är knutna till beteenden.

Avsikten med att jag skriver den här boken är *"att jag vill förklara hur man gör beteendeanalys"*.

Avsikten med att jag tvättar mig är *"att jag vill bli ren"*.

Avsikten med att jag ringer försäkringskassan är *"för att anmäla mig sjuk, så att jag ska få sjukersättning."*

Avsikten med att jag förmanar mina barn innan de åker till badet är *"för att de inte ska ta risker och drunkna"*.

Det finns alltid minst en avsikt när en människa gör ett viljemässigt kontrollerbart beteende, det vill säga alltid minst en förväntad Konsekvens eller avsikt.

Beteendeformeln

Vi har redan stiftat bekantskap med beteendeformeln:

Låt mig ta ett alldagligt exempel. Du går hemma i bostaden och känner dig hungrig. Du vill stilla din hunger. Vi skriver detta med formeln;

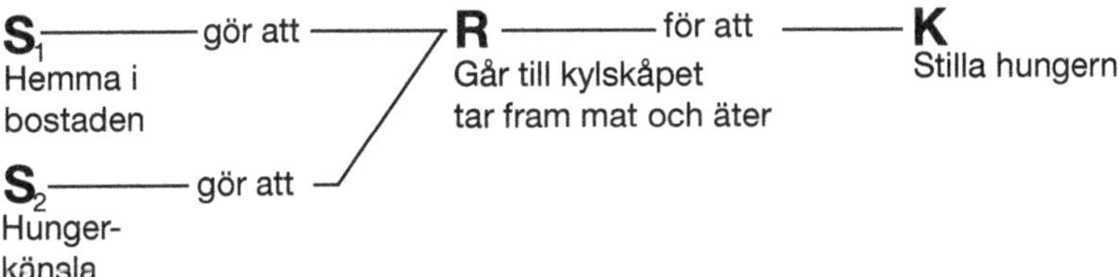

Två viktiga situationsorsaker (S) finns i detta exempel och de är dels hungern och dels det faktum att du är hemma. Dessa faktorer är avgörande för att du ska bete Dig som du gör. Om du hade varit i grannens bostad skulle du sannolikt inte ha gått till hans kylskåp på samma självklara sätt som du gjorde hemma hos dig. Likaså skulle ditt beteende ha blivit annorlunda, om hungern inte hade varit med. Då skulle du över huvud taget inte ha någon anledning att äta.

Situationsorsakerna (S) är således viktiga "egenskaper" eller utmärkande drag i situationen, som skapar viljan och väcker intresset hos dig att agera. Det är också de, som får dig att välja det ena eller andra beteendet.

I vårt exempel är hungern en känsla, men ofta är S-faktorer tankar – förutfattade meningar, fördomar, missuppfattningar och feltolkningar av situationen. Starka känslor som oro, ångest och irritation, aggressivitet, hat och avsky kan också fungera som kraftfulla situationsorsaker (S).

Situationen "väcker"

I varje ögonblick bombarderas vi av impulser och signaler genom vår syn, hörsel, känsel och genom tankar, känslor minnen och sensationer i våra kroppar. När ett eller flera av dessa S blir särdeles starka eller verkar i samma riktning, kan det resultera i att motivationen blir så stark, att det väcker vårt intresse eller motivation och vi reagerar (R). Hur ska vi då bete oss? Det som ligger närmast till hands är att handla på det vis, som vi tidigare lärt oss göra i en liknande situation.

Vi är ute och går på en gata och går förbi ett gatukök/hamburgerkiosk – vi ser kiosken (S_1) och vi ser en person som redan äter en hamburgare (S_2). Vi känner lukten av mat (S_3) och plötsligt observerar vi (S_4) att vi är hungriga och minns (S_5) att vi inte har ätit sedan frukost. I detta ögonblick beslutar vi oss (R) för att köpa en hamburgare och äta. Ju fler och ju starkare S som samverkar i en och samma riktning, desto större är sannolikheten att vi ska handla eller reagera (R) i denna riktning.

För en utomstående betraktare kan det i vissa fall vara svårt att förstå en människas beteende eller handlande. Betraktaren vet ju inte att det var sju timmar sedan vi åt vår frukost och att vi därför är hungriga. Men om betraktaren har alla viktiga och betydelsefulla S klara för sig, kan han lättare förstå.

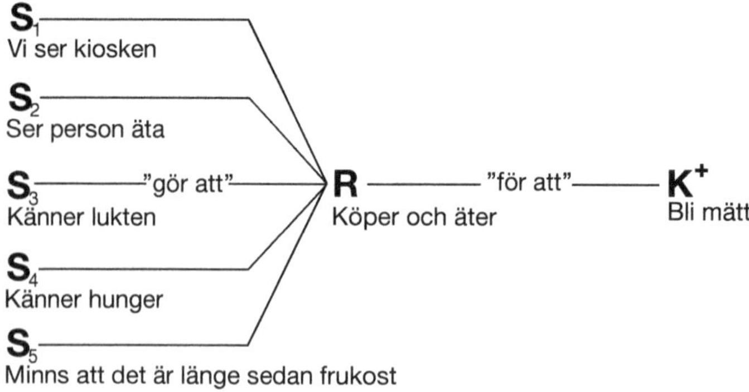

Som en konsekvens (K) av vårt agerande blir vi mätta, vilket var avsikten och vår vilja. Vi uppnådde det vi ville uppnå och därför blev vårt beteende positivt förstärkt. Beteendet fungerade.

De viljemässiga handlingar, som vi hela tiden utför har de mest skilda funktioner eller förstärkningar. I exemplet ovan var funktionen att göra oss mätta (konsekvensen K^+ bli mätt). Det är inte ovanligt att samma beteende har flera förstärkningar och många gånger är vi inte medvetna om vilka dessa funktioner är. Många handlingar gör vi helt utan att tänka eller reflektera över, vad de syftar till. Vi kliar oss (R) för att klådan ska upphöra (K), vi städar (R) för att vi vill ha det rent (K) omkring oss, vi ringer hem (R) för att få veta (K) vad vi ska handla och så vidare.

Följande tabell får tjäna som exempelsamling på vanliga och oreflekterade beteenden, deras orsaker och funktion.

Situationsfaktorer som "utlöser" beteende	Reaktion/ beteende	Konsekvens av R dvs. funktion/förstärkning
S ———"gör att"———	R ———"för att"———	K^+
Mamma i köket	ber mamma om pengar	få köpa glass
Klåda/det kliar	Kliar mig	Klådan upphör
Stökigt hemma	Städar	Blir rent och fint
"Vad ska jag handla?"	Ringer, frågar	Får besked om vad
Vi är missnöjda med en vara	Klagar i affären	Varan byts ut
Fått fel lön	Ringer lönekontoret	Felet rättas till
Känner mig ensam	Ringer kompisen	Känner mig inte ensam längre
Jag är ledsen	Ringer mamma	Blir tröstad

- Viljemässigt kontrollerbart beteende är inlärt.

- Det finns alltid situationsfaktorer S som "startar" eller "orsakar" beteendet.

- En person påverkas att använda vissa viljemässigt kontrollerbara beteenden, om de har en "nyttig" funktion för personen. De konsekvenser som beteendet får gör det värdefullt och visar att det fungerar. De nyttiga och värdefulla konsekvenserna förstärker motivationen hos personen att upprepa beteendet i framtiden.

Motivation

Motivation syftar egentligen på den drivkraft som gör att människor beter sig på ett visst sätt och lär de sig. Varifrån kommer denna drivkraft? Finns den i människan eller kommer den utifrån?

Vi kunde konstatera att såväl Pelle som Jonas utförde sina respektive beteenden på grund av det som hände efteråt. Pelle provocerade lärarna för att imponera på kamratgänget och känna sig tuff. Jonas fick också "nyttiga" och förstärkande konsekvenser på självskadandet, som gjorde detta värdefullt för honom. Exemplen visar att det som händer efter beteendet är mycket viktigt för att motivera till fortsatt användning av det.

Man borde egentligen kalla motivationen "dragkraft" istället för "drivkraft". Beteendet bestäms vanligen av de förväntade konsekvenserna och inte av det som kommer före. Det är inget som driver på utan det är de förväntade konsekvenserna av beteendet som "drar". Vi gör saker för att vi vill komma till ett resultat eller för att uppnå något. Det är alltså konsekvenserna av vårt beteende, som vi vill komma åt när vi beter oss på ett visst sätt.

Vi äter inte för att vi är hungriga, utan för att vi vill bli mätta. Det är mättnaden som vi vill komma åt. Vi duschar inte för att vi är smutsiga, utan för att bli rena. Vi arbetar inte för att vi är utan pengar, utan vi arbetar för att få pengar. Vi läser inte för att vi inte vet, utan för att få veta.

Vad är då skillnaden mellan dragkraft och drivkraft? genom att se konsekvenserna av beteendet som det som drar, blir det klart att det är det förväntade resultatet av beteendet som styr och inte situationen som utlöser beteendet. Det är ju inte självklart att alla hungriga äter, att alla smutsiga duschar eller att alla utan pengar arbetar. Man kan avstå från både det ena och det andra. Smutsiga kan strunta i att duscha, en person utan pengar kan avstå från att arbeta. Vill man bli ren, då gör man något för att bli ren. Vill man tjäna pengar då gör man något för att tjäna pengar.

Det är *målet med* eller *konsekvenserna av* beteendet som avgör om det ska bli något beteende.

Därför kan man påstå att det är det förväntade resultatet, som bestämmer beteendet. Vi väljer vårt beteende efter vad vi vill uppnå för stunden. Det är vanligen stundens behov och de omedelbara konsekvenserna, som "drar oss" till att utföra ett visst beteende.

De omedelbara konsekvenserna är vanligen viktigast

Vi äter för att det smakar gott, inte för att överleva. Detta visar sig i att vi äter mera än vi behöver för att överleva. Den senkommande konsekvensen "övervikt" kan inte ens få oss att låta bli att äta. Den omedelbara goda smaken är det som "drar oss" till att äta mer än vad vi behöver.

Vi läser boken för att den ger spänning och förströelse för stunden, inte för att få reda på hur den slutar. Många böcker som inte ger spänning och förströelse lämnar vi bakom oss, utan att veta hur de slutar.

Vilken betydelse har då det som föregår beteendet?

Man kan säga att den situation med sina Situationsfaktorer/Stimuli, som föregår ett beteende, gör personen uppmärksammad på vad han behöver eller vad han skulle vilja uppnå. Stimuli "väcker" och skapar därigenom intresse för konsekvenserna. När han vet vad han vill uppnå, väljer han det mest effektiva beteende han har, för att uppnå detta mål. Det är målet som "drar" honom inte situationen som trycker på.

Befinner vi oss i England så gör detta att vi väljer att tala engelska. Är vi hungriga i England så använder vi vår engelska för att fråga efter vägen till närmaste restaurang, där vi kan äta oss mätta. Det är möjligheten att äta oss mätta, som får oss att tala engelska och som avgör vad vi ska säga. Den förväntade konsekvensen får oss att bete oss på ett visst sätt, men det är situationen som föregår beteendet som säger oss när det är dags att göra beteendet.

Tidigare erfarenheter lär oss vad beteendet kan ge

För att vi ska veta vilket beteende vi ska använda för att uppnå ett mål, måste vi ha tidigare erfarenhet av liknande situationer. Vi måste också ha tillgång till beteenden att välja emellan. Saknar vi erfarenhet av en situation och beteenden i denna situation, då vet vi heller inte vad ett beteende duger till i den situationen. Har vi däremot varit med om situationen tidigare och haft tillfälle att lära oss effektiva beteenden, då är det lättare att veta.

Lasse vill ha en glass, men har inga pengar att handla för. Där står Lasse utan pengar och är sugen på glass. I köket sitter mamma och läser tidningen och i garaget mekar pappa med bilen. Lasse vet att pappa egentligen är lättast att få en extra glass av, men han har också tidigare erfarenhet av att pappa inte vill bli störd när han mekar. Då har han inte tid att gå ifrån för att hämta pengar.

Lasse väljer på grund av sin tidigare erfarenhet att gå till mamma, för där bedömer han utsikterna vara störst att lyckas.

Det är den förväntade glassen som får Lasse att välja beteende utifrån den situation han befinner sig i. Lasse har inga pengar, han är sugen på glass och han vet att pappa inte vill bli störd. Allt detta tillsammans får honom att välja beteendet att fråga mamma.

Om Lasse lyckas att få glass genom detta beteende, då ökar Lasses motivation att upprepa samma beteende nästa gång han hamnar i samma eller liknande situation. Man kan säga att det beteende han valde fungerade.

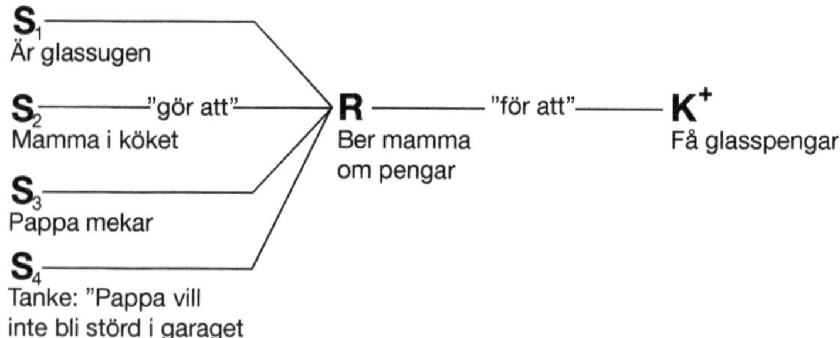

Att få pengar till glass är den önskvärda konsekvensen av beteendet.

De förväntade konsekvenserna bestämmer och motiverar vårt val av beteenden.

De beteenden som leder till önskade resultat finns all anledning att upprepa, nästa gång man vill uppnå samma resultat. Konsekvenserna av beteendet, det vill säga det som sker efter beteendet, visar om beteendet fungerar. Får man ut det avsedda av ett visst beteende ökar sannolikheten för att man ska upprepa detta beteende. En konsekvens som får oss att upprepa ett beteende kallas förstärkning. Det som förstärks är benägenheten att upprepa beteendet i framtiden.

När den förstärkande konsekvensen som i detta fall, är att vi får något till oss, då kallas konsekvensen positiv förstärkning (K^+).

Positiv förstärkning (K^+)
– en dragkraft på vårt beteende

Hela vårt liv prövar vi olika beteenden. Vissa av dem visar sig vara effektiva – leder till de konsekvenser vi vill att de ska leda till. Lyckligtvis kommer vi lättare ihåg dessa effektiva beteenden, samtidigt som vi blir mer benägna att upprepa dem. Vore det inte på detta vis, så skulle vi göra oändligt många misstag och det skulle inte vara möjligt att träna sig till allt större skicklighet. Vi vore dömda till att vara oföränderligt klumpiga utan hopp om att bli skickligare och effektivare i vårt beteende. Som tur är glömmer vi bort handlingar, som inte ger önskat resultat. De som ger resultat minns vi automatiskt och motivationen att använda dem förstärks.

En konsekvens som får ett beteende att användas allt mera kallas förstärkning.

$$S \text{———} \text{”gör att”} \text{———} R \text{———} \text{”för att”} \text{———} K^+$$
Mamma i köket   ber mamma   få köpa glass
om pengar

Att Lasse verkligen får pengar förstärker hans beteende att fråga mamma i framtiden. Det fungerade ju.

Alla beteenden som en person fortsätter att använda sig av har minst en förstärkning. Samma beteende kan ha flera förstärkningar. Ofta är vi inte medvetna om förstärkningarna, men likväl finns de där. Om förstärkningar saknades skulle vi söka nya andra och mer effektiva och funktionella beteenden. Det vill säga beteenden som kan ge oss det vi vill ha, den för ögonblicket önskade förstärkningen.

Förstärkningen (K⁺) är något, vad som helst, som vi upplever som positivt och den kan ha många olika skepnader.

Vad är förstärkande?

Vissa förstärkningar gäller alla människor. De är medfödda. Exempel på sådana är (1) och (2) nedan. Sedan har vi alla inlärda förstärkare som är olika för varje person. Här är det i högsta grad individuellt vad som förstärker. Vissa tycker det är förstärkande att titta på fotboll, samtidigt som andra tycker att detta är urtrist. Vissa röker och tycker det är förstärkande, medan andra avskyr allt vad tobak heter.

(1)   Inget är rätt eller fel, men vissa saker tycks gälla som positiva förstärkningar för de flesta människor, exempelvis "mat" för den hungrige, "vatten" för den törstige, "sömn" för den trötte osv.

(2)   Till de mer eller mindre allmängiltiga förstärkningarna hör även sociala företeelser såsom att få uppmärksamhet, leenden, beröm, att bli tittad på, att få tillhöra en grupp och bli erkänd av den, nickningar,

(3)   Positiv förstärkning (K⁺) – en dragkraft på vårt beteende; att skratta med andra, att bli beundrad, att prata med någon, att vara nära den vi tycker om och så vidare.

Som framgår av exemplen kan en företeelse vara förstärkande i en viss situation, men på grund av omständigheterna kan den vanligen förstärkande företeelsen till och med upplevas som aversiv (obehaglig eller besvärande) i en annan situation. Tag exempelvis tjuven som håller på att göra inbrott. För honom är uppmärksamhet från utomstående eller att bli sedd inte förstärkande – tvärtom. Men samma tjuv blir mycket förstärkt av kompisarnas uppmärksamhet, när de lyssnar då han berättar om sin smarta kupp.

> Positiv förstärkning är en positiv företeelse, som inträffar efter beteendet och som får beteendet att bli mer använt i framtiden i liknande situationer.

Det mesta kan tjänstgöra som förstärkning och det är stor olikhet mellan olika personer på den här punkten. Förstärkningar kan vara "yttre" – uppstå i den yttre situationen exempelvis andra personers beteenden och responser, eller föremål som tillfredsställer behov och önskningar. Förstärkningar kan även vara "inre" såsom självberömmande tankar, lyckliga minnen eller angenäma känslor (lycka, rus, eufori och tillfredsställelse) och kroppssensationer (släckt törst, mättnad, sexuell tillfredsställelse).

Mutor

Det är allmänt känt att man kan få en person att göra saker, om man utlovar honom något för det. Ibland kallas det mutor. Man kan muta en person att göra det ena eller andra, men det är skillnad mellan en förstärkning och en muta. Den som erbjuds en muta följer ett löfte eller tips om en belöning. Han gör det enbart för att få mutan och denna kan till och med delas ut i förskott.

Den som förstärks behöver inte ens vara medveten om att möjligheten till förstärkning existerar eller vad som är förstärkningen för honom. Han gör det inte för att han vet vad som gäller, utan för att han hoppas uppnå visst resultat. Medvetenheten om varför man gör som man gör saknas oftast när förstärkningen är verksam. Beteendet används så att säga automatiskt.

Vid en muta är det tanken på och medvetenheten om mutan som styr och inga andra motiv finns. I muta ingår ibland även att få någon att göra något olagligt, fult, falskt eller omoraliskt.

Efter en muta uteblir beteendet nästa gång, om inte ny muta erbjuds som ett villkorat löfte. Det förstärkta beteendet däremot används även i fortsättningen, så att säga av fri vilja, trots att personen kan vara helt omedveten om förstärkningen. De allra flesta beteenden vi utför gör vi utan minsta löfte eller förespegling om förstärkning.

Negativ förstärkning – att ta sig ur eller slippa obehag

Inte bara positiva konsekvenser kan motivera oss att bete oss på visst sätt. Även negativa och obehagliga företeelser kan påverka. Vi söker undvika och undkomma det negativa. Vi vill slippa alla sorters obehag.

Kalle fick skämmas för att han inte kunde läxan och han kände sig som en idiot inför klassen. Denna situation vill Kalle inte uppleva en gång till. Han kan då välja två olika strategier för att slippa en upprepning. Dels kan han läsa på bättre, så att han inte behöver skämmas eller också kan han skolka nästa lektion. Båda beteendena "förstärks negativt" eftersom de förhindrar att han drabbas av obehaget att behöva skämmas. Beteenden som gör att man undgår något negativt, blir negativt förstärkta. Man blir därvid mer benägen att använda dem i framtiden.

S ————— "gör att" ————— **R** ————— "för att" ——/— **K**
"Jag kan inte läxan" Skolkar (slipper) Skämmas

S ————— "gör att" ————— **R** ————— "för att" ——/— **K**
"Jag kan inte läxan" Pluggar (slipper) Skämmas

En rad beteenden vi utför förstärks negativt. Vi tar lugnande tabletter för att bli av med oron, vi tar sömnmedel för att slippa ligga sömnlösa, vi ger efter för att slippa bli utskällda, vi uteblir från tandläkarbesöket för att vi är rädda för smärtan, vi klagar inte på att grannen spelar för hög musik för att slippa bli osams med honom. Allt vi gör för att komma undan från, eller helt slippa konfronteras med obehagligheter, är beteenden som får negativ förstärkning.

S ————— "gör att" ————— **R** ————— "för att" ————— **K**
Huvudvärk Tar piller Slipper huvudvärken

> Ett beteende som gör att vi slipper ifrån eller undviker ett obehag kommer att upprepas i framtiden. Beteendet har blivit negativt förstärkt. Vi blir uppmuntrade att upprepa de beteenden som kan göra slut på obehag, plågor, skrämmande situationer.

När ett hot uttalas är syftet att skapa förutsättningar för negativ förstärkning. Om du inte kan läxan nästa gång, då blir det kvarsittning. Har du inte plockat ordning på ditt rum, då får du inte åka på lägret i helgen. Hjälper du inte till i hushållet så tänker jag inte stanna kvar i det här äktenskapet. Jobbar du inte mindre..., äter du inte mindre..., sköter du inte din hälsa bättre..., slutar du inte att röka....

På senare tid har hot mot vittnen förekommit. Exempelvis "Vittnar du mot mig i den här rättegången, då kommer något obehagligt att hända dina barn". För att undvika rädslan och hotet vägrar vittnet att delta i rättegången och obehaget undanröjs. Att inte vittna förstärks därmed negativt – hotet minskar eller försvinner.

Såväl negativ förstärkning som positiv förstärkning ökar motivation genom att de båda upplevs ha gynnsamma och positiva följder för oss. Själva befrielsen från det negativa (vilket är den negativa förstärkningen) upplevs positivt och det ökar sannolikheten för att vi ska göra samma sak nästa gång vi hamnar i en liknande situation.

Förstärkningar av olika sorter

Förstärkningar kan delas in på flera olika sätt. Några vanliga kategorier är påtagliga och konkreta, aktiviteter (andra beteenden) och sociala och inre förstärkningar.

Vad som är förstärkande är en mycket individuell sak. Man måste således utgår från individen själv och inte från sina egna önskemål och intressen, när man försöker hitta det som förstärker personen.

Förstärkningar kan vara konkreta föremål som exempelvis en cigarett, mat, Pepsi Cola, en god bok, CD-skiva, julklappar, pengar, blommor, ett smycke, en ny dator mm.

Påtagliga förstärkningar

Plutten tycker mycket om glass. Plutten är med sin mamma i affären och förra gången han var där fick han en glass av mamma. När han kommer in i affären påminns han om "glass" och ber mamma. Mamma tittar på klockan och konstaterar att det bara är en halvtimma till lunch och hon säger därför nej. Plutten vill hemskt gärna ha en sådan där god glass som han fick förra gången och tjatar. Mamma förklarar att det inte är lämpligt. Nu blir Plutten besviken och upprörd och börjar skrika. Mamma ser sig desperat omkring och märker att andra kunder i affären tittar på dem. Snabbt fattar hon beslutet att ge Plutten en glass, för att han ska tystna och det inte längre ska vara så pinsamt.

Två saker har då hänt: Plutten har fått positiv förstärkning på att skrika i affärer för att få glass. Det kommer att innebära att sannolikheten för att skrika i affärer har ökat påtagligt, när han önskar något och mamma säger nej. Skrik är ett effektivt beteende att få som man vill i affärer. Det andra som hänt är att mamma har fått negativ förstärkning på att ge efter för skrik. Att ge efter tog henne ur den pinsamma situationen genom att Plutten tystnade. Sannolikheten ökar därmed att hon kommer att ge efter för skrik i pinsamma situationer i framtiden.

Förstärkningen är "osynlig"

Ibland kan förstärkningen vara otydlig och till och med osynlig. Det som förstärker kan också vara tankar och känslor.

Tankar kan vara förstärkande. När du lagat mat och du är nöjd med resultatet tänker du: "Det där blev ju jättebra. Jag är rätt bra på sådant här." Att känna sig nöjd med något man gjort är förstärkande och kommer att öka sannolikheten för att du upprepar beteendet i framtiden.

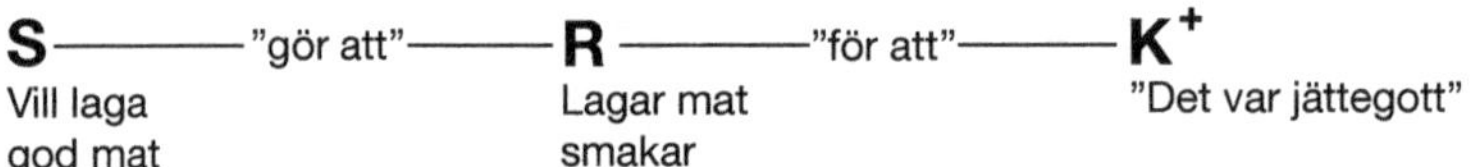

Även känslor kan vara förstärkande. Du sätter på en skiva med låten, som du och din stora kärlek dansade till för första gången. Låten väcker ljuva minnen och känslor. Detta förstärker ditt beteende och får dig att spela samma låt flera gånger i framtiden.

Förstärkningen är att något händer

Karl tycker det är dödstråkigt i skolsalen. genom att börja bråka med bänkkamraten, kommer läraren att börja härja (=det händer något som är roligare än innan). Beteendet att bråka med bänkkamraten blir då förstärkt genom att något händer.

Leif retar Lisa, som börjar gråta. Läraren kommer och "tar itu" med problemet. Något händer som bryter tristessen. Leif får förstärkning på att retas.

Jag ringer och pratar bort en stund i telefonen. Det är roligt att tala i telefonen och det förstärker mig att göra det igen när jag har tråkigt.

Aktiviteter som man väljer att göra om man får ledig tid, brukar man säga är förstärkande. Aktiviteten är självförstärkande.

Man kan därför använda "roliga" aktiviteter för att förstärka andra och tråkigare beteenden och göra det tråkiga lite mer motiverande i framtiden. När man gör det tillämpar man "Premacks princip" eller "farmors lag".

Premacks princip – förstärkningen är att göra

Premacks princip är även känd under namnet "Farmors lag". Innebörden i denna lag är att det tråkiga görs först därefter får man göra det roliga som en förstärkning. Ät varmrätten först och sedan får du efterrätten. Gör läxorna först och sedan är det tid för lek och fotboll. Plocka ordning på ditt rum först, sedan får du ringa efter en lekkamrat. Gå först och handla och sedan får du spela dataspel.

S————"gör att"———— **R** ————"för att"———— **K**$^+$
"Gör dina läxor"   Gör läxorna   Får spela dataspel

Om en person har fri möjlighet att göra det hon vill, då kommer hon att välja att göra sådant hon tycker om att göra. Man kan säga att aktiviteten är så positiv i sig själv för personen, att den kan betecknas som självförstärkande. Det betyder att förstärkarna för aktiviteten finns inbyggda. Små barn tycker om att leka och de gör det så snart de får möjlighet. Några exempel på sådant som är självförstärkande för många vuxna är att köra bil, spela dataspel, att lyssna på P1 på radion, att simma, vandra i fjällen, cykla, sova, vila, spela schack, titta på TV, titta på sportevenemang, läsa en bok, måla med akvarellfärger, skriva dikter, röka mm. Att spela fotboll och läsa serietidningar fungerar också för vissa personer, som om de vore självförstärkande.

> Aktiviteter som jag väljer att göra, kan användas som förstärkning för andra saker som är mindre roliga.

De flesta föräldrar är väl bekanta med Premacks princip, men alla förstår inte hur effektiv den är.

Jannes mamma vill vara hygglig mot sonen. Hon lovar Jan att han får spela dataspel först en stund, innan han ska gör sina läxor som han tycker är tråkiga. Genom att mamma är så snäll kommer Jan att uppleva att han blir bestraffad, när han gör läxan. Han får sluta med det roliga för att göra läxorna. Läxorna kommer att bli ännu mera motbjudande i framtiden. Jannes mamma hade inte förstått att använda sig av "farmors lag".

Sociala förstärkare

I umgänget mellan människor förekommer förstärkningar som uppmuntrar oss att bete oss på det ena eller andra sättet mot varandra.

Sociala förstärkare är sådant som vi alla gör och som får andra personers beteenden att öka. Sociala förstärkningarna kan vara avsiktliga såsom beröm, erkännanden, klapp på axeln, beröring, en puss, en kram eller att fråga och visa intresse. Uppmärksamhet är oerhört förstärkande för de flesta personer. Idrottsmän och skådespelare utan publik, skulle säkert inte fortsätta med sina beteenden. Den elev som inte får någon uppmärksamhet från sin lärare, skulle inte fortsätta med sina ansträngningar att vara läraren till lags. Barnet som ritar figurer och nonchaleras av mamma och pappa, skulle inte fortsätta med sitt ritande. Föredragshållaren som saknar publik, skulle inte hålla sitt föredrag. Musikern som ingen lyssnar på eller som inte får några skivor sålda, skulle inte fortsätta att spela.

S————"gör att"———— **R** ————————"för att"———— **K** $^+$
Publiken tittar på matchen   Spelar   Publiken jublar

De sociala förstärkarna är vanligen helt oavsiktliga och spontana. Vi skrattar åt en rolig historia, vi ler tacksamt, vi tittar och lyssnar och ställer frågor till den som berättar något intressant, vi häpnar över dem som imponerar på oss och vi "hummar" när någon talar till oss. Allt vi gör som får motparten att fortsätta eller öka sitt beteende fungerar som positiv förstärkning – social positiv förstärkning.

Man kanske inte tänker på det, men att "chockera" ger ofta mycket intensiv uppmärksamhet som ofta förstärker det chockerande beteendet. Det visar sig också i alla försök från filmstjärnor, som gör nästan vad som helst för att få pressens uppmärksamhet. Ibland verkar det som om människor klär sig konstigt enbart för att de ska bli uppmärksammade och man ska "förfasa" sig över dem. Att tatuera sig eller pierca sig med nålar och ha andra prydnader kan vara ett sätt att väcka andra personers intresse, uppmärksamhet – beundran eller fasa enbart för att chockera.

Uppmärksamheten kan vara så extremt liten och obetydlig som en blick. Ändå förstärker den oss att upprepa det beteende som tillsynes gav blicken.

Låt oss slå fast att uppmärksamhet och erkännanden från andra personer är avgörande för att vi över huvud taget ska göra något alls. Visserligen vill vi vara i fred och slippa uppmärksamhet i vissa sammanhang, exempelvis när vi är på toaletten, men i de flesta situationer är vi mycket glada åt uppmärksamhet från andra människor.

Sociala förstärkningar håller vänskap och umgänge igång

De sociala förstärkningarna är som smörjmedel i samvaron mellan människor. De får oss att bete oss på det sätt som den förstärkande motparten vill. Helt automatiskt talar förstärkningarna om vad motparten uppskattar i vårt beteende, så att vi fortsätter med det önskvärda.

Föräldrars och lärares främsta medel att påverka sina barn och elever är med sin uppmärksamhet. Bara att en vuxen ger barnet en blick fungerar oftast som förstärkning och får barnet att bete sig mera på samma sätt som det som ledde till uppmärksamheten. Får man för lite uppmärksamhet och känner sig ignorerad eller nonchalerad riskerar det att sänka självförtroendet och skapa olust.

Flera förstärkningar samtidigt

Den entusiastiske modellsnickaren, som tycker det är roligt att jobba med trä och att hantera maskiner får många förstärkningar samtidigt. Aktiviteterna är förstärkning i sig själva, då han är road när han jobbar. Ofta är det en förstärkning att se hur föremålet växer fram. Sedan får han beröm från andra (förstärkning), glädjen av ge bort det man själv skapat (förstärkning) och lyssna på de tacksamma (förstärkning) och beundrande mottagarna (förstärkning). Förstärkningar finns med från början ända till slutet i tillverkningsprocessen.

Motivation att göra saker och bete sig på visst sätt beror många gånger på flera förstärkningar, som fungerar samtidigt. Ofta blandas flera förstärkningar med varandra och dubblerar effekten eller kompletterar varandra. Uppnår jag inte det ena, så får jag i varje fall det andra.

Ibland kan det vara svårt att förstå vad som förstärker en person och som därmed får honom att fortsätta sitt beteende. Graffitimålarens förstärkningar kan kanske förbrylla, men de skulle kunna vara, att folk ser vad jag har gjort, någon förfasar sig, kompisarna beundrar djärvheten i valet av plats, känslan av att vara smartare än polisen samt den konstnärliga glädjen i att måla och se sitt verk och känna sig nöjd och stolt över det.

Simmarens förstärkningar skulle kunna vara; det är skönt och svalkande i vattnet, jag känner att det gör mig lugn, roligt att simma och det är alltid kul att prata med folk i bastun efter simningen och jag känner att mina knän får avlastning av denna form av motion.

Städarens förstärkningar skulle kunna vara; tanken att jag gör ett bra jobb och att det är stor skillnad på hur det ser ut före och efter städningen, att få beröm från familjen och att få betalt för jobbet.

Rökarens förstärkningar skulle kunna vara; nödvändig nikotinpåfyllning, att det är gott, att ha något att lägga händerna på, att det är trevligt att prata med andra rökare, när man har detta med rökning gemensamt.

Oavsett vilket beteende man söker förstå, så måste man leta efter förstärkningarna. Vare sig det handlar om Johan som skolkar, Lisa som pratar bakom ryggen på Linda, Janne som fuskar på skrivningarna eller Stina som skriker nätterna igenom, så måste man finna förstärkningarna för att förstå. De finns där alltid även om de ibland kan vara svåra att se.

Ett faktum som kan göra det svårt att få klart för sig vad som är förstärkande i det enskilda fallet är att förstärkningar inte behöver komma hela tiden eller varje gång man gör något. Det som gör beteendet funktionellt och gör det värt att upprepa, det vill säga förstärker det, kan komma mycket glest.

Etablerande omständigheter

Beroende på hur man för tillfället har det, kan en förstärkning vara mer eller mindre stark. Är man hungrig, så är en bulle mera förstärkande än om man är proppmätt. Hungern är därvid en etablerande omständighet (establishing operation), som förändrar förstärkningens värde eller styrka hos bullen. En etablerande omständighet (establishing operation) är en omständighet som påverkar kraften i förstärkningen – öka eller minska den.

Niklas (14) lever i isolering från vuxna trots att han bor hemma hos sina missbrukande föräldrar. Ingen av föräldrarna frågar någonsin efter honom och han får klara det mesta själv. De bryr sig inte och talar sällan med honom över huvud taget. Han tar fram det han ska äta och får ofta även ta ansvar för att mat över huvud taget finns att tillgå. Ofta sover han borta hos kompisar och ingen hemma frågar efter var han varit eller varför han inte kom hem. I princip har han sin kontakt med vuxna personer uteslutande i skolan.

Niklas brist på vuxenkontakt är en etablerande omständighet som gör all vuxenkontakt mycket förstärkande. Till och med att få en utskällning från en lärare upplever han förstärkande. Det betyder att en vuxen bryr sig. Att bråka och strula och reta lärare är därför ett funktionellt beteende, som ger honom det han uppskattar – vuxenkontakt. Han uppskattar särskilt när de tar honom i långa enskilda samtal, där man talar allvarligt till honom. Niklas är utsvulten på vuxenkontakt och detta är en "etablerande omständighet" för att han ska uppleva en utskällning som förstärkande.

Känslor, värderingar, fördomar, förutfattade meningar, fixa idéer, åsikter kan fungera som etablerande omständigheter.

Om jag är ledsen så är det mera förstärkande att ringa en vän för att bli tröstad än om jag inte vore det. "Ledsen" fungerar som en etablerande omständighet (EO). Värderingen "man ska vara en trofast vän" (EO) gör det mera förstärkande att ställa upp och försvara en kompis. "Det gäller att alltid vara bäst" är en EO som gör det förstärkande att plugga och att träna extra, samtidigt som den gör det mindre förstärkande att bli tvåa.

Åsikten, fördomen att "tjejer kan inte spela fotboll" (EO) gör det mindre förstärkande att gå och titta på en damfotbollsmatch.

Janne äter anabola steroider, för att bli "stor" trots att han vet att det är farligt. Han tror att kvinnor föredrar stora karlar. Hans föreställning är en etablerande omständighet, som gör det förstärkande att äta anabola steroider.

När vi försöker övertala någon att göra något och exempelvis förändra ett beteende, då gör vi detta genom att etablera nya omständigheter, som gör det förstärkande att bete sig på det nya sättet.

"Om du pluggar nu så ökar dina chanser att komma in på journalisthögskolan efter studenten."

En mycket viktig och avgörande del i KBT-behandling går ut på att etablera omständigheter som gör beteendeförändring angelägen dvs förstärkande. Den alltid gällande etablerande omständigheten är "Lev ditt liv i enlighet med dina värderingar och låt dig inte styras av rädsla och ångest."

Etablerande omständigheter förändrar värdet hos förstärkningar. Det kan till och med få sådant som andra avskyr att bli önskvärt, attraktivt, eftersträvansvärt och därmed förstärkande. Till och med en utskällning kan kännas positiv. Och en förstärkning kan förvandlas till en bestraffning.

Fortlöpande eller gles förstärkning

Förstärkning behöver inte komma på varje beteende för att hålla liv i motivationen. När man ägnar sig åt spel av typen tips, bingolotto eller V65, förväntar man sig inte att vinna varje gång. Man vet att chansen finns, men vet inte om man någonsin ska vinna. Ändå fortsätter man att tippa eller spela.

Vinsten vid spel är förstärkning som kommer mycket glest om den över huvud taget kommer.

Man skiljer mellan fortlöpande eller kontinuerlig förstärkning och sporadisk, tillfällig, gles eller intermittent förstärkning.

Det räcker om förstärkningarna kommer glest eller "intermittent". Ibland kan de komma mycket glest – kanske i genomsnitt bara en gång vart trehundrade beteende. Ändå fortsätter vi att bete oss på ett visst sätt, trots att det förefaller som om vi aldrig får vår förstärkning. Det kan till och med vara så att vi inte ens behöver få förstärkning själva. Det kan räcka med att vi ser andra få förstärkning, för att vi ska vara motiverade att bete oss på samma vis. Detta kallas vikariell förstärkning och även den kan vara kontinuerlig eller intermittent.

När vi i början gör ett nytt beteende, måste vi få täta och helst fortlöpande förstärkningar, för att inte genast tröttna och ge upp. Men snart nog kan vi nöja oss med allt glesare, intermittent förstärkning.

Elever som exempelvis tycker om att räkna har fått mycket

förstärkning när de började med matematik. Att lyckas med saker är mycket förstärkande. Första gången vi börjar räkna eller lär oss ett helt nytt språk är det avgörande, att vi känner att det går bra och att vi förstår.

Efter en tid kan vi tåla att det går lite trögare och det kan till och med kännas extra utmanande. Övervinner vi då svårigheten blir vi mycket förstärkta att fortsätta. Om vi hade stött på motståndet i början av vår bekantskap med det nya, hade vi tröttnat och kanske slutat med det helt.

Ett ämne som man upplever som lätt och begripligt ger hela tiden förstärkningar (ger naturliga lustupplevelser) blir roligt, intressant. "Nybörjartur" är när vi lyckas och får rikt med förstärkningar i början av något nytt. En skicklig pedagog, är en person som förmår lägga undervisningen på rätt nivå så att det blir som om vi har nybörjartur.

Efter en gynnsam start med kontinuerlig (fortlöpande) förstärkning blir vi mindre beroende av att det är tätt mellan förstärkningarna. Vi kan sakta vänja oss vid intermittent (gles) förstärkning.

Intermittent förstärkning "effektivare" än kontinuerlig förstärkning

Glesa förstärkningsscheman är effektivare för att öka vårt beteende och för att vidmakthålla beteendet på en hög nivå. Jämför hur många femkronor en person "offrar" på enarmade banditer eller Miss Vegas-automater och hur många femkronor han "offrar" på kaffeautomater. Kaffeautomaten förväntas ge en kaffekopp för varje femkrona (kontinuerlig förstärkning), medan spelautomaten förväntas ge vinst högst sporadiskt (intermittent förstärkning). Jag kanske aldrig får vinst när jag spelar på spelautomat.

Förklaringen är helt enkelt att det krävs flera beteenden för förstärkning och följaktligen måste flera beteenden utföras för samma mängd förstärkning.

Intermittent förstärkning av olika sorter

På landet finns en gammal handpump. För att få vattnet att komma upp och börja rinna i hinken måste man slå i genomsnitt 32 pumpslag.

Däremot hos moster Hulda räcker det med cirka 5 pumpslag, för att vi ska få vattnet att börja rinna. På landet måste vi bete oss mera (pumpa mera) än hos moster Hulda, för att få förstärkning. Man kan säga att förstärkningsschemat är glesare på landet än hos moster Hulda.

Glesheten i förstärkningsscheman kan ha olika uppläggning eller "scheman" och påverkar då också beteendet på olika sätt. Glesheten har stor betydelse för hur lätt eller svårt det är att påverka beteendet. Glest mellan förstärkningarna gör beteendet motståndskraftigt mot påverkan.

Förstärkningscheman – olika typer av gleshet i förstärkning

Pumparna i exemplet ovan hade förstärkningsscheman som är av kvottyp. Det krävs en viss kvot av pumpslag för att vattnet ska komma. I det ena fallet 5 och i det andra 32. Om en viss bestämd kvot eller antal beteenden krävs för förstärkning kallas schemat – *fixerat kvotschema.*

Ytterligare några exempel på fixerade kvotscheman. Jag jobbar på ackord och vet att jag får en extrabonus (förstärkning), när jag gjort tio av mina uppgifter. Kvoten tio uppgifter är bestämd eller fixerad. Man kan säga att kvoten mellan förstärkningarna och mina beteenden är en tiondedel (1/10). Det finns vinstlistor på premieobligationer som är konstruerade enligt denna typ av schema. Man vet att man får en liten men garanterad vinst om man har en serie på 10 obligationer. Reklamerbjudanden som säger att man ska skicka in fem kapsyler av en viss dryck eller fem tomma förpackningar av en vara för att få en belöning, är ytterligare exempel på fixerade kvotscheman.

Om det hade varit olika många pumpslag från gång till gång hade schemat istället kallats *variabelt kvotschema.* Variabla kvotscheman bygger på en genomsnittlig kvot av förstärkta beteenden dvs. hur många gånger man har utfört beteendet innan man får förstärkningen. Jag knackar på dörren, för att någon ska komma och öppna. Att någon öppnar är den förstärkning jag önskar få. Det är dock inte sagt att jag måste knacka ett bestämt antal gånger. Ena gången kommer man och öppnar efter tre knackningar och den andra krävs det sju. I detta fall talar man om variabelt kvotschema. Det är inte bestämt hur många beteenden (knackningar) som behövs innan förstärkningen kommer. Beteenden, som förstärks sporadiskt enligt ett variabelt kvotschema blir vanligen högfrekventa och motståndskraftiga och är svåra att sluta med.

Variabla kvotscheman är den typ av förstärkningsscheman som förmår personer att använda beteendet mycket och intensivt. Variabla kvotscheman ökar på beteendet allra effektivast och håller det sedan på en hög nivå. Den här typen av scheman förekommer vid lotterier, lotto, tips och andra spel. Trots glesheten i förstärkningarna kan personen bli så motiverad att spela mera att han slutligen inte kan låta bli. Spelberoende uppkommer genom alltför framgångsrik inlärningshistoria, där just variabla kvotscheman har varit en mycket viktig orsak. Andra exempel på beteenden som förstärks vid variabla kvotscheman är att fiska och att söka jobb.

Tiden kan styra när man får förstärkning istället för antalet gjorda beteenden. I dessa fall är tiden mellan ledigheterna (förstärkningarna) fixerad. Vi talar om att förstärkningen kommer på ett fixerat intervallschema. Ett fixerat intervallschema påverkar en person att jobba på ganska bra innan förstärkningen, men omedelbart efter tar han det lugnare. Intervallscheman får beteendet att öka ju närmare förstärkningen man kommer. Talesättet "Mot kvällen får den late bråttom" är exempel på hur ett fixerat intervallschema fungerar. Ett typiskt exempel på denna typ av förstärkningsschema är tågtidtabellen. "Tåget kommer" är en förstärkningen, om man ska åka med det. Man får inte bråttom att ta sig till stationen, förrän det börjar närma sig avgångstiden.

Andra exempel på förstärkningar som kommer på fixerade intervallscheman är raster i skolan. Det är ett vanligt fenomen att vissa elever inte kommer igång att arbeta förrän en god tid av lektionen gått. Månadslön, återkommande program på TV och julafton med klappar är andra exempel på förstärkningar som kommer efter en viss fixerad tid. Beteendet ökar ju närmare man kommer förstärkningen. De flesta får mera bråttom att handla julklappar ju närmare julaftonen man kommer. Man tittar oftare mot brevlådan efter lönekuvertet ju närmare slutet på månaden man kommer.

Tiden mellan förstärkningarna kan också variera, men fortfarande är det tiden som bestämmer när förstärkningen ska komma. Exempel på denna typ av förstärkningsscheman är när jag ringer och det är upptaget hos mottagaren. När han lägger på luren då får jag min förstärkning; "jag kommer fram". Detta kan ske om en minut eller 50 minuter. Tiden är obestämd mellan möjligheterna till att få förstärkning och därför kallas dessa förstärkningsscheman *variabla intervallscheman*. Det finns flera exempel på förstärkningar som ges enligt denna typ av schema. Du blir befordrad på jobbet eller får mera betalt. Dessa förstärkningar hänger ofta på hur länge du arbetat, men tiden du får vänta varierar i hög grad.

Hur länge du får vänta i snabbköpskön är ytterligare ett exempel där variabel tid bestämmer när du får din förstärkning (kommer fram och får betala). Typiskt för variabla intervallscheman är att de håller beteendet på en låg men jämn nivå. Man vet helt enkelt inte när det är dags att sätta igång med sitt beteende.

> Glest mellan förstärkningarna (intermittent förstärkning) är det bästa sättet att på sikt hålla motivationen för beteendet uppe. Ju svårare det är att förutse när förstärkningen kommer desto större motivation och följaktligen mer "beteende".

Intermittent förstärkning blir ett intressant begrepp, då man försöker att förstå varför människor beter sig som de gör tillsynes utan att få något för det. Man ser inte förstärkningarna för de är så sällan förekommande (intermittenta). Trots detta är personen mycket aktiv. Sportfiskaren som aldrig tycks få napp men fortsätter att fiska. Det är också intressant om man försöker få en person att upphöra med ett beteende. En person som "fastnat" för spel och dobbel är ett exempel på hur intermittent förstärkning gjort spelande till en "mani" – spelberoende.

Ibland kan förstärkningarna komma alltför sällan eller för glest. Då känns det som om beteendet inte längre fungerar. Det tjänar inte längre något till att bete sig på ett sätt eftersom det inte leder någon vart. Benägenheten att fortsätta bete sig på det värdelösa sättet slocknar. Vi talar då om utsläckning av beteendet.

Utsläckning (Försvagning)

Full av förväntan började Nisse räkna med tal med X. Han hade just fått lära sig hur man räknar med en obekant och tyckte att det såg lätt och spännande ut. Han var till och med så intresserad att han satte sig hemma att räkna efter maten på kvällen. Första talet misslyckades. Det var väl konstigt han tyckte ju att han hade fattat detta. Han försökte igen. Återigen blev det fel. Tredje gången misslyckades han också. Nu tog han nästa tal – fel igen. Nu lade han undan böckerna och gick ut och åkte moped istället. Hans motivation att räkna var på väg att utsläckas.

$$\textbf{S}\text{———}\text{"gör att"}\text{———}\textbf{R}\text{———}\text{"för att"}\text{—}\diagup\text{—}\textbf{K}^+$$
$$\text{"Kul att räkna"} \qquad\qquad \text{Räknar} \qquad\qquad \text{(men hindras) Kul}$$

Om man förväntar sig något (förstärkning), men inte får det, då upplevs detta till en början lite stimulerande (som vid ett glest förstärkningsschema) och beteendet ökar tillfälligt. Dessa sista krampaktiga försök att få önskad effekt på sina ansträngningar kallas "utsläckningsökning". Men efter ett antal fortsatta fruktlösa (förstärkningslösa) försök, tappar man motivationen. Det blir alltför uppenbart att det är fruktlöst.

Kalle hade fått ett nytt fiskespö och redan första gången han var ute och fiskade fick han napp tre gånger. Full av entusiasm gav han sig ut andra dagen och förväntade att han åter skulle få napp, men fiskelyckan hade vänt. Efter någon timma var han igång att pröva flera andra ställen utmed stranden. Han blev mycket intensiv och försökte på flera nya ställen, men ingenstans fick han napp. Timmarna gick utan framgång. Ingenstans fick han den förväntade förstärkningen. Efter detta intensiva prov av fiskelyckan tappade han intresset för att fiska. Han började istället göra andra saker. Sniglar vid strandkanten fångade hans intresse – motivationen för fiskande hade utsläckts. ytterligare en gång en vecka senare försökte han, men även den gången uteblev fiskelyckan. Efter den gången prövade han aldrig mer under hela sommarlovet. Utsläckning hade skett.

Utsläckning förkommer dagligen i vardagssituationer. Om lampan inte tänds när jag trycker på knappen, då prövar jag ytterligare några gånger i snabb följd innan jag ger upp och därefter väljer ett annat beteende.

Om bilen inte startar, då prövar jag intensivt ett antal gånger innan jag ger upp och söker andra alternativ. Jag ber grannen eller tar bilen till en verkstad.

Om jag försöker att tvätta bort en fläck på duken men misslyckas, försöker jag ytterligare några gånger innan jag ger upp.

Beteenden som inte ger önskat resultat – inte fungerar dvs. inte ger den förväntade förstärkningen och är meningslösa – försvinner ur vår beteenderepertoar.

> När förstärkningarna blir alltför glesa så att beteendet upphör, då har utsläckning inträffat.

Lasse (5) hade vid några tillfällen fått glass, när han tjatat på mamma i affären. Nu hade han lärt sig att tjat i affärer var ett sätt att få glass och detta kunde han inte låta bli att utnyttja. Således bad han mamma varje gång de kom till en affär. Lasses mamma började inse det tokiga i att han skulle ha glass varje gång. Mamman bestämde sig för att utsläcka beteendet "tjat om glass". Hon bestämde sig för att säga "Nej". Detta fick emellertid Lasse att öka sitt tjat. Mamma var dock konsekvent och gav inte efter för hans ökade beteende och snart nog blev det slut på tjatet. Det gav ju ingen glass. Tjatbeteendet blev utan förstärkning.

När utsläckningen sker, uppkommer vanligen automatiskt ett febrilt sökande efter andra beteenden, som kan ge den önskade förstärkningen. Uppfinningsrikedomen är som störst i samband med att det är uppenbart att det gamla beteendet inte fungerar längre.

Bestraffning

Det kan vara mycket förstärkande för en förälder att tillgripa bestraffning.
Inget kan vara mera felaktigt, eftersom effekten endast är tillfällig och har
en rad negativa följder.

> Bestraffning är en aversiv (obehaglig) konsekvens på ett beteende, så
> att beteendet omedelbart undertrycks.

Den desperata föräldern tillgriper det för att få barnet att snabbt upphöra
med sitt beteende. Bestraffningen ger omedelbar underkastelse och det
ger föräldern negativ förstärkning att fortsätta nästa gång omedelbar
lydnad önskas. Bestraffningens omedelbara effekt är det som lurar
människor att använda den.

Bestraffningen tar emellertid inte bort någon förstärkning, så snart är
beteendet åter där om inte något alternativt beteende finns.

Beteendet avbryts omedelbart vid bestraffning, men det återkommer
snart igen. Bland annat av den anledningen är det en åtgärd som är
olämplig att använda för beteendepåverkan.

I många länder finns barn som lever på gatan och som stjäl sin mat
för att överleva. Låt oss leka med tanken, att ett sådant barn blir taget
på bar gärning av polisen och misshandlat. Kommer det barnet att vara
mindre hungrigt tre dagar senare? För att avstå från sitt stjälande måste
gatubarnet få en annan möjlighet att komma åt mat.

Bestraffning kan få människor att omedelbart upphöra med sitt
beteende, men för att varaktig beteendeförändring ska ske, måste
förstärkningarna tas bort. Man kan inte ta sig förbi utsläckning.
Bestraffning är ett ineffektivt medel, som skapar ögontjänare och som
förstör relationen mellan människor, utan att ha någon varaktig effekt på
beteendet.

Skillnaden mellan utsläckning och bestraffning

Vid utsläckning snuvas man på de förväntade förstärkningarna medan
man vid bestraffning blir skrämd eller utsatt för något obehag som gör att

man omedelbart och tillfälligt upphör med sitt beteende.

En rånare kommer in i en bank och säger till kassörskan: "Det här är ett rån. Lägg pengarna i säcken."

Fall 1: Kassörskan som är beväpnad tar fram sin pistol och skrämmer iväg rånaren. Rånaren avbryter omedelbart sitt beteende och flyr. Kassörskan har *då bestraffat rånarens beteende.*

Fall 2: Kassörskan höjer avvärjande handen och förklarar att det inte går. Några pengar finns inte eller kommer i varje fall inte att lämnas ut. Rånaren blir utan den förväntade förstärkningen, då han inte får några pengar. Kassörskan har *då påbörjat en utsläckningsprocess.* Samma sak måste upprepas konsekvent med rånaren, för att hans rånförsök på sikt ska sluta.

Vid **bestraffning** undertrycks ett beteende **omedelbart** och **tillfälligt**, genom att det får en obehaglig, omedelbar konsekvens.

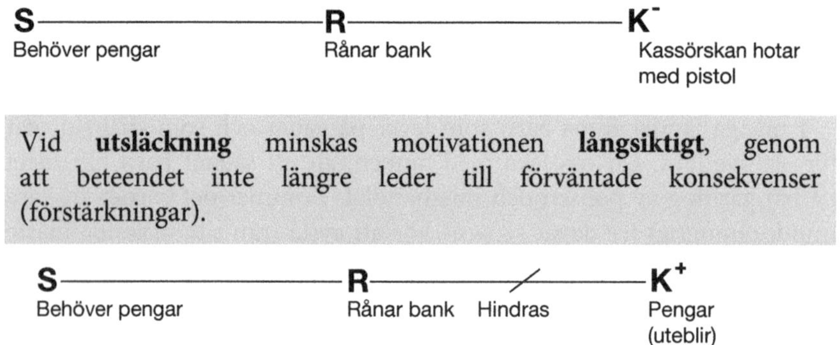

När fungerande beteenden upphör att fungera sker utsläckning. Men under själva utsläckningsfasen stegras först det gamla beteendet och därefter prövas andra beteenden. Man talar om "utsläckningskreativitet".

Om personen misslyckas gång efter gång, kan en känsla av vanmakt och brist på kontroll inträda. Vid svåra förluster eller missräkningar kan en känsla av allmängiltig meningslöshet infinna sig.

Den känslan tar ofta en längre tid på sig att utvecklas och det krävs i vissa fall åtskilliga allvarliga misslyckanden och i flera olika situationer för att den ska uppträda. Men när det mesta verkar utsiktslöst och meningslöst och de önskade förstärkningarna förefaller vara onåbara, då kan känslan av håglöshet eller hjälplöshet inträda. Att över huvud taget göra något alls verkar meningslöst och risken är särskilt stor när sociala förstärkningar uteblir. En allmän och mer generell känsla av meningslöshet infinner sig och man slutar därför att ens försöka – man slutar helt enkelt att bete sig. Depression kan ha uppkommit.

Depression

Ibland lever människor under förhållanden, där de flesta beteenden de använder sig av förblir oförstärkta eller slumpmässigt bestraffade. Det tycks inte spela någon roll hur de än försöker eller vad de än företar sig. Under sådana förhållanden kan en person drabbas av känslan att ingenting tjänar något till – en allmän "hopplöshet" har infunnit sig.

När en person slutar att bete sig, slutar att göra det han brukat göra och samtidigt kommit till slutsatsen att "ingenting" tjänar något till, då kan man säga att han blivit deprimerad. Apati och depression som uppstått på detta vis är en slags inlärd hjälplöshet. Erfarenheterna har lärt personen att "alla" eller åtminstone de flesta beteenden förblir oförstärkta. Varför ska man försöka när det ändå inte blir som man vill?

Brist på beteenden d v s passivitet och brist på initiativ är utmärkande för depression. Bristen på initiativ kan vara resultatet av en långt gången och generaliserad utsläckningsprocess. Tillståndet kallas inlärd hjälplöshet av beteendeterapeuter.

Denna typ av depression kan man iaktta bland krigsfångar, pensionärer med föga inflytande över för dem viktiga saker.

Pensionären drabbas i sin ensamhet av brist på förstärkningar. Ingen kommer på besök och ingen bryr sig om honom, han kan inte göra något för att det ska bli roligare och framtidsutsikterna kan han heller inte påverka. Barn och barnbarn har ju sitt och de ringer när de ringer.

Det avgörande för att depression ska uppstå är, att förstärkningarna uteblir alltför mycket. Mitt liv styrs av "slumpen", "ödet" och "tillfälligheter" och vad tjänar det då till att göra något.

Barndepression

Barn som lever under osäkra och oförutsägbara förhållanden kan drabbas av inlärd hjälplöshet. Det spelar ingen roll hur de beter sig, ibland får de ovett och stryk utan att ha gjort något och en annan gång kan samma situation leda till skratt och glada miner. De vet inte vilka beteenden som leder till förstärkning eller vilka som leder till problem och bestraffning. De drabbas av elände oavsett vad de gör och blir bestraffade och plågade. Ingen förutsägbarhet finns i fostran eller relationerna med föräldrarna.

De vågar inte göra något alls och undviker att göra det mesta för att inte råka illa ut. Deras beteenden och initiativ utsläcks.

Barn med inlärningssvårigheter försöker att förstå och lösa uppgifterna som alla de andra barnen klarar, men hur de än försöker så misslyckas de.

Känslan av att inte kunna påverka eller bemästra viktiga företeelser kan bädda för inlärd hjälplöshet. "Hjälplöshet" kan uppstå på många sätt.

Fasta och tydliga "spelregler" (även om dessa är stränga) är avsevärt mycket bättre än otydlighet och slumpmässighet i barnuppfostran. De ger trygghet. Vet man vad som förväntas av en för att man ska få förstärkning och vad som inte kan accepteras, då är det lättare att anpassa sig. Man kan skaffa sig sina förstärkningar då tydliga och klara regler finns. Om däremot osäkerhet och lynnighet med tvära kast och förändringar i regler förekommer, då kan man till och med bli osäker och rädd för att bete sig. Rädsla för att göra fel kan skrämma till passivitet och passiviteten kan leda till brist på förstärkningar och depression.

Jonte (7) var enda barnet i en familj där såväl mor som far gjorde karriär och hade lite tid för honom. Deras dåliga samvete för att de försummade honom gjorde att de heller inte ville vara stränga eller krävande mot honom. Han fick i stort bestämma det mesta själv. Jonte bestämde när han skulle lägga sig, vad han skulle ha på sig, vad han skulle följa med på och vilka saker han skulle få. Han tycktes vara ett bortskämt barn, som fick allt som han ville ha.

Ändå var Jonte deprimerad och olycklig. Han var så passiv och initiativlös att föräldrarna tog honom till en barnpsykiatriker. Han fick diagnosen depression. Föräldrarna kunde inte förstå detta. Deras son fick nästan allt han pekade på och han fick bestämma allt. Man tillämpade inte en massa regler och förbud i hemmet utan stämningen var enligt föräldrarna "öppen och tillåtande". Han fostrades inte strängt och han hade föräldrar som avgudade honom, även om de inte var hemma så mycket som han ville.

Jonte fick medicin och under den närmaste tiden fick Jonte en barnsköterska som tog hand om honom, när föräldrarna var borta. Barnsköterskan rapporterade om en intressant händelse efter första veckan. Hon berättade att Jonte en dag hade satt upp två parallella trådar i sitt rum med 10 centimeters mellanrum. Han fäste dem i väggarna med häftstift. När detta var gjort ställde han sig mellan dem med en tråd på vardera sidan av halsen. Han bad sköterskan skriva en "trea" på en lapp som han satte fast på sin keps och började därefter gå fram och tillbaka mellan trådarna från en den ena väggen till den andra. Han sade att han lekte spårvagn som gick från den ena ändhållplatsen till den andra. Leken varade så länge att han fick sår på båda sidorna halsen, men han ville trots det fortsätta leken. På fråga svarade Jonte: "Det är så skönt att vara spårvagn, för då behöver man inte bestämma så mycket. Man bara följer spåret."

Jonte hade en för honom alltför stor kontroll över vad han skulle göra. Även detta, alltså inte bara för liten kontroll, kan utlösa inlärd hjälplöshet eller depression.

Depression beror inte alltid på erfarenheter och inlärningsfaktorer och behöver inte vara direkt orsakade av det yttre skeendet. Apati eller exogen (av yttre orsaker) depression kan antas ha denna förklaring, men sedan finns en annan typ av depression s.k. endogen depression, som mera beror på inre och nedärvda egenskaper. Denna andra typ av depression kan dock förvärras och byggas på av inlärd hjälplöshet.

> Depression beroende på yttre faktorer skulle kunna kallas en "generaliserad utsläckning". Den term som beteendeterapeuter använder för detta tillstånd är "inlärd hjälplöshet".

Behandling av depression

På senare år har beteendeterapeuter funnit att det är mycket effektivt att behandla depressioner med så kallad beteendeaktivering. Man ger patienten i uppgift att börja göra sådant som han slutat att göra och som fått honom att känna inlärd hjälplöshet och tänka hopplöshetstankar.

Forskarna Martell, Addis och Jacobsen beskriver en typisk utveckling av depressivt tillstånd på följande vis.

En person drabbas av någon svår händelse och lever under förhållanden, som får honom att minska ner sitt beteende. Han slutar göra saker, som han egentligen tycker är roliga att göra, för att han inte längre vågar eller orkar göra det, eller för att han tycker att det känns tungt eller meningslöst.

Företeelser som kan utlösa denna begynnande nedtrappning av vardagsbeteendet kan vara sorg, ett sjukdomsbesked, en skilsmässa, avsked från jobbet eller pensionering. Det kan också vara något som mera tvingar till passivitet, såsom att få panikångest och av den anledningen isolera sig. Det kan också bero på att man inte vågar träffa andra människor och tackar nej på grund av social fobi (rädsla för att darra i måltidssituationer, för att rodna eller svettas). Sträng fostran och förbud från föräldrar kan också begränsa vardagsbeteendet hos barn på ett tvingande sätt.

Oavsett orsak så blir resultatet minskade möjligheter att få förstärkning (ha roligt och träffa människor och bli stimulerad). Då kommer detta att bidra till en känsla av att det är tråkigt, att man känner sig ledsen och negativ. Det bygger på depressionen. Sedan kan känslorna i sin tur göra att det känns jobbigt att göra saker som man egentligen tycker är roliga, man tackar nej för att man inte orkar, stannar längre i sängen, struntar i att tvätta sig och duscha. Hela tiden finns risk att man gör livet alltmera begränsat och fattigt. Depressionen tar form.

Man tillbringar mer tid framför TV:n, undviker folk, slutar gå på tillställningar med folk (sport mm) och tar till allt flera säkerhetsbeteenden, som ger lindring och känns bra för ögonblicket, men som bara gör livet än fattigare på förstärkningar. Depressionen är ett faktum.

Behandling måste gå ut på det rakt motsatta, nämligen att aktivera personen och därmed åter göra livet förstärkande. Beteendeaktivering syftar till att få den deprimerade att ta tillbaka livet, även om det känns svårt och inte alls roligt till en början. Enligt denna behandlingsmodell går det inte att vila sig ur en depression, som beror på yttre omständigheter.

Det gäller att återerövra livet, trots att det kan kännas omöjligt och hopplöst. Behandling av utifrån utlöst depression måste aktiveras bort. genom det aktivare livet återkommer möjligheten till förstärkning och känslan av kontroll återvänder.

> Bete dig som om du inte vore deprimerad, så kommer depressionen att släppa. Det kan ta tid, men det går inte att vila sig eller isolera sig ur en depression.

Tanken styr ibland beteendet

Vi har hittills hävdat att motivationen skapas av förstärkningar och att dessa gör att personen beter sig. Det betyder att beteendet styrs av sina förstärkningar eller konsekvenser snarare än av något annat.

Är det bara konsekvenserna som styr det? Styr då inte tanken beteendet? Jo tanken kan också styra vårt beteende. Vi styr vårt beteende med tanken om vi beslutar oss för det, men det sker vanligen bara högst tillfälligt. För om inte förstärkningarna följer på det tankestyrda beteendet kommer vi snabbt att överge det. Varför ska man göra något som inte fungerar?

Tänkandet spelar en viktig roll när vi ska lära nya beteenden (instruktionsinlärning) och innan vi behärskar eller har erfarenheter av nya beteenden. Innan vi behärskar ett beteende, använder vi vårt tänkande för att styra våra handlingar och pränta in det bit för bit. Med hjälp av tankar – det vill säga egna tankar eller lärarens, förälderns instruktioner eller handböcker och manualer – styr vi ibland vårt beteende som vi ännu inte behärskar. I det skedet spelar förstärkningarna inte någon roll. Beteendet är "regelstyrt" (rule governed). Det är inte ovanligt att vi till och med talar för oss själva, när vi försöker utföra något komplicerat beteende, som vi ännu inte behärskar.

> När tanken styr beteendet utan att förstärkningarna ännu hunnit bli verksamma, talar vi om "regelstyrt beteende".

Man skiljer således på beteende styrt av regler (det vill säga tankarna) och beteende styrt av sina förstärkningar (kontingensstyrt beteende). I de flesta fall är den regelstyrda fasen övergående och ett förstadium till kontingensstyrning. Innan beteendet har hunnit bli automatiserat, är det regelstyrt (alltså tankestyrt).

Du flyttar till en ny stad och har där en trevlig liten lägenhet. Första dagarna när du ska åka hem från jobbet hittar du inte så bra. Du tittar på kartan, tänker dig noga för hur du ska gå och vilka bussar du ska ta. Ditt beteende att ta dig hem till din lilla trevliga lägenhet (positivt förstärkning) styrs av regler som ditt eftertänksamma tänkande sätter upp. Men redan efter två veckor hittar du utan att ens behöva tänka och kartan tittar du inte längre på. Beteendet att hitta hem är nu automatiserat och är styrt av sin förstärkning – att komma hem. Ditt hemresebeteende har då blivit kontingensstyrt.

Som förälder eller lärare försöker man använda regelstyrning för att få elever, barn, medarbetare att förändra sitt beteende. Vi talar om för dem hur de ska göra och framhåller samtidigt vilka fördelar (förstärkningar) beteendet har. Misslyckas vi som fostrare eller lärare med detta, så är det vanligt att vi upprepar våra instruktioner och detta upplevs ibland som "tjat".

Ibland lyckas instruktionerna och personen ändrar sitt beteende i enlighet med de "regler" eller instruktioner han får. Om han senare visar sig upphöra med det nya beteendet, beror det oftast på att inga förstärkare finns, som gör beteendet värdefullt för honom. Kontingensstyrning kan då inte etableras och beteendet utsläcks. Ingen följer regler eller tankar som inte gagnar någon.

Just detta är den vanligaste orsaken till varför vi misslyckas i vår fostrargärning. Man kan aldrig enbart förlita sig på förmaningar (instruktioner) om man vill få ett beteende att överleva. Man måste se till att beteendet får förstärkningar så att det kan bli kontingensstyrt, för att det inte ska försvinna. Förstärkningarna kan var spontana så att aktiviteten blir självförstärkande, men i annat fall måste vi se till att förstärkningen kommer på annat sätt.

Tomma hot och löften (regler/instruktioner/tillsägelser) ändrar bara beteendet tillfälligt.

Kalle får tillsägelse av läraren att han tyst ska sitta kvar i bänken och räcka upp handen, om han önskar hjälp. Kalle låter sitt beteende styras av denna "regel". Snart upphör han dock med sina handuppräckningar och börjar ropa på läraren och resa sig i bänken, på samma sätt som han gjorde innan tillsägelsen. Vad har hänt? Kalle prövade det alternativa beteendet, men det visade sig att det inte var lika effektivt att få hjälp av läraren (förstärkning) som det gamla beteendet. När han ropade och reste sig kom läraren mycket snabbare. Det nya regelstyrda beteendet, att räcka upp handen, fick inte förstärkning och utsläcktes följaktligen.

Regelstyrning förekommer vanligen bara kort period i början av ett nytt beteende. Kontingensstyrning tar alltid över i det långa loppet och inget beteende kan överleva utan förstärkningar. Inga logiska argument eller bevis kan ta över och styra beteendet om de inte ger upphov till förstärkning samtidigt.

> Förmaningar, regler, tillsägelser och logiska överbevisningar som inte samtidigt leder till att det påbjudna beteendet blir förstärkt, ger inte någon bestående beteendeförändring.

Hustrun förebrår sin man att han inte kommer ihåg att köpa blommor på deras bröllopsdag. Hon säger att hon skulle uppskatta om han gjorde det. Mannen följer hennes "regel" och kommer hem men en blombukett när dagen kommer. Hustrun är då upptagen av helt andra saker och kommenterar inte ens blommorna.

Resultatet blir att "hustruns regel" inte leder till förstärkning. Mannen får inte ens ett litet erkännande (ingen förstärkning som "regeln" hade utlovat). Beteendet släcks ut innan det ens hunnit bli påverkat av förstärkningar.

Många bilförare kör för fort, trots att det finns regler som säger att man ska hålla hastighetsgränser. Förklaringen torde vara, att om man låter sitt beteende styras av regeln "håll hastighetsgränsen", så får man inte förstärkning. Det blir inte roligare eller mer stimulerande av att hålla låg hastighet. Förstärkningarna får man istället på att köra fortare. Förstärkningarna kan vara att höra motorns accelerationsljud, accelerationen och att man känner sig som en skicklig förare och att komma fortare till sitt resmål.

> Det räcker inte att bara stifta "regler" för ett nytt beteende och att instruera om det. Man måste även se till att det nya beteendet blir värdefullt, nyttigt och funktionellt – att det får förstärkning. Ett regelstyrt beteende försvinner innan det ens har etablerats om det inte förstärks.

Ett tecken på att beteendet har blivit kontingensstyrt (det vill säga styrs av sina förstärkningar), är att personen utför beteendet utan att tänka på att han vill göra det. Och utför han det utan att tänka på hur det ska utföras, då har det även blivit automatiserat. Personen har blivit "flytande" i beteendet, precis som man kan tala ett språk flytande.

Vardagsbeteenden är kontingensstyrda och man är "flytande" i dem. Det är sådana beteenden man kallar vanor – som kan vara båda goda och dåliga. De dåliga vanorna, som vi ofta vill förändra, låter sig inte förändras bara för att vi stiftar nya regler. Det räcker alltså inte att upplysa och förändra tankarna för att få bestående beteendeförändring, vi måste även se till att det nya beteendet blir förstärkt.

Vid regelstyrning försöker vi alltid motivera genom att framhålla fördelar med det nya och nackdelar med det gamla beteendet. Inte sällan innehåller instruktionerna både hot, löften och varningar.

Hoten och varningarna kanske tillfälligt kan få oss att tänka annorlunda, men det kan endast tillfälligt förändra beteendet. Om vi då under denna regelstyrda beteendeförändring upptäcker att beteendet har verkliga förstärkningar, får det oss sannolikt att fortsätta med det nya beteendet.

Du får inte röka

Föräldrarna talar med sin tonåring om att det är förbjudet och farligt att röka. Regeln är att man inte får röka innan man fyllt 18 år. Man hotar med det ena eller andra, men det hjälper inte. Att röka med kompisarna är alltför förstärkande för att avstå från. Det är svårt att få den som börjat röka att sluta. Vad kan man som förälder då göra? Det finns inga enkla sätt att få den som inte vill, att sluta röka. Förstärkningarna har hunnit bli för många efter en tids rökning.

Bättre är då att i förväg upplysa om vilka kostnader som är förbundna med att börja röka. Kan man på ett trovärdigt sätt göra klart för barnet att exempelvis ”Vi kommer aldrig att hjälpa dig att få köra med vår bil eller ta körkort om du använder tobak”. Då belastar man beteendet med en kostnad, som gör att det är lättare att avstå och tacka nej innan det hunnit bli ett förstärkt beteende. Regeln är effektiv om den inte behöver kämpa mot en massa kraftfulla förstärkningar. Detta exempel fungerar bara om det uttalade kravet är trovärdigt och barnet inser att det sagda gäller och inte är ett tomt löfte som kan ändras.

Peter hade slutat röka och slet med suget att åter börja. Han var ofta röksugen och tänkte ofta på att det vore gott (förstärkande) att ta en cigarett. Bertil som sedan länge var en friskistyp pratade med Peter om, vilka fördelar (förstärkningar) man har när man inte röker. Han gjorde Peter uppmärksam på hur mycket godare maten är när man inte röker. Han visade på hur mycket tydligare man känner lukter, särskilt nu på våren. På våren känner man exempelvis lukten av mylla. Han visade också hur mycket bättre kondition Peter fått bara genom att han fimpat för gott. Genom att få Peter att inse vilka förstärkningar det finns med beteendet att inte-röka, hade han etablerat omständigheter som gjorde det förstärkande att fortsätta att vara rökfri. På sikt blir förstärkningarna mindre och mindre med att röka, genom att nikotinbegäret minskar och då blir de naturliga förstärkningarna med att inte röka starkast.

Den som ska sluta röka måste hålla upp så länge med sitt rökande att han hinner upptäcka vilka förstärkningar icke-rökande har och hinna glömma förstärkningarna, som rökandet hade. (Mera om regelstyrt och kontingensstyrt beteende på sid 139 och framåt.)

Att förstå beteendet

När man söker förstå varför en person beter sig som han gör, måste man hitta de förstärkningar som gör beteendet funktionellt och därmed ”värt att använda” för personen. Om vi hittar alla förstärkningar, det vill säga alla funktioner som beteendet har, då har vi åtminstone en teoretisk möjlighet att påverka förstärkningarna och därmed beteendet.

Häri ligger hela hemligheten i att påverka beteendeproblem. Första steget mot att kunna påverka ett beteende är att hitta dess förstärkningar.

Innan vi ger oss in på beteendeanalys mera i detalj måste vi tala om hur inlärning av nya beteenden sker. Även om vi vet eller anar varför Jonas slår sig idag, kan det först vara av intresse att få veta hur Jonas började slå sig och hur det gick till att han lärde sig just detta beteende.

Syftet med beteendet är inte alltid det som det tycks vara.

INLÄRNING AV BETEENDEN

I det förra kapitlet tittade vi på varför vi lär oss. Hur motivation uppstår. Vi ska i detta kapitel titta närmare på människans enastående förmåga att lära nya beteenden. Hur inlärningen går till och de olika sätt för inlärning som finns.

Två olika nervsystem – två sorters inlärning

Människans beteende kan delas in i två typer beroende på vilket nervsystem som styr det. Dels det viljemässigt kontrollerbara och dels det autonoma beteendet.

Yttre eller *motoriskt beteende* tillsammans med det *kognitiva beteendet* (tänkandet) är viljemässigt kontrollerbart och härrör från hjärnans bark. Det är *inlärt* och skiljer sig därvid väsentligt från det *autonoma beteendet*, som styrs från autonoma nervsystemet och är *medfött*. Det autonoma nervsystemet ligger djupare och är på flera sätt mera primitivt.

Det autonoma beteendet är det som händer inuti våra kroppar såsom hjärtpuls, mag- och tarmaktivitet, svettning och mycket mera som behandlas senare. Det autonoma beteendet styrs utan att vi kan påverka det direkt med vår vilja. Det autonoma nervsystemet är självstyrande.

Viljestyrda beteenden och nervsystemet

Hjärnbarken tillhör den del av vår hjärna varifrån allt viljemässigt kontrollerbart beteende styrs. Nervsystemet får våra ben att röra sig när vi går, vår mun/tunga/stämband att samarbeta till att bilda tal, våra armar och händer att agera exempelvis till ett slåss. Alla motoriska handlingar, som vi kan starta och avsluta viljemässigt, styrs från vårt viljestyrda nervsystem.

Inte bara synliga handlingar är viljemässiga kontrollerbara utan även dolda handlingar som att tänka (fundera, överlägga med sig själv, älta och så vidare).

Alla viljestyrda handlingarna är inlärda. Vi föds i princip som tomma blad vad gäller motoriska beteenden och tankemönster. Miljön, våra erfarenheter och upplevelser under hela livet, bidrar till att vi ständigt lär oss nya beteenden och nya tankemönster. Det går inte en enda dag i våra liv, utan att vi lär oss något nytt beteende. Under barndom och uppväxt lär vi oss nya beteenden i rask takt. Det gäller inte bara synliga beteenden. Det gäller också hur vi ska tänka i vissa situationer, vad som passar sig i vissa sällskap, vad man bör undvika att göra för att inte skada sig eller behöva skämmas mm. Som mycket gamla lär vi inte längre så mycket, men så länge inlärningsförmågan finns tillkommer nya sätt att tänka, se på saker och ting, nya ord, nya företeelser.

Fostran och undervisning/träning är medvetna insatser för att ge barn beteenden, som vi tror de behöver i livet för att klara sig på bästa sätt.

Naturligtvis lär vi oss ett och annat som inte är lämpligt och kanske otillåtet. Ibland brukar resultatet av sådan felinlärning rubriceras som "ouppfostran" eller "asocialt beteende". Någon gång strider de felaktiga beteendena mot lagen och då kallas beteendet "kriminellt". Strider det mot sexualmoralen kan de benämnas "anstötliga" eller "avvikande". Vi har flera olika etiketter på beteenden som inte är önskade.

Dessa etiketter säger egentligen ingenting om hur "felinlärningen" ser ut, eller vad som är fel. Vi vet inte mycket mer om ett barn, för att någon säger att barnet är "ouppfostrat". Att vara ouppfostrad kan innebära mycket. Betyder det att barnet vanligtvis inte lyder föräldrarnas tillsägelser eller är barnets bordsskick miserabelt?

Det är mer klargörande om någon säger, att barnet skriker i timmar eller försöker slå sina föräldrar varje gång de säger "Nej" till något som barnet begär. Då förstår vi bättre vari "ouppfostran" består. Av den anledningen ska man alltid inför en beteendeanalys och vid beteendeterapin undvika de här "luddiga" och mångtydiga termerna. Istället ska man sträva efter att beskriva det personen verkligen gör. Hur handlingen ser ut – ju enklare desto bättre. Beteendets utseende kallas ibland topografi.

Vi får en mycket klarare bild av hur problemet ter sig (beteendets topografi), om vi får en beskrivning av handlingarna. Skäller på okända människor på gatan, verkar allmänt folkilsken och går ofta och pratar för sig själv säger mer än beskrivningar som "asocial" eller "underlig".

Hur lär vi oss viljestyrda beteenden

Att Pelle provocerar lärare är det en viljemässigt kontrollerbar handling. Han skulle kunna avstå från den om han vore motiverad till det. Det betyder också att den är inlärd. Hur kan han då ha lärt ett sådant beteendemönster?

Pelle kan ha lärt sig sitt provocerande genom att tänka ut en lösning på problemet: Hur ska jag bete mig för att accepteras av kompisarna? Han kan alldeles av egen kraft ha funderat ut, att det provocerande sättet är "ett bra sätt att vinna kompisarnas beundran för att bli en i gänget". I så fall har han på ett insiktsfullt sätt tänkt ut det nya beteendemönstret. Det kan till och med vara möjligt att han fick en idé – en "Aha-upplevelse". Det är naturligtvis så jag ska vara, för att jag ska bli en i gänget." Har det gått till på det viset, har han lärt sig beteendet genom så kallad problemlösningsinlärning eller insiktsinlärning.

Sannolikheten är dock större att Pelle lärt sig genom att någon i gänget har berättat för honom hur man kan göra för att "jävlas med lärare". Därefter har han hört gillande kommentarer om att göra just så. Han kan ha fått instruktion om hur man ska vara mot lärare för att vara tuff. I det fallet har han lärt sig beteendet genom instruktionsinlärning.

Han kan ha lärt sig genom att härma någon annan. Pelle kan ha sett någon i gänget, som han beundrar mycket, göra något liknande. Pelle härmar detta "modellbeteende". Kanske överdriver han det en smula för att imponera. Att lära genom härmning eller imitation är mycket vanligt. Andra namn på denna inlärningsform är "modellinlärning" och "observationsinlärning". Sannolikt har Pelle lärt sig sitt provocerande just på detta vis – kanske i kombination med instruktionsinlärning.

Låt oss nu se på hur Jonas kan tänkas ha lärt sig sitt självskadande. Med tanke på Jonas utvecklingsstörning är det svårt att tänka sig att han lärt det genom insiktsinlärning. Det är också svårt att se hur han skulle kunna ha lärt det genom instruktion eftersom han saknar språk.

Kan han ha lärt det genom imitation? Knappast, eftersom man inte känner till att han någonsin skulle ha sett någon annan vara självskadande. I Jonas fall återstår bara inlärning genom formning eller shaping. Detta är det fjärde inlärningssättet. Formning är en stegvis inlärningsprocess, som ofta är helt omedveten. Man lär sig lite i taget utan att man själv behöver lägga märke till det. Detta sätt att förvärva nya handlingar kallas även inlärning genom "försök-och-misslyckande", om det sker okontrollerat och mera slumpmässigt.

Det finns således fyra möjligheter att förvärva nya viljestyrda beteenden. I praktiken är de sällan renodlade utan blandas med varandra.

Inlärning genom problemlösning/insikt.

Inlärning genom instruktion.

Inlärning genom härmning/imitation eller modellinlärning.

Inlärning genom formning eller "shaping".

Inlärning genom problemlösning

Ibland händer det i våra liv att vi hamnar i situationer, där vi känner oss fullständigt främmande. Vi kanske har en aning om vad vi ska åstadkomma, men vet inte hur vi ska agera för att nå dit. Vi har inte tillgång till något beteende som vi vet kan leda till förstärkning. Vi står då inför ett problem, som vi inte vet hur vi ska lösa. Har vi tur, får vi en snilleblixt eller insikt, som gör att vi vet hur vi ska agera.

Vi har väl alla stiftat bekantskap med pyssel-och-knåp problem av typen flytta en tändsticka så att det blir... eller lös upp den här knuten eller lägg pusslet så det blir ett T! Den typen av uppgifter bygger på problemlösning. När man en gång kommit på lösningen kan man den.

Problemlösningsinlärning har då skett.

Wolfgang Köhler, en tysk psykolog, som under kriget befann sig på Kanarieöarna, renodlade problemlösningsinlärning i experiment med schimpanser. En av hans schimpanser, Sultan, var en mycket klok apa.

Sultan tyckte mycket om bananer och Köhler beslöt sig för att sätta Sultan i en problematisk situation.

Istället för att ge Sultan bananer, hängde Köhler upp en bananklase i burtaket. Sultan trodde att han skulle kunna lösa problemet genom att hoppa, men så enkelt var det inte och burväggarna gjorde klättring omöjlig. Köhler hade emellertid lagt in en lång käpp i Sultans bur. När Sultan misslyckats med att nå bananerna genom att hoppa och klättra, tycktes han ge upp. Men plötsligt föreföll han få en snilleblixt – en "aha-upplevelse". Han grep käppen och petade ner bananerna med den. Sultan hade löst problemet, men inte bara för denna gång utan för framtiden. Nästa gång Köhler åter utförde experimentet med Sultan upprepade han genast sitt beteende. Han hade lärt sig hur han skulle handla i denna typ av situationer genom problemlösningsinlärning eller aha-inlärning.

Köhler gjorde sedan problemet svårare. Käppen var nu för kort, men möjligheten fanns att sammanfoga den med en annan käpp som också fanns på burgolvet. Även detta problem löste Sultan efter det att han misslyckats med att nå med en enkel käpp. Sultan lärde sig senare också att använda först en och sedan flera lådor som en trappa för att klättra upp till bananerna. Varje gång Sultan löst ett problem, kunde han det för framtiden.

Experiment med inlärning genom problemlösning gjordes även med småbarn, som försökte krypa till en boll. Det problem man utsatte barnen för var, att man satte upp en glasskiva som hindrade barnet från att nå bollen. Resultat blev till en början "gråt", men efter en stund fick vissa barn en "aha"-upplevelse, nämligen att det går att krypa runt glasskivan. Efter den insikten var problemet inte längre något problem.

Problemlösning är ett tidskrävande och förhållandevis arbetsamt sätt att lära sig nya beteenden. Av det skälet försöker vi att lära oss på andra mindre krävande sätt. Problemlösningsinlärning kräver dessutom mer av förståndet än de följande formerna.

Detta inlärningssätt kräver så mycket abstrakt tänkande, att människan i princip är ensam om det (undantag är exempelvis apan Sultan).

Inlärning genom instruktion

Vi föreställer oss vanligen att det mesta vi lär oss, lär vi genom instruktion. Lärarna instruerar oss i läsning, räkning, språk – ja det allra mesta i skolan går ut på instruktionsinlärning. Våra föräldrar talar om för oss hur vi ska bete oss vid matbordet, hur vi ska sköta våra saker m.m.

Och tjat, som vi tycker så illa om, är instruktion. Låt vara att tjatet är instruktion om sådant, som vi redan kan eller åtminstone känner till.

Instruktion är inte bara talade ord. Det är även skrivna instruktioner som handledningar, bruksanvisningar, manualer, kokböcker och gör-det-själv-handböcker. Allt detta är instruktioner som talar om hur vi ska bete oss med maskiner eller material av olika slag. Hur vi ska sköta den nya dammsugaren, hur vi ska lägga in ett nytt program på datorn är instruktioner. Instruktioner kan ges på alla språk – verbala och teckenspråk. Det kan även ges med bilder, som alla känner till som satt ihop en bokhylla från IKEA. En förutsättning för att instruktionsinlärning ska komma till stånd är, att mottagaren kan ta emot, tolka och förstå de instruktioner han får.

En av svårigheterna med detta sätt att förvärva viljekontrollerade beteenden är att chanserna till missförstånd är stora eftersom man använder ett så abstrakt medium som språk. grundförutsättningen för instruktionsinlärning är att instruktör och instruerad förstår samma språk.

Instruktion har många inbyggda svårigheter som kan undvikas. Som en del i ett blandat pedagogiskt angreppssätt är dock instruktioner mycket värdefulla. Devisen "Learning by doing" (Lär dig genom att själv göra) är ett exempel på att man funnit att man inte kan lyssna sig till färdigheter d.v.s. instruktionsinlärningens begränsningar. De flesta föräldrar har också upplevt att "barnen inte gör som man säger, utan de gör som man själv gör". Med andra ord, de gör inte som de instrueras utan de imiterar/härmar föräldrarnas och kamraternas beteenden. Därmed är vi inne på nästa sätt att förvärva viljekontrollerade beteenden, nämligen genom imitation eller modellinlärning.

Inlärning genom modellinlärning

Modellinlärning har flera andra namn exempelvis imitation, observations-inlärning och härmning. Det viktigaste sättet att få nya beteenden presenterade för sig för att lära, är att se eller höra beteendena. Man kan även lära sig nya beteenden genom beröring exempelvis när man lär sig att smeka på rätt sätt, att dansa på ett perfekt sätt och dövblindas taktila teckenspråk, då man tecknar i varandras händer och med beröring.

Många färdigheter har vi förvärvat genom modellinlärning. Vårt språk har vi huvudsakligen förvärvat genom imitation – lyssnat och härmat. Våra sociala beteenden lär vi nästan uteslutande genom imitation. Så har vi exempelvis lärt oss hur vi ska konversera, hur vi tilltalar kamrater och främmande personer, telefonbeteenden, hur vi ska klä oss och vårt bordsskick. Imitation svarar också till mycket stor del för att vi lärt oss vilka ord som är lämpliga med vissa personer och vilka som är bättre i andra sammanhang. Modellinlärning hjälper oss att välja passande beteenden så att vi inte skämmer ut oss i onödan. genom imitation lär vi oss till och med hur vi ska peta naglar och hur vi ska bete oss för att hålla oss rena och hur vi ska tvätta oss.

Man talar ibland om att beteenden kan "smitta". Det man då vanligen menar är härmningseffekter. Stora grupper av människor kan plötsligt och som på ett givet kommando börja göra samma saker, utan att de kommit överens om det. Typiska exempel på denna "beteendesmitta" är modets växlingar, den plötsliga hänförelsen inför en viss popstjärna hos en hel ungdomsgrupp, uppror mot samhälle, våldsamheter vid demonstrationer mm.

Var och en av oss har väl upplevt "smittan" när vi står vid ett övergångsställe och väntar på grön gubbe. Vi står snällt och väntar, men om en person går förbi oss och trotsar röd gubbe, då vill det till en medveten viljeansträngning för att vi inte ska följa efter. Det är nämligen så, att om vi står i begrepp att göra en viss handling och någon annan utför denna handling på sitt sätt, då smittar just detta sätt mycket lätt.

Står man i begrepp och är motiverad att utföra något, då kan en lämplig modell inspirera till imitation. Det finns vissa forskningsresultat som visar att människan har en inbyggd benägenhet att härma. Vid ett experiment med nyförlösta mammor kunde detta visas. Man sade till de nyblivna mammorna: När du ser din lilla baby titta på dig – öppna då munnen och räck ut tungan. Det visade sig då att de allra flesta barn härmade mammans beteende, trots att de inte haft en chans att lära sig härmningsbeteendet eller hade hunnit få förstärkning för det. Om man ser på detta från stenåldersmänniskans perspektiv, som levde i en farlig omgivning från morgon till kväll, så måste denna närmast oemotståndliga härmningsvilja ha varit livräddande. Vissa felbeteenden fick stenålders- barnet inte ens göra en enda gång, för det betydde döden. Att härma de som hade de korrekta skydds- och försvarsbeteendena var avgörande för överlevnaden.

Ungdomsupplopp och demonstrationer innebär också att deltagarna blir modeller för varandra under själva bråket, så att allvaret i bråket bara stegras. Under de första åren på tjugohundratalet hände flera sådana demonstrationer bland annat en i Göteborg, som slutade mycket våld- samt och där man kan förmoda att modelleringseffekten bidragit till den kraftiga förstörelsen.

På 1950-talet visades en fransk film som hette Riffifi. Den handlade om en mycket speciell typ av kassavalvsinbrott. Tjuvarna borrade sig ner genom taket från våningen över en juvelerarbutik och rensade valvet på alla dyrbarheter. Innan den filmen visats i Sverige hade inget inbrott av den typen skett i landet, men under de följande 11 åren påstås att 19 sådana kupper försöktes.

Under 1987 och 1988 talades det mycket om styckmord i Sverige. En lång och utdragen process mot två läkare gick som en följetong i pressen. Modelleringseffekten lät inte vänta på sig – ytterligare tre från varandra oberoende styckmord uppdagades under denna period. Anhopningen av samma typ av brott under en så kort tidsperiod kan inte tillskrivas slumpen, utan sannolikt är det en modelleringseffekt.

Exemplen är många där ungdomar har "smittats" att starta upplopp och kravaller efter det att de sett sådant på film. Ingen tvivlar väl på imitationseffekterna vad gäller våld på film och video och våld på våra gator. Småpojkar brukar leka indianer och cowboys eller Zorro då de sett detta på film. Ju mera våldsbenägen man är, desto lättare inspireras man till att bruka våld.

Imitation kräver inte lika mycket tankeverksamhet som instruktionsinlärning och absolut inte lika mycket som inlärning genom problemlösning. Man måste dock kunna se respektive höra de modeller som man ska kunna imitera och i någon mening också uppfatta vad modellen gör.

Vanligen är vi mer motiverade att imitera högstatusmodeller än lågstatusmodeller. Populära sångstjärnor och filmstjärnor imiteras med större iver än andra vuxna.

En specialform av imitation är den så kallade självimitationen. Videotekniken har gjort det möjligt att med hjälp av redigering preparera videoscener, så att den som ska lära sig kan få imitera sig själv. Filmen prepareras så att det verkar som om man redan behärskar det beteende, som man ska lära sig. Döva utvecklingsstörda har på detta vis kunnat se sig själva teckna vissa ord, utan att faktiskt kunna det. Att se sig själv på video är positivt förstärkande för de flesta personer, varför betraktaren tittar särskilt noga och inte tröttnar lika fort att titta. På så vis tittar man längre och mera uppmärksamt på sig själv som modell, vilket ökar modellinlärningen. Om man så ser sig själv göra ett visst tecken och ser att man får kaffe direkt efter detta tecken, kan man lära sig hur man ska göra för att få kaffe – förstärkning.

Modellinlärning i det vanliga livet förekommer överallt och i de flesta sociala situationer. Betydelsen av att kunna imitera kan inte nog framhållas. Imitation är en mycket viktig del i mera blandade pedagogiska situationer ofta tillsammans med instruktion, som då är en form av tillrättavisningar eller bekräftelse på riktigheten i handlandet.

Modellinlärning kan ske vid ett tillfälle, men utförandet av det inlärda beteendet kan sedan användas senare. När vi ser eller hör ett nytt beteende eller ord, behöver vi inte använda det genast för att lära oss det. I våra hjärnor bildas så kallade "kognitiva kartor" av det vi observerat, som vi senare kan plocka fram vid behov. När vi behöver ett beteende som vi bara sett och vi inte har något annat lämpligt beteende att tillgå, då kan vi ta fram minnet (den kognitiva kartan) med beteendet som vi ännu inte använt.

Modellinlärning sker ofta utan att man är direkt medveten om det.

Inlärning genom formning

Formning eller "shaping", som det heter på engelska, är den typ av inlärning som kan ske på lägsta tänkbara medvetandenivå. Inlärningen kan ske helt utan att man är medveten om att den sker. Formning är vanligen de små stegens inlärning. Man behöver varken vara medveten om att man lär sig eller vad man lär sig. De flesta djur är kapabla att lära på detta sätt.

Formning är det inlärningssätt som vi använder när vi ska lära oss ett komplicerat beteende, som man inte lätt och snabbt kan tillägna sig. Det lilla barnet är inte medvetet om att det lär sig tala. I ett stort perspektiv lär vi oss vårt modersmål genom formning, även om inlärningen i ett ögonblicksperspektiv innehåller både inslag av instruktion och naturligtvis imitation. Andra beteenden där formning spelar en avgörande roll vid inlärningen är, att lära sig gå, spela piano, åka slalom, köra bil, skriva fort på tangentbordet på datorn mm.

Formning kan ske av en slump

På en arbetsplats fanns en kaffeautomat, som fungerade så att man satte in sin mugg under munstycket och tryckte på knappen för kaffe. Efter cirka fyra sekunder började kaffet rinna ner i koppen. En av medarbetarna skulle berätta för en nyanställd, hur man skulle få kaffe ur automaten (instruktionsinlärning). Själv hade han lärt sig att hantera automaten genom att pröva sig fram (formning), det vill säga försök-och-misslyckande-inlärning (engelska trial-and-error).

När den nyanställde skulle instrueras lät det på följande vis: "Du stoppar i tiokronan och trycker på knappen fyra gånger." Var kom fyra gånger ifrån? Vad hade fått honom att tro att det krävdes fyra tryckningar på knappen för att få kaffe? Sannolikt hade han tryckt på knappen en gång, men när inget kaffe kom hann han av otålighet att trycka ytterligare tre gånger och så kom kaffet (förstärkningen). Sålunda förstärktes fyra knapptryckningar och han trodde från den gången att fyra tryckningar krävdes. Exemplet visar att formning av beteenden kan ske genom tillfälligheter.

Utmärkande är också att vårt beteende i en formningsprocess blir alltmer "fulländat" tack vare den stegvisa inlärningen. Fulländningen består i att handlingen blir allt bättre anpassad till situationen och de egna behoven. Mycket komplicerade och sammansatta beteenden, som vi helt enkelt inte kan lära på annat sätt, lär vi med hjälp av formning.

En gång hade jag en mycket svårstartad bil. När det var omkring noll grader Celsius och fuktig väderlek, var den praktiskt taget omöjlig att starta. Jag studerade på den tiden i Göteborg och i januari det första året fick jag problem med bilen varje morgon. Bogsering eller startkablar tycktes vara den enda möjligheten. Efter någon vecka blev emellertid bogseringarna alltmera sällsynta. Vad hade hänt? Ingen service hade gjorts på bilen, utan förklaringen var att bilen formade ett alltmera fulländat startbeteende hos mig, genom mina försök och lyckanden. Det hela skedde helt omedvetet från min sida.

Jag prövade i min nöd många olika sätt med choke, koppling, gaspedal att få bilen att bete sig som jag ville, det vill säga att få den att starta. Varje gång motorn tände eller "hostade till" noterade mitt nervsystem detta med glädje och det resulterade i att de beteenden som gjordes omedelbart före "hostningen" lades till mitt minne. Varje hostning fungerade som en positiv förstärkning på det beteende som ledde till "hostningen". Jag ville ju att den skulle "hosta" hela tiden. Förstärkningarna gjorde att allt flera hostproducerande beteenden upprepades.

Inlärningen var helt omedveten, vilket visade sig mycket tydligt, då en kamrat till mig bad att få låna bilen av mig. Han skulle till tandläkaren tidigt följande morgon. "Javisst, får du det," sa jag "men jag tror inte att du kan starta den." Han invände då, att jag startade den ju varje morgon. Varför skulle då inte han kunna få igång den? Hans invändning var på sätt och vis riktig. Men när han bad mig att instruera honom hur man skulle starta bilen, blev jag ställd. Jag hade ingen aning om, hur jag gjorde.

Helt omedvetet hade "hostningarna" i motorn stegvis format (shapat) de rätta beteendena, som jag var helt oförmögen att redogöra för. Vi löste problemet genom att jag satte mig i bilen, försökte koppla bort medvetandet från att starta bilen. Det lyckades och han lärde sig genom modellinlärning vad jag lärt mig genom formning. Exemplet visar hur miljön (i mitt fall bilen) väljer ut de effektiva och fungerande beteendena hos den som försöker manipulera miljön (bilen). Man kan säga att jag anpassade mig till bilens egenheter, det vill säga den speciella miljö som bilen utgjorde för mig. Motorns hostningar var de förstärkningar som fick rätt beteenden att öka.

Formning är en långsam inlärningsprocess, men denna typ av inlärning är bland vissa gravt utvecklingsstörda och dövblinda den enda möjliga eller åtminstone det helt dominerande inlärningssättet.

Många sociala beteenden hos oss alla lärs på detta vis. Svårförståeliga beteenden som självskadande beteende hos utvecklingsstörda lärs vanligen på detta vis.

Formning är det inlärningssätt vi har att förlita oss till, när beteendet är mycket sammansatt och komplicerat och inte kan läras vid ett enda tillfälle eller relativt snabbt. När vi lär oss spela piano är det ett gott exempel på formning. Men de enskilda träningstillfällena vid pianot kan dock innehålla både instruktionsinlärning och imitation, ja i vissa fall även aha-inlärning.

Formning är ofta förklaringen till att föräldrar och barn eller makar i ett äktenskap kan driva fram en allt större aggressivitet hos varandra. Resultatet blir en polarisering.

Polarisering kan även ske mellan föräldrar och barn. Vi återvänder ännu en gång till Plutten, men denna gång för att exemplifiera hur formning av oönskade beteenden kan gå till.

Formning som en tvingande spiral

Mamma säger nej till något som Plutten hemskt gärna vill, när de är i affären. Plutten blir upprörd vilket retar mamma, som då höjer rösten. Detta gör Plutten ännu mera arg och han skriker och springer fram och börjar slåss. Inför detta väljer mamma att göra slut på bråket och ger med sig. I detta ögonblick blir mamman belönad med att få lugnet återställt. Mammans beteende att ge efter för det aggressiva beteendet får negativ förstärkning. Det gör henne ännu mera benägen att ge efter nästa gång något liknande händer. Plutten å sin sida får också förstärkning på sitt bråkande, för det visade sig ju leda till det han ville ha. Det kommer att öka hans benägenhet att upprepa det beteendet nästa gång han hamnar i samma situation.

Båda blir omedelbart nöjda, men samtidigt bäddar detta för att problemet kommer att upprepas. Detta är själva själen i formningsprocessen. Mor och Plutten kommer sannolikt att trissa upp våldet än mera och om mamma försöker stå emot nästa gång och Plutten då blir ännu mera arg och om mamma då ger efter, har aggressiviteten formats till ännu större kraft. Förstärkningarna bara gör att händelseförloppet upprepas mer och mera. När mamma då försöker stå emot, men inte lyckas betyder det ofta att Plutten har hunnit bli ännu mera aggressiv, innan han får sin förstärkning (mamma gör honom till viljes). Det är det som är formning och den behöver aldrig bli färdig utan kan gå vidare hur länge som helst.

Formningen i denna ödesdigra riktning hade kunnat undvikas. Mamma borde antingen ha gjort Plutten till viljes, innan han började visa aggressiva beteenden eller inte alls gjort honom till viljes. Som det nu blev kommer Plutten med stor sannolikhet att bli aggressivare nästa gång han får ett nej. Han fick ju som han ville tack vare sitt aggressiva beteende och hans aggressiva beteenden blev därmed negativt förstärkta. Mamma lurades att tro att hon kan få lugn genom att ge med sig, så även hon fick negativ förstärkning på beteendet att ge efter för aggressivitet.

Plutten fick mamman att göra som han ville i en tvingande spiral av upptrappning av beteenden. Plutten formas till att bli allt aggressivare när han kommer i liknande situationer i framtiden och mamma formas till att ge efter för aggressiva beteenden. Det kan hon ju inte göra varje gång, men blir det bråk så kommer hon att bli mycket benägen att ge med sig inför Pluttens bråk.

Många oönskade beteenden lärs in genom tillfälligheternas formning. Våldsamma beteenden, aggressivitet hos barn och självskadande hos utvecklingsstörda har ofta lärts in genom en slumpens formning. En rad beteendeproblem kan skapas på detta vis:

- Pappa tjatar på Axel att han ska ställa in sin nya cykel i garaget. Axel gör det inte förrän pappa sagt till två gånger på en kväll. Nästa kväll glömmer Axel åter att ställa i sin cykel och pappa börjar tjata. Den här gången är tjatet lite tätare (pappa fick ju förstärkning på det igår), så han hinner säga till Axel fyra gånger, innan cykeln ställs in. Så går det vidare och pappas formas till allt högre frekvens och generaliseras till att bli tjat om nya och andra saker.

- Skrikighet hos barn kan formas genom att föräldrarna inte genast går till barnen, utan de måste höja rösten innan föräldrarna kommer.

- Alkoholdrickande kan formas genom att man blir van vid sprit som därmed inte får samma berusningseffekt (förstärkning), som man fick första gångerna. Man måste öka dosen och får då effekt. Det upprepas och upprepas. Efter en tid har ett avsevärt mycket större alkoholintag formats.

- Spel och dobbel på olika tips och vadslagningsspel kan formas till allt större intensitet. Har man oturen att vinna (förstärkning) i början, då ökar sannolikheten för att man ska upprepa spelandet. Vinner man åter efter det man spelat ganska mycket mera, då ökar sannolikheten att man fortsätter att spela ganska mycket mera. Och så trissas spelandet upp mer och mer.

- Senare i boken kommer tvångssyndrom och tvångsbeteenden att beskrivas. Dessa är också belysande exempel på formade beteenden. Tvången blir värre och värre, mer och mer omfattande och förändrar sig till närliggande och likartade beteenden.

- Min gamla mor hade ett ålderdomligt talesätt som beskrev formning av stjälande. "Det börjar med en knappnål och slutar med en silverskål." Det beskriver väl vad formning handlar om, men hon hade fel på en punkt. En formningsprocess behöver aldrig ta slut. Vare sig det gäller goda eller dåliga beteenden kan formningen fortsätta i det oändliga. Det känner vi till från vår egen vardag på att: "Ingen är så duktig, att han inte kan bli ännu bättre." Idrottsmän arbetar mycket medvetet med att finslipa sin teknik och formar ett allt mera fulländat beteende, men det finns sannolikt ingen idrottsman som inte skulle vilja bli ännu bättre.

Sammanfattning – inlärning av viljestyrda beteenden

- Inlärning av viljemässigt kontrollerbara beteenden kan ses som en anpassning till miljön – materiella och sociala förhållanden.

- Det finns fyra sätt att lära viljemässigt kontrollerbart beteende: Problemlösningsinlärning, Instruktionsinlärning, Imitation och Form- ning.

- Vanligen lärs beteenden genom att de olika typerna av inlärning är sammanflätade i inlärningsprocessen.

- Imitation är den viktigaste inlärningsformen för allmänmänskliga beteenden som sociala beteenden.

- Handikapp som svår psykisk utvecklingsstörning och döv/blindhet gör ibland att formning är den enda vägen att lära viljemässigt kontrollerbara beteenden.

- Mycken inlärning av viljemässigt kontrollerbara beteenden sker utan avsikt eller "undervisning" och mera av tillfälligheter (formning).

- Formning medger att man lär sig mycket sammansatta och komplicerade beteenden, sådana omfattande beteenden som inte kan läras in snabbt. Formningen tar aldrig slut utan försiggår fortlöpande som en anpassning till förändringar i miljön. Formningen anpassar och finslipar vårt beteende till skiftningar i miljön.

Det autonoma nervsystemet

De viljemässigt kontrollerbara beteendena, som beskrivits ovan, styrs från stora hjärnan, från hjärnbarken. De autonoma beteendena däremot styrs från det så kallade autonoma nervsystemet. Detta är beläget under stora hjärnan och är egentligen ett tidigare utvecklat och mer primitivt nervsystem.

Det autonoma nervsystemet har två uppgifter. Dels är det livsuppehållande. Som "kroppens vaktmästare" sköter nervsystemet den inre miljön i varje ögonblick. Den andra uppgiften är livsräddande som människans varnings- och alarmsystem och mobiliseringsreaktion vid hot eller fara.

Livsuppehållande – kroppens vaktmästeri

I varje stund måste kroppens inre miljö bevakas och korrigeras. Ständigt måste bland annat kroppstemperatur, matsmältning, blodtryck regleras. Även hjärtats puls, blodkärlens utvidgning/sammandragning, svettning, matsmältning, utsöndring av stresshormonet adrenalin regleras av det autonoma nervsystemet. Man skulle kunna säga att nervsystemet är manöver- och styrningscentral för kroppens vaktmästeri, vars uppgift är att anpassa kroppen till de gällande faktiska förhållandena. Blir kroppen för varm måste den kylas ner genom svettning, är det ljust måste pupillen i ögat dras samman, fylls magsäcken med mat måste magsäck och tarmar aktiveras.

Livsräddande – alarm och mobilisering vid fara och hot

När vi utsätts för extrema, hotfulla eller spännande situationer mobiliseras kroppens resurser, för att öka chanserna till överlevnad. Då räcker det inte med att kroppen anpassas till de faktiska förhållandena, utan all energi måste riktas mot att klara en omedelbart förestående farlig situation. Det är stenåldersmänniskan i oss som väcks till liv, eftersom vi är skapta för den sortens faror. Samtidigt som resurserna tas fram ökar rädslan/ilskan och gör oss motiverade att fly eller att slåss. Det autonoma nervsystemet är således ansvarigt för det som händer i kroppen på oss när vi drabbas av kraftiga känslor som; oro, rädsla, ångest, irritation, hat, vrede, ursinne med mera.

Mobilisering av kraft hänger ihop med rädsla, ångest eller ilska. Om vi blir angripna av exempelvis en anfallande hund, så startar det autonoma nervsystemet en så kallad "sympaticusreaktion". Reaktionen innebär att vi får en kraftig känsloreaktion i form av rädsla eller aggression. Den innebär också att kroppen på bråkdelen av en sekund ställer in sig på flykt eller strid.

Det som sker vid en sympaticusreaktion är att adrenalin utsöndras, vilket frigör extra krafter. Blodtillförseln till musklerna ökar genom att puls och blodtryck ökar. Det gör oss starkare och ökar vår förmåga att fly eller slåss. Andningen ökar vilket gör oss beredda på kamp eller flykt. Blodet till huden stryps och vi blir vita i ansiktet och kalla om händer och fötter. Detta minskar risken för förblödning om vi skulle bli rivna under kampen. Dessutom minskar blodtillförseln till pannloben i hjärnan och gör oss tillfälligt fördummade. Det gör att vi inte förstår om vi skulle vara chanslösa, utan kommer att kämpa oavsett om våra odds att klara livet är urusla. Svettningen ökar och pupillen vidgas, så vi bättre kan se vår eventuella fiende.

Det som avgör om vi ska bli rädda och fly, när vi får en sympaticusreaktion eller om vi ska bli arga och aggressiva och slåss, är hur våra tankar tolkar situationen. Ofta har detta att göra med hur vi bedömer kunna ta oss ur den farliga situationen.

Bedömer vi att vi kan klara oss utan att bli upptäckta, då blir vi orörliga och försiktiga och väntar att faran ska försvinna (rädsla får oss att bete oss på det viset). Om hotet är närmare och fienden har upptäckt oss, då får rädslan oss att fly, springa därifrån så fort som möjligt. Har vi hotet så nära att vi inte kan fly eller vi tolkar situationen som om vi är fångade, då tillgriper vi våld för att komma fria den motiverande känslan är ilska, vrede. Om faran är oss övermäktig och vi inte kan fly, då kan vi bli paralyserade och bli fullständigt förlamade med oförmåga att röra oss – stela av skräck.

Sympaticusreaktionen upplevs som mycket obehaglig, om vi tolkar situationen som hotfull. Kombinationen av tanke och sympaticusreaktion i det fallet bildar vad vi brukar kalla ångest eller till och med dödsångest. Om tanken istället handlar om att jag är fångad och måste ta mig härifrån då blir känslan ilska, vrede eller ursinne. Beroende på tanken eller tolkningen så färgas sympaticusreaktionen till olika känsloreaktioner. I vissa fall kan känslan bli ångest eller vrede, men i andra situationer färgas till sorg, avsky, äckel eller hat. Samma fysiologiska reaktion ligger i botten på alla kraftiga känsloreaktioner.

> Alla kraftiga känsloreaktioner har en sympatikusreaktion som grund och denna "färgas" av tankarna och tolkningen av situationen.

Det är lätt att inse att ångest och aggressivitet har samma sympaticus-reaktion, när man begrundar nedanstående exempel.

Som förälder ängslas man ibland för att barnen är ute för länge på nätterna och inte kommer hem på avtalad tid. I vissa fall hinner man till och med få sympaticusreaktion – det vill säga ångest. Hjärtat bultar, det drar ihop sig i bröstet och en rad andra symtom uppstår, som gör att man känner obehag, samtidigt som man för sin inre syn ser för sig alla upptänkliga vidrigheter som ens barn kan ha blivit utsatt för. Tankarna färgar sympaticusreaktionen till oro och ångest.

Så snart barnet sätter nyckeln i dörren förvandlas ångesten till aggressivitet. Istället för att bli lättad och lugn över att inget har hänt, börjar man skälla och förebrå. "Varför ringde du inte?" Hur kan detta komma sig?

I vår kropp pågår i detta ögonblick en kraftfull sympaticusreaktion, men i samma stund som nyckeln sätts i låset vet vi att barnet inte är mördat eller våldtaget. Tankarna och tolkningen av farligheten i situationen ändrar sig i ett slag. I och med detta blir den kroppsliga sympaticus-reaktionen ögonblickligen förvandlad till aggressivitet. Samma sympa-ticusreaktion är kvar, men nu tillsammans med ett annat tankeinnehåll. Rädslan förvandlas på bråkdelen av en sekund till irritation, ilska och vi förebrår och skäller istället för att visa glädje och lättnad.

Även glädje och lycka har sympaticusreaktionen i botten.

Bertil (50) hade blivit behandlad för panikångest och hade inte haft en enda panikångestattack under de senaste sju månaderna. När han kom till avslutningssamtalet berättade han att han åter haft en attack så sent som föregående lördagskväll. Förvånad frågade jag vad han hade gjort när panikångesten kom. Han berättade då att han hade tippat på V65 för första gången i sitt liv och tittat på travloppen på TV och när den sista hästen sprang in 719 000 kronor åt honom; "då fick jag panik, men jag var inte rädd".

Stark glädje startar också en sympaticusreaktion, men tankarna som ackompanjerar den färgar den inte till rädsla, ångest eller ilska. Hans tankar handlade istället om lycka och överraskning – Bertil var helt enkelt "jättelycklig". Hjärtat bultade, blodtrycket ökade, kallsvetten bröt fram och han kunde inte tänka klart.

Mestadels är dock sympaticusreaktionen knuten till tankar på fara och hot och den ger då upphov till oro, ångest eller irritation, vrede och blir obehaglig. Livet bjuder oss flera skrämmande upplevelser än tillfällen av extrem lycka, därför är vi mera vana att förknippa sympaticusreaktion med hot och fara än med lycka och glädje.

Vi vill slippa obehag

I förra kapitlet talade vi om hur motivation kan uppkomma genom negativ förstärkning. När vi kan få ett obehag att upphöra genom att använda ett beteende, då förstärks motivationen att använda detta beteende igen. Ångest och aggressivitet är just exempel på sådana obehagskänslor, som vi vill få att upphöra och som får oss att agera – får oss att fly eller slåss. Effektiva flykt- och undvikandebeteenden som vi använder för att bli kvitt ångest och aggressivitet förstärks hela tiden genom negativ förstärkning.

Ångest motiverar oss att fly undan det som väcker vår ångest. Ilska och vrede motiverar oss att försvara oss eller gå till angrepp. Känslor av ångest och vrede har båda den kraftigt motiverande förmågan. Som stenåldersmänniskor hade vi stor nytta av dessa beteenden. Då människan levde som en fysiskt underlägsen varelse i urskogen var dessa starka emotioner (känslor) mycket viktiga för överlevnaden. Det gjorde helt enkelt att människan inte utrotades.

I vår tid har vi inte så många farliga fiender omkring oss och våra liv är mycket skyddade till skillnad från stenåldersmänniskans. Våra kraftiga emotioner, som ångest och aggressivitet är därför mindre viktiga och kan till och med ställa till besvär för oss. Många människor drabbas av "felaktig" och onödig ångest såsom vid fobier, panikångest och andra ångestsyndrom. Människor kan bli skräckslagna bara de ser en pytteliten och fullständigt ofarlig spindel. De uttrycker ofta stor irritation över att de reagerar så kraftigt på något som de vet är fullständigt ofarligt.

Ångest får oss även att göra saker som vi inte vill och får att säga nej till sådant vi vill. Vem har inte någon gång av "rädsla" tackat nej till sådant han skulle ha velat göra? Och vem har inte i ilska gjort något som han senare ångrat?

Social feghet

Johan vågar inte säga nej till kompisarna, som är på gång att göra ett inbrott. Han är rädd att uppfattas som feg och vågar av den anledningen inte säga, att han inte vill. Negativ förstärkning på att göra det han inte vill.

Av rädsla att framstå som fega, rädda eller att inte bli accepterade, kan vi hamna i situationer som ger oss än större problem på sikt. Den enda orsaken är, att vi av feghet inte vågar dra oss ur och inte klarar att stå emot de så kallade "kamrattrycket". Vi undviker att säga "nej" av rädsla för att inte duga.

Karin ser att några grabbar i klassen ger sig på lilla snälla Sune. De retar honom och tar hans väska och försöker kasta upp den på taket på cykelstället. De kallar honom "bög", trots att han aldrig har gjort någon av dem något illa. Karin skulle vilja hjälpa Sune och försvara honom, men avstår för hon är rädd att hon ska bli nästa "måltavla" för deras mobbning. Negativ förstärkning på att inte ingripa.

Rädsla och undvikande av rädsla kan också få oss att avstå från att göra det vi gärna skulle vilja göra. Pojken som inte vågar be om en "dejt" med den söta flickan av rädsla att han skulle kunna bli avvisad. Hade han bara vågat så hade både flickan och han själv blivit glada.

Axel visste att Leo hade slagit sönder fönsterrutan på kiosken. Läraren trodde det var Dick och gick hårt åt honom, för att få honom att erkänna. Dick erkände inte, men fick naturligtvis utstå mycket obehag på grund av misstankarna mot sig. Även hans föräldrar trodde att det var han. Axel var den ende som visste att det egentligen var Leo, men vågade inte säga detta av rädsla att bli betraktad som tjallare. Leo erkände aldrig och misstankarna kvarstod mot Dick för all framtid.

I fallen ovan är det ett undvikandebeteende som uppmuntras genom negativ förstärkning. Det som undviks är ångest eller rädsla. Det som får personerna att avstå, från att göra det de borde, är ögonblickets rädsla eller feghet. På sikt kanske de drabbas av dåligt samvete, men det spelar ingen roll just då de använder sina undvikandebeteenden.

Mobilisering kontra vila och återhämtning

Sympaticusreaktionen, som ingår i ångest, rädsla och aggressivitet är den ena av de två reaktioner som härrör från autonoma nervsystemet. Den är en mobiliseringsreaktion inför faror och hot. Den andra som är den rakt motsatta reaktionen kallas "parasympaticusreaktionen". Den reaktionen innebär att hela organismen ställer in sig på att hämta nya krafter för kommande behov och kroppsfunktionerna intar ett slags återhämtnings eller "viloläge". Parasympaticusreaktionen är den reaktion vi känner av, när vi känner oss avspända, oprovocerade, lugna och när vi i övrigt mår bra. Aktiviteten ökar i organ som står för näringstillförsel, läkning och återhämtning. Hela organismen är inriktad på att anpassa sig till den rådande situationen till skillnad från sympaticusreaktionen som är en anpassning till en kanske farlig eller hotande situation.

Det autonoma nervsystemet står hela tiden och svänger mellan de båda ytterligheterna – sympaticus eller parasympaticus. Blir vi skrämda, stressade eller provocerade så tar sympaticusreaktionen över. När allt är behagligt och trevligt är det parasympaticusreaktionen som dominerar vår inre miljö.

Det finns vissa kemiska substanser som förmår att dämpa, "tona ner" eller trubba av en sympaticusreaktion och som därmed ökar utrymmet för parasympaticusreaktionen. De vanligaste är alkohol och lugnande mediciner så kallade bensodiazepiner. Att använda dessa för att minska sin ångest är negativt förstärkande och blir därmed alltmer lockande att använda. Det kan snabbt leda till ett psykologiskt beroende och de är av den anledningen olämpliga att använda i detta syfte.

Parasympaticusreaktionen har inte någon stark motiverande kraft på det sätt som sympaticusreaktionen har. De båda reaktionerna har tillsammans tre uppgifter.

1. Att hålla vår inre kroppsmiljö i balans och funktion, skapa möjligheter för återhämtning och "reparation" (Parasympaticusreaktionen). Den livsuppehållande funktionen.

2. Att mobilisera våra kroppskrafter vid fara eller hot (Sympaticusreaktionen). Den livräddande funktionen.

3. Att motivera oss att handla exempelvis att försvara oss eller att fly

genom att ge oss kraftigt obehag (Sympaticusreaktionen). Den livräddande funktionen.

Det autonoma nervsystemets inlärning

Det autonoma nervsystemet saknar förmåga att lära nya beteenden. Såväl parasympaticusreaktionen som sympaticusreaktionen finns där redan från födseln. Inga nya reaktioner (beteenden) utöver dessa båda kan läras in. Inlärningsförmågan består i att det autonoma nervsystemet kan lära när sympaticusreaktion ska starta automatiskt. Det är alltså fullt möjligt att nervsystemet lär sig dra igång en sympaticusreaktion (ångestreaktion eller ilske-reaktion) helt automatiskt inför en viss företeelse eller i en viss situation.

Tina (16) går hem en mörk kväll och tar genvägen genom parken. Väl inne i parken märker hon att två grabbar i 20-årsåldern följer efter henne. Hon inser genast att detta kan bli farligt och blir rädd (får sympaticus-reaktion) och börjar springa. Grabbarna börjar då också springa. Nu är Tina utom sig av rädsla och lyckas hinna ut från parken, innan de hinner upp henne. Lyckligtvis kommer en bil och föraren saktar in farten, vilket skrämmer grabbarna, som vänder och åter försvinner in i parkens mörker.

Efter denna gång får Tina ångest, bara hon tänker på att gå ensam i parken. Hon vägrar att gå in i den ensam och hon vägrar även att gå ut på natten utan sällskap. Tinas autonoma nervsystem har lärt sig att parken är farlig och varnar henne för den. Helt utanför hennes kontroll känner hon ångest, bara hon närmar sig parken. Hjärtat börjar bulta och känner att hon får svårt att få luft, handsvetten ökar – sympaticusreaktionen går igång.

Inlärning i det autonoma nervsystemet kallas klassisk betingning (även respondent betingning) och detta är vad som skett med Tina.

Tina märker snart att hon inte bara är rädd för parken, hon känner också obehag inför att vara ute när det är mörkt. Ju längre tiden går desto obehagligare blir det att vara ute i mörker över huvud taget. Mycket snart känner hon även obehag inför andra parker och till och med skogar och skogsdungar. Det som då skett är generalisering. Den inlärning som skedde i Slottsparken har generaliserats eller nu spritt sig till andra parker och parkliknande miljöer.

Det autonoma nervsystemet har lärt sig att dra igång en sympaticus-reaktion för att varna och skrämma Tina bort från dessa riskabla miljöer för resten av livet. Om man vill, så kan man säga att Tina fått "mörker-rädsla" eller "parkfobi" och den kan ju vara bra, men kan säkert göra livet lite svårare för henne.

Fobier är en oönskad inlärning av en överdriven och plågsam rädsla (sympatikusreaktion). Rädslan får oss att undvika saker, situationer, som vi egentligen inte vill undvika och gör att vi mår dåligt när vi möter det som skrämmer oss.

Annorlunda var det för människorna som levde i djungeln, där det myll-rade av fiender i form av både människor och djur. Vi kan bara tänka på vilken oerhörd betydelse som exempelvis en ormfobi torde ha haft för överlevnaden för stenåldersmänniskan. Även cellskräck och torgskräck räddade säkert många människors liv i farliga omgivningar. Faran att låta sig fångas i en grotta av sina fiender eller visa sig på öppna ytor för even-tuella fiender, var då livshotande.

I vårt samhälle är vi skyddade från de flesta av dessa faror. Vi har inte så många fiender bland djuren. Däremot har vi åtskilliga tillfällen att lära oss bli rädda för andra saker.

Stina (34) sökte behandling för "social fobi". Hon höll på att dokto-rera på universitetet och var i princip färdig att lägga fram sin avhandling, men vågade inte. Hon fick våldsam ångest bara hon skulle tala inför en liten grupp. Samma sak drabbade henne när hon pratade med andra över en kopp kaffe och ofta även om hon bara fick blickarna riktade på sig vid ett vanligt samtal. Hennes autonoma nervsystem hade lärt sig, att det är farligt att bli betittad på eller att tala med andra. Nu höll denna rädsla på att sabotera hennes möjligheter att få ut sin doktorsexamen, eftersom hon inte vågade presentera och försvara sin doktorsavhandling offentligt.

Hur hade denna rädsla kunnat läras in? Stina hade ett tydligt minne av första gången hon drabbades av denna rädsla i en situation, där hon stått i fokus för andras blickar och kritik. Hon mindes tydligt ett tillfälle när hon gick i fjärde klass i grundskolan och det var högläsning. Läraren gick från den ena till den andra och hon fick vänta länge på att det skulle bli hennes tur. Hon hann jaga upp sig mycket med tankar som "tänk om jag läser fel" eller "tänk om dom skrattar åt mig". När det slutligen blev hennes tur, var hon mycket uppjagad och rädd.

Hon började läsa och normalt sett var hon inte en svag läsare, tvärtom. Men denna gång hakade hon sig i nervositeten, läste fel ord, så att några i klassen skrattade till. I det skedet var Stina så förtvivlad, att hon reste sig från bänken och sprang ut ur klassrummet.

Efter den händelsen kan Stina berätta att hon blivit expert på att undvika att tala inför andra människor och har också en uppsjö av ursäkter (undvikandebeteenden) för att inte fika med andra. Hon tackar nej till alla fester och den sociala fobin har till och med fått henne att göra slut med män, bara för att slippa träffa de blivande svärföräldrarna. Hela hennes doktorsutbildning, som normalt innebär små föredragningar har hon genomlidit och ofta haft "halsbesvär", så att hon inte har kunnat tala eller har hon "behövt gå toaletten" så att man har läst det hon skrivit, istället för att hon presenterar det muntligt. Ångesten har tvingat henne till många undvikanden under årens lopp och nu tvingar den henne att avstå från att få ut sin doktorsexamen. Hennes liv har blivit till något helt annat än vad hon ville på grund av inlärd rädsla. Undvikandebeteendena hade blivit negativt förstärkta och därmed fler och fler.

Betingning – inlärning i autonoma nervsystemet

För Stina har inlärning (betingning) skett och därför drabbas hon automatiskt av ångest så snart hon känner sig granskad. När betingning skett utlöser den inlärda situationen (det Betingade Stimulit) en inlärd automatisk sympaticusreaktion (en Betingad Reaktion). Detta kan skrivas med formeln;

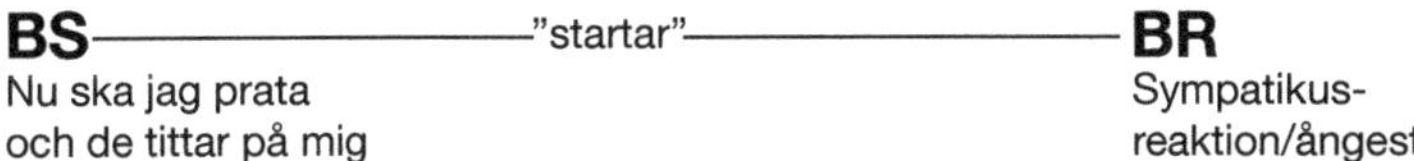

I denna formel står BS för Betingat Stimulus vilket är den inlärda signalen eller stimulit, som utlöser sympaticusreaktionen. I Stinas fall är andras granskande blickar Betingat stimulus. Betingad reaktion är den inlärda ångesten (sympaticusreaktionen).

Vi tänker oss att vi en dag på en sommarvarm grusväg upptäcker en huggorm ringla sig. Åsynen av ormen skrämmer oss. Vi får en sympaticusreaktion. Det känns som om håret reser sig på våra huvuden och som om hjärtat hamnar i halsgropen. Vår första tanke är att FLy! Hela detta förlopp kan vi skriva;

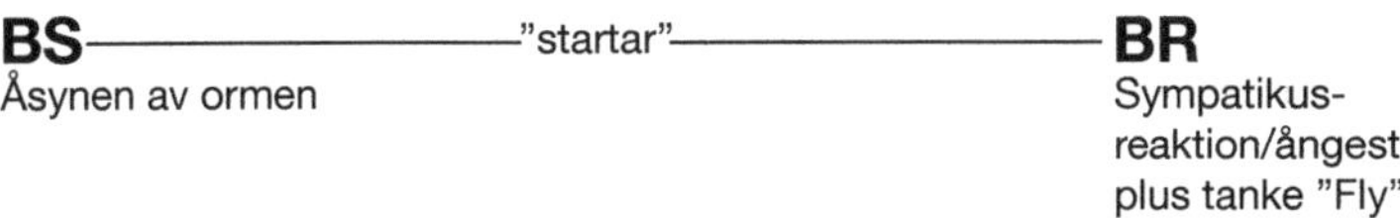

Sympaticusreaktionen har i detta läge två funktioner. Dels mobiliserar den alla våra krafter, så att vi kan slåss mot ormen eller fly från den, dels ska ångesten ge oss ett så starkt obehag att den motiverar oss att slåss eller fly. Ångesten blir då en orsak (S-) för oss att fly och det hela kan skrivas på följande sätt.

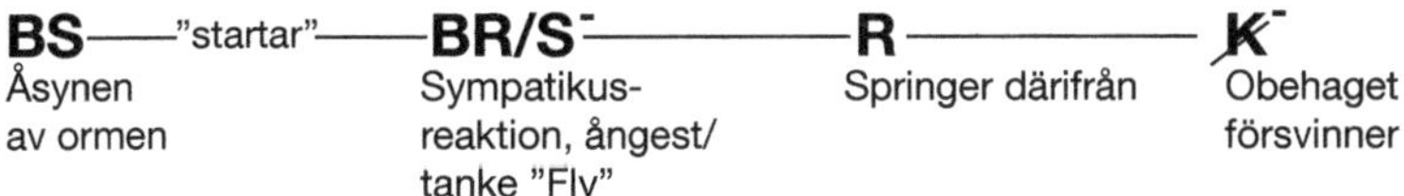

Sympaticusreaktionen (BR) plus tolkningen (S⁻) av situationen är tillsammans en känsla eller situationsfaktor som får oss att springa därifrån. Att springa från ormen är ett beteende som gör slut på obehaget och sålunda uppmuntras genom negativ förstärkning. Nästa gång vi möter en orm kommer vi att fly med ännu större sannolikhet.

Samma sak har hänt med Stina. Hon har, när ångesten och obehaget ökat inför andra personers blickar, flytt genom att skylla på halsont eller gå på toaletten eller sluppit undan blickarna genom att lämna ut papper istället för att tala. Även Stinas flyktbeteenden blir negativt förstärkta. Hon har därigenom blivit allt mera benägen att fly och allt ovanare vid att tala inför granskande blickar. Ju mer hon lyckats undvika, desto räddare har hon blivit.

Att lära sig frukta något

När man drabbats av ett ångestsyndrom har det autonoma nervsystemet lärt sig att reagera med en sympaticusreaktion (det som händer i kroppen vid ångest) inför företeelser som tidigare känts neutrala. Inlärningen eller betingning kan komma till stånd på tre olika sätt.

Lille Albert hade en vit råtta, som han älskade att klappa. En dag skrämde man Albert med ett högt ljud just som han skulle klappa råttan. Albert blev rädd och drog tillbaka handen och började skrika. Då tog man bort råttan från honom, trots att det inte var den som hade skrämt honom.

Resultatet blev att Alberts autonoma nervsystem lärde sig att reagera med våldsam rädsla när han såg sin vita råtta. I fortsättningen utlöste åsynen av råttan den största förtvivlan. Betingning hade skett, vilket innebär att vit råtta hade blivit ett så kallat betingat stimulus för betingad (inlärd) ångest. Ångesten kom helt automatiskt och utan möjlighet för Albert att kontrollera. Betingningen kan bestå livet ut om man inte botar den, men mera om detta senare.

I formeln står BS för betingat stimulus (den företeelse som genom inlärning fått ångestväckande förmåga) och BR står för den automatiska reaktionen som BS väcker;

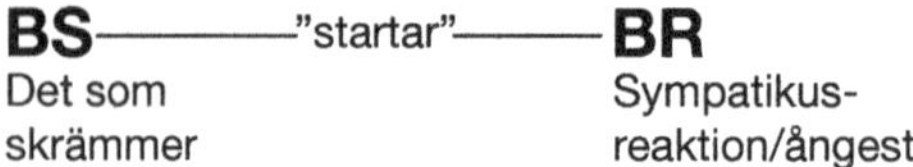

Alberts BS är vita råttor och hans BR är rädsla.

> Vårt autonoma nervsystem kan lära sig att reagera med automatisk ångest på ett tidigare neutralt stimulus.

Alberts betingning skedde genom att han själv fick uppleva rädslan för vit råtta, men det är fullt möjligt att genom att titta på någon annan som blir rädd, lära sig att bli rädd för samma sak. Inlärningen kan vara mindre dramatisk.

Små barn vet i allmänhet inte vad som är farligt och vad man bör akta sig för. Barn reagerar emellertid på ansiktsuttryck hos den som är skräckslagen och de blir automatiskt rädda när de ser en skräckslagen person. På det sättet kan deras vaksamhet väckas mot faror. För stenåldersmänniskorna var detta mycket viktigt för överlevnaden. De behövde inte personligen utsätta sig för faror, för att lära sig vad som var farligt. Det ökade chanserna till överlevnad i en farlig värld.

Det klassiska exemplet på denna inlärning genom imitationsbetingning är barn som blir rädda för åska genom att observera mammas eller pappas ansikte och beteende vid åskväder.

Barn, som känner mammas hårda famntag och ser hennes uppspärrade ögon och oroliga blick, löper risk att koppla samman blixtar och muller med fara och få betingad ångest. Åskfobi kan bli resultatet av att barnet skrämts av moderns tydliga tecken på ångest. Om modern exempelvis tar barnet och springer ner i källaren.

Att bli vittne till en misshandel, ett rån eller våldtäkt kan ge betingad ångest hos vittnet. Modellinlärning av ångest.

Det finns ytterligare ett sätt att lära sig reagera med automatisk ångest inför något tidigare neutralt och ofarligt. Inlärningen kan ske genom att man skrämmer upp sig själv i tanken eller skräms upp av någon som berättar. Man kan då säga att betingningen sker till en tanke. Tanken blir sedan en "vit råtta", som skrämmer personen till undvikanden och flykt och då förstärks ångesten.

Elsa läser om en fruktansvärd flygolycka och får hemska beskrivningar av hur det skett. Hon ser bilder framför sig som skrämmer henne och betingning sker. Från den dagen sätter hon inte sin fot i en flygplan. Informationsbetingning av ångest.

Betingning kan ske på tre sätt. Dels genom skrämmande upplevelse, dels genom att se någon vara rädd för något och dels genom att själv skrämmer upp sig med sina tankar eller att någon berättar något skrämmande. För att betingning ska ske måste någon form av flykt eller undvikande göras.

Förberedelse i hjärnan

Forskare har funnit att vissa fobier förvärvas lättare än andra. Hur kan det komma sig?

I ett frivilligt experiment jämförde man hur många ångestupplevelser som krävdes för att försökspersonerna skulle få en fobi. Man använde sig av ungefär samma tillvägagångssätt som då Albert lärde sig bli rädd för den vita råttan. En av tankarna med experimentet var att se om farligheten hos en företeelse gjorde det lättare att få fobi för den. Det visade sig dock att ormfobi och spindelfobi är lättare att förvärva eller lära sig än exempelvis pistolfobi, trafikfobi och pyjamasfobi. Pistolers och trafikens farlighet gjorde inte dessa företeelser lättare att få fobisk rädsla för än vare sig ormar, spindlar eller pyjamasar. Pistolfobi, trafikfobi och pyjamasfobi var ungefär lika svårt att förvärva.

Den slutsats man drog av undersökningen var att det hos de flesta människor finns en förberedelse i det autonoma nervsystemet att förvärva vissa fobiska rädslor. Denna förberedelse har utvecklats under hundratusentals år, då ormar och spindlar var ett verkligt dödshot. Alla som hade en naturlig rädsla för dessa farligheter hade en gratis överlevnadsbonus och de fick därför chans att sätta flera barn till världen som ärvde samma medfödda rädsla.

Förklaringen till förberedelsen för vissa fobier eller rädslor ligger således i det naturliga urvalet – evolutionen. Motsvarande urval har ännu inte hunnit bli utvecklat inför mera moderna farligheter som pistoler och trafik. Men kanske på ett par hundra tusen år så skulle det kunna ske i ett samhälle där ihjälskjutning varit en vanlig dödsorsak.

Man kan även tänka sig att rädsla för att gå ut på öppna ytor eller gå in i mörka håligheter eller grottor också har haft samma livräddande förmåga. Öppna ytor gör en förhållandevis osnabb människa synlig och därmed lätt att springa ifatt och ta. Att gå in i en björngrotta gör man kanske bara en gång och därför var det fördelaktigt att vara rädd för det redan innan. Torgskräck och cellskräck är termer som tidigare användes för dessa rädslor.

Det som är utmärkande för ångestsyndrom exempelvis fobier är att ångesten, obehaget är så starkt att det på ett tvingande sätt förmår personen att göra saker för att lindra den.

Generalisering

Albert visade sig inte bara vara rädd för vita råttor. Han visade även stark ångest inför vita kaniner. En trasselsudd på några meters håll skrämde honom också. Till och med en tomte med ett stort vitt skägg fick honom att bli rädd.

När sådant som påminner om eller liknar det ursprungliga betingade stimulit (BS) får skrämmande förmåga, säger man att generalisering skett. generalisering är detsamma som "spridning". Den skrämmande förmågan sprids till liknande företeelser.

Generalisering är en viktig förklaring till ångestsyndrom och att de kan bli så handikappande. Det är inte nog med att man är rädd för bara en hund utan man är rädd för alla. Man är vid panikångest inte skräckslagen för att handla i butiken hemma på gatan, utan man är även rädd för de flesta butiker. Man är vid social fobi inte rädd bara för att dricka kaffe med grannfrun, utan man är rädd för att gå på alla fester och möten.

Generalisering innebär att inlärningen sprider sig till nya situationer som liknar inlärningssituationen.

Nu återgår vi till Pelle och Jonas

Den i grunden ängsliga och osäkra Pelle skrämmer upp sig själv för att han inte ska hålla måttet och bli utesluten från gänget. Han kanske inte är tillräckligt tuff för att accepteras i gänget. Han är ju själv väl medveten om hur ängslig och rädd han faktiskt är. Ingen vet bättre än han själv hur osäker och rädd han känner sig. Känns det så tydligt, då måste det ju synas? Att de andra skulle se hans rädsla vore katastrof. För att undvika detta känner han att han tydligt måste visa att han inte är rädd. Varje gång han bär sig illa åt mot en lärare, känner han åtminstone tillfälligt att han har dolt sin rädsla. När en tid gått från Pelles föregående provokation av lärare stegras långsamt hans ängslan igen. Behovet att bevisa sig vara tillräckligt tuff ökar åter.

Vardagspsykologiskt brukar vi kalla detta att "Pelle överkompenserar sin osäkerhet".

Med vår beteendeformel skulle vi klargöra Pelles beteende på följande sätt:

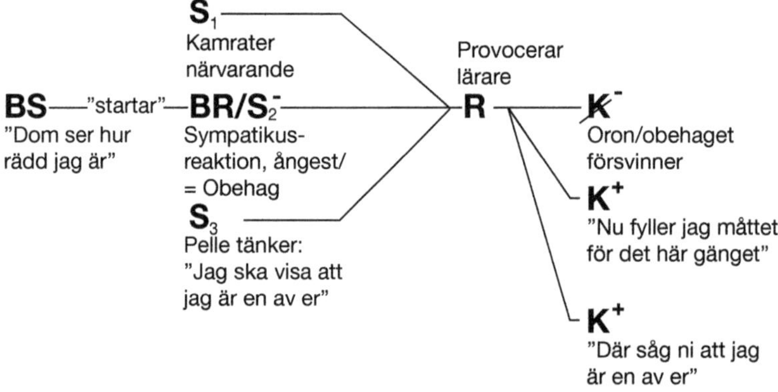

Medan Stina, med social fobi, kommer undan sin ångest genom att hålla sig borta och fly från andras blickar, så använder Pelle ett mera aggressivt sätt. Istället för att låta sympaticusreaktionen bli ångest blir den aggression. Ofta känns ilska bättre än rädsla, även om samma sympaticusreaktion finns där vid båda. Det är således ofta negativt förstärkande att gå till anfall när man är rädd, för då slipper man rädslan.

Hur har Pelle lärt sig sitt provocerande beteende

Vi kan inte veta hur Pelle kommit fram till sitt beteende, men vi kan gissa. Han har säkerligen sett detta beteendemönster hos beundrade kamrater, som han sedan försökt att imitera (modellinlärning). Han kan även ha sett tuffingar på TV som varit provocerande.

Det är inte otroligt att han hört hur snacket gått i gänget om hur vissa tuffa killar beter sig. gängets värderingar har han efterhand fått allt klarare för sig (instruktionsinlärning). Även skryt om "bedrifter" från andra gruppmedlemmar, kan ha varit instruktioner för honom.

När han känt till värderingarna (etablerande omständigheter) kan han även själv ha försökt komma på och fundera ut andra beteenden som är "tuffa" (problemlösningsinlärning). Pelle har sannolikt lärt sig sitt lärar-provocerande beteende genom en samverkan av imitation och instruktion och kanske lite problemlösningsinlärning. När han har praktiserat sitt beteende kan han ha fått beundrande blickar, positiva kommentarer som förstärkt honom att gå allt längre i sitt beteende (formning).

Hur har Jonas lärt sitt självskadande?

Jonas däremot kan inte ha lärt sig självskadande på samma sätt som Pelle. Jonas har varken haft någon att härma eller någon som kan ha givit några instruktioner.

I detta fall handlar det istället om inlärning genom formning. Jonas har lärt sig sitt självskadande beteende genom tillfälligheter som under längre tid förstärkt och format ett sammanhängande självskadande.

Låt oss anta att Jonas beteende kan skrivas med beteendeformeln på detta vis:

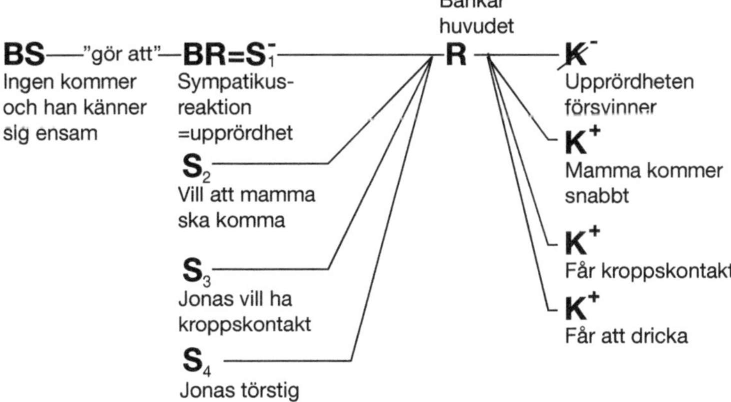

I detta läge fungerar i så fall Jonas självskadande som en slags kommunikation. Han har ett effektivt medel att få kontakt, få något att dricka eller att äta. Det självskadande beteendet fungerar som en mycket trubbig kommunikationen, eftersom han inte exakt kan styra vad han får. Ena gången är han törstig, men får bara kroppskontakt och andra gången är han törstig, men få då något att äta. Självskadandet ger honom än det ena och än det andra, men det fungerar till att ge honom något. Allt självskadande har funktion, även om den är lite slumpartad och inte så effektiv.

Trots det är det bättre än att inte få något över huvud taget och beteendet ger en viss känsla av kontroll. Jonas har vissa möjligheter att komma åt det som är viktigt för honom (hans förstärkningar).

Inlärningshistorien har vi ingen aning om, men vi kan gissa hur det kan ha gått till.

Låt oss anta att Jonas en gång var mycket upprörd för att ingen hörde honom och kom till honom. I sin upprördhet råkande han svänga huvudet så att det slog i en öppen dörr med en duns. Smärtan var så stark, att hans skrik blev helt nytt och annorlunda, vilket fick föräldrarna att omedelbart skynda till honom. Det rabalder som huvuddunket åstadkom fick föräldrarna att ögonblickligen skynda till honom och ge honom särskild omtanke och vård. Därigenom lärde han sig att dunka huvudet kan ge förstärkning (att någon kommer). Inlärning genom formning är sällan en medveten process, utan den sker stegvis och helt omedvetet. Detta är ett exempel på försök-och-misslyckande inlärning och en slumpmässig formning.

Men en enda förstärkning kan väl knappast skapa ett självskadande beteende? Motivationen att skada sig kan väl knappast väckas så lätt?

Motivation väcks snabbt men slocknar långsamt

Innan vi går vidare på hur Jonas inlärning kan ha gått till, vill jag berätta om Lisa (7) som fick erbjudande att vara med om ett inlärningsexperiment. Experimentet visar att motivationen väcks snabbt och blir så stark att den bäddar för många upprepningar av ett beteende.

Lisa deltog helt frivilligt i experimentet. Hon fick gå in i ett alldeles kalt rum. Ingenting fanns där att titta på eller förströ sig med och detta var meningen, för avsikten var att Lisa skulle uppleva stor tristess under den timma hon var i rummet.

Lisa visste att hon skulle tillbringa en timma i rummet, men visste för övrigt ingenting om meningen med experimentet. Det som skulle undersökas var, skillnaden mellan att bli motiverad och att tappa motivationen.

Genom att Lisa upplevde det oerhört tråkigt att vara i rummet började hon, som alla barn gör när de har tråkigt, att hitta på saker att göra. De allra flesta barn brukar sparka i marken eller på väggarna, när de inte vet vad de ska göra. Om och när det skedde, att Lisa sparkade i en av väggarna, skulle en lucka öppnas och en stor fin docka skulle komma ut. Det skulle bli mindre tråkigt. Dockan var menad som en negativ förstärkning på hennes sparkande, då den gjorde slut på hennes tristess.

Under hela experimentet satt en psykolog bakom ett envägsfönster och observerade henne. Efter cirka 20 minuter sparkade Lisa i väggen med luckan och ögonblickligen öppnades luckan och dockan kom ut. Men experimentet skulle bara tillåta att en enda spark kunde utlösa en sådan förstärkning, oavsett hur många gånger hon sparkade. Nu var det intressant att se, hur många gånger hon kunde tänkas sparka, trots att bara den första sparken blev förstärkt. Om det var lika lätt att släcka motivationen som att väcka den, då skulle hon ju bara sparka en andra gång och därefter skulle hon inte sparka mera.

Nu visade det sig att Lisa sparkade många flera gånger, sammanlagt 36 gånger. Hon prövade även att sparka i de andra väggarna (generalisering) för att kontrollera om det kunde öppna luckan flera gånger. Luckan förblev dock stängd och utsläckning av sparkandet skedde.

Vid ett enda tillfälle förstärktes beteendet och det gav upphov till att beteendet upprepades ytterligare 35 gånger utan förstärkning. En förstärkning kunde ge upphov till 35 upprepningar av samma beteende. Detta är en grundförutsättning för att formning ska fungera.

Låt oss nu tänka att Jonas råkade banka huvudet i dörren en gång och att denna gång gjorde att föräldrarna omedelbart kom till honom (förstärkning). Om vi nu drar en parallell till Lisa, så kommer Jonas om han har lika svårt att få mor eller far till sig, att använda huvudbank ytterligare 35 gånger!!!

Jag har svårt att tänka mig, att pappa och mamma skulle vara lika omutliga som psykologen bakom envägsfönstret och inte genast gå till honom nästa gång han bankar huvudet. Sannolikt vill de göra allt för att han inte ska banka sig och därför kommer de att förstärka varje gång han bankar huvudet åtminstone i början. Därmed kommer inte någon utsläckning av beteendet till stånd.

Istället kommer Jonas självskadande om och om igen att visa sig vara ett effektivt sätt att kalla till sig föräldrarna. Föräldrarnas ansträngningar att trösta och lugna honom kan i den upprörda situationen ta sig många uttryck. De kanske erbjuder honom dryck och något att äta och då får han ytterligare förstärkning på att slå sig.

Därigenom framstår beteendet som allt mera funktionellt och värdefullt på flera sätt för Jonas.

Trots föräldrarnas ansträngningar att göra allt, för att han inte ska banka huvudet, kommer ändå tillfällen, då man inte observerar alla hans försök att påkalla uppmärksamhet. Tillfällen kommer därför att uppstå, då han kan lockas att ta till sitt effektivaste medel att banka huvudet för att få föräldrarna till sig.

Med tiden kommer föräldrar att vänja sig vid självskadandet även om de aldrig accepterar det. Men den extrema skräck de kände den första tiden tonas ner. Följden blir att föräldrarna inte längre blir lika snabba att komma till honom, när de hört en eller ett par dunkningar. Jonas hinner då att slå flera gånger och han kanske till och med hinner bli upprörd och slå hårdare innan de kommer. Att slå flera gånger och hårdare kommer då att bli förstärkt och formningen av ett alltmera våldsamt och svårare självskadande mejslas fram. Formning är tillfälligheternas inlärning där avsikten ibland helt saknas.

Genom att omgivningen sakta vänjer sig vid hans självskadande resulterar det i ett alltmera utglesat förstärkningsschema. Vi vet ju att glest mellan förstärkningarna pressar fram mera beteende. Resultatet blir allt mera självskadande.

Så kan formningsprocessen fortsätta utan att någon egentligen önskar eller fattar hur det går till. Slutligen och innan att någon fattat det, kan problemet ha blivit mycket allvarligt. När allvarligheten blir uppenbar för föräldrarna, kommer de att förändra sitt beteende. Deras ansträngningar kanske gör att formningen går vidare mot ännu svårare självskadande. Det är lätt att göra fel, om man inte känner till inlärning genom formning och i stunden bara lyssnar till hjärtat.

Vi vet ännu inte hur Jonas självskadande beteende kommer att se ut om några år. Kanske har det formats till något ännu värre. Eller kanske har man kunnat utsläcka det helt genom att ta bort dess förstärkningar och göra det fullständigt funktionslöst och därmed meningslöst.

STARKA KÄNSLOR SOM DRIVKRAFT TILL BETEENDET

Tanken på att jag kanske har glömt låsa bilen gör mig orolig. För att slippa oron går jag ut och kontrollerar att bilen verkligen är låst. Kontrollen av bilen gör mig lugn. När oron försvinner som ett resultat av mitt beteende så betyder det, att beteendet har förstärkts negativt. Alla beteenden som undanröjer något obehagligt blir negativt förstärkta.

Det finns en rad mänskliga beteenden, som fungerar just på detta vis. Oro eller ångest får människor att göra mycket för att bli av med oron. Ibland kan ångesten vara så stark, att den får ett nästan totalt inflytande över en persons beteende. Många personer vågar helt enkelt inte låta bli att försöka minska ångesten. Så är det när man lider av något ångestsyndrom såsom exempelvis fobier, panikångestsyndrom, anorexi eller tvångssyndrom.

Ångest

Vi har tidigare konstaterat att starka känslor som ångest, ilska, avsky, nervositet är en sympatikusreaktion (upphetsning) i det autonoma nervsystemet och att denna reaktion tolkas av tankar och därigenom får sin känslofärg (s. 75-76).

Fysiologisk reaktion	+ Tanke _blir till_	Känsla
Sympatikusreaktion	”jag dör, jag klarar inte detta”	dödsångest.
Sympatikusreaktion	”jag hatar dig och jag ska döda dig”	aggressivitet.
Sympatikusreaktion	”jag har vunnit en miljon”	lycka.

Det är således situationen och hur vi tolkar den, som avgör vilken känsla sympaticusreaktionen ska upplevas som. Om vi befinner oss i en pressad situation och inte riktigt vet vad som ska hända eller hur vi ska agera, brukar känslan vara oro, ångest eller att man känner sig nervös. Dessa känslor brukar uppfattas som obehagliga och olustiga. Obehagligheter och sådant som är olustigt vill man bli av med och därför driver sådana känslor fram beteenden som kan minska eller helt ta bort obehaget. Sådana beteenden kallas "säkerhetsbeteenden" – egentligen "flykt och undvikandebeteenden".

När stark ångest driver en människa till en mängd säkerhetsbeteenden kallas detta ångestsyndrom. Men för att anses som ett ångestsyndrom måste det handla om rädsla inför företeelser som egentligen inte är farliga. Rädslan måste ha uppstått genom betingning. Inlärning av automatisk ångest måste ha skett.

Vanliga ångestsyndrom är fobier som ormfobi, spindelfobi, hissfobi, flygfobi, kattfobi höjdskräck m fl. Även mera komplicerade rädslor som panik ångestsyndrom, social fobi, agorafobi och tvångssyndrom räknas till vanligt förekommande ångestsyndromen.

Vid en fobi är den betingade ångesten så stark att den påverkar personen att vidta säkerhetsbeteenden. Vi kopplar nu ihop den autonoma reaktionen med viljemässigt kontrollerbart säkerhetsbeteende. Vi skriver detta med formeln på följande vis. Den är tillämpbar på alla ångestsyndrom

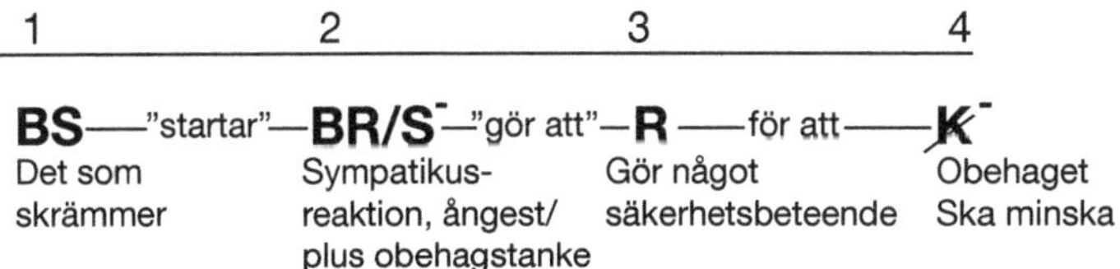

En fobi föreligger när en person upplever alltför stark ångest inför någon företeelse eller situation och rädslan är så stark att han inte kan låta bli att använda säkerhetsbeteenden (exempelvis undvika eller fly från) för att lindra sitt obehag.

Betingade Stimuli (BS nummer 1 i formeln ovan) är det som fobin eller syndromet handlar om och kretsar kring. Albert har sin vita kanin för det är ju den som skrämmer och utlöser ångesten. För ormfobikern är det åsynen av ormen som startar ångesten. För hissfobikern är det att gå in i hissen och för hundfobikern är det en hund som närmar sig osv.

För den sociala fobikern är andra personers granskande ögon och blickar betingade stimuli, som automatiskt startar sympaticusreaktion (betingad reaktion – 2 i formeln ovan). För personer med tvättvång finns bland de betingade stimuli (1) smutsiga toaletter, dörrhandtag, pengar som andra tagit i mm.

För personer med panikångest är trängsel och stora varuhus "vita kaniner" som utlöser ångest automatiskt. Ofta är man dessutom rädd för yrsel, hjärtklappning eller att vara torr i munnen eller något annat som är en del i ångesten själv. Man är alltså rädd för företeelser som har med sympaticus att göra.

En person med anorexia (som svälter sig själv) är rädd för att bli mätt och därmed för att äta, för att väga sig. Bara tanken på att äta choklad kan vara mycket skrämmande.

Det som utmärker ångestsyndromen är att sådana saker som tidigare varit helt neutrala [1 i formeln ovan] har fått automatiskt sympaticusutlösande förmåga. Typiskt är också att när den automatiska sympaticusreaktionen (BR) går igång så startar även tankar på fara, otäckheter, hot och flykt/räddning. Punkt två [2] i formeln är den starka känslan, vanligen sympaticus plus skrämmande tankar, som är en betydande och vanlig drivkraft till att göra säkerhetsbeteenden [3], för att minska och helst bli av med känslan [4].

Personer med tvång känner sig tvingade att utföra tvångsbeteenden för att lindra sin ångest och oro och skingra tvivel och osäkerhet. Tvångsbeteendena är samma sak som säkerhetsbeteenden och har samma funktion som dessa.

Tvångsbeteenden kan vara av fyra sorter nämligen; *tvångshandlingar, undvikanden, återförsäkringsfrågor och tvångstankar, tröstetankar.*

Drivkraften i tvång är ångest, det vill säga sympaticusreaktion och en skrämmande tanke, vilken ofta innehåller tvivel och osäkerhet.

Ångesten/oron ger obehag, som tvingar personen att ta till sina tvångshandlingar för att minska sin oro och sitt tvivel. En person har tvångssyndrom om han känner ett inre tvång att under sammanlagt minst en timma per dag utföra vissa beteenden, ritualer eller ältande, för att minska eller slippa ångest eller för att undanröja ett plågsamt tvivel eller osäkerhet.

Lars (25) lider av tvångssyndrom. Hans tvivel handlar om att han kan ha kört på någon med sin bil på vägen. Tanken på att så *kan ha skett* gör honom utom sig av ångest och oro. För att bli kvitt denna oro känner han sig tvingad att göra något för att förvissa sig om att det verkligen inte har hänt. Nu använder han sina fyra säkerhets- eller tvångsbeteenden för att överbevisa sig själv om att inget har hänt.

Han går runt bilen och kontrollerar att inga bucklor finns. Visserligen ser han inga bucklor och det lugnar honom en aning, men det behöver ju inte bli några bucklor. Nu stiger oron igen. Bilen kan ju bara ha knuffat till den påkörde. Oron stiger och han sätter sig i bilen och åker tillbaka samma väg han kommit. Ingen påkörd person ligger i diket och det lugnar honom en aning igen. Men nu har han ju åkt vägen ännu en gång och då det kan ju ha skett. Han åker tillbaka igen och igen. Han tittar hela tiden i backspegeln för att se att ingen trillar ner i diket, han lyssnar efter dunsar i underredet av bilen. Han har en rad *tvångshandlingar* som han använder för att övertyga sig om att ingen har blivit påkörd.

Han försöker även undvika att köra bil för att slippa detta elände (*undvikande*). Väl ute på vägen brukar han köra så sakta, att det bildas kö bakom honom. På det sättet blir de förare, som åker bakom honom återförsäkrare utan att veta om det. De skulle ju se eventuella trafikoffer (*återförsäkringar*) och det lugnar Lars en smula. Slutligen när han förtvivlad ännu inte blivit överbevisad och säker, ligger han hemma och går i tanken igenom hela bilresan och försöker bevisa för sig själv med logiska argument och minnesbilder att det inte kan ha hänt något självåterförsäkrande tvångstankar.

Lars har alla fyra sorterna tvångsbeteenden eller säkerhetsbeteenden.

Behandling av ångestsyndrom

På samma vis som vi kan lära oss att reagera med ångest på vissa signaler (genom betingning) eller företeelser i en viss situation, kan vi lära oss att *inte* reagera på detta vis. Om vi utsätter oss för det som skrämmer oss till ångest (betingade stimuli), utan att göra något för att vi ska bli lugnare, kan vi lära oss att ångesten är onödig.

Genom att inte göra några säkerhetsbeteenden kan vårt autonoma nervsystem motbetingas och lära sig att det "farliga" är ofarligt och att de betingade stimuli som skrämmer oss inte är så farliga som de känns och att det inte innebär ett oändligt lidande att komma i kontakt med dem.

Enkelt uttryckt kan man säga, att vill man bli av med en fobi, tvång eller annat ångestsyndrom så måste man trotsa ångesten och om och om igen våga göra det man tycker är otäckt. Därigenom lär sig det autonoma nervsystemet att det inlärda ångestlarmet egentligen är onödigt, ett falskt larm och inte alls skyddar mot något farligt. Motbetingning sker genom att det skrämmande (BS) förmår väcka allt svagare sympaticusaktivitet. Slutligen uppstår ingen sympaticusreaktion alls. Albert som hade kaninfobi får umgås mycket och länge med kaniner som skrämmer honom, för att motbetingning ska ske. Lars måste köra bil ofta och länge utan att göra varken tvångskontroller, eller skaffa sig återförsäkringar eller älta. Ingen av dem får ägna sig åt några säkerhetsbeteenden över huvud taget. Resultatet blir att Albert inte känner ångest inför kaniner längre och Lars känner ingen ångest av bilkörning längre.

Säkerhetsbeteenden förvärrar ångesten

Under andra världskriget drabbades många stridspiloter av flygfobi efter att ha blivit nedskjutna. Efter vissa nedskjutningar, som slutade lyckligt för piloterna, gav man de nedskjutna permission för att vila upp sig. När de sedan kom tillbaka från sin permission, vågade de inte flyga. De hade utvecklat flygfobi och var därmed "förbrukade".

BS——"startar"—**BR**
Sitta i ett   Sympatikus-
flygplan   reaktion, ångest

I andra fall kunde piloterna inte beviljas permission utan tvingades av krigets realiteter att genast gå upp i ett annat flygplan, trots att de just räddat sig efter en nedskjutning. Dessa piloter utvecklade inte flygfobi, varför?

Förklaringen är att om man använder säkerhetsbeteenden eller på annat sätt lyckas slippa ifrån situationen där ångest väckts, då "bekräftas" att situationen verkligen var farlig. Det känns ju tydligt att ångest finns när piloten sitter i planet, men den sjunker när han gått ur planet. Man kan säga att det autonoma nervsystemet ger planet skulden för ångesten. Den sista erfarenheten piloterna hade av att flyga och den känsla han hade då, är avgörande för om betingning ska ske. Kommer man från flygningen med stark ångest, då sker betingning och man utvecklar sannolikt en fobi, en rädsla för flygning. Om man däremot tvingas flyga omedelbart efter sin skräckfyllda nedskjutning och uppe i luften hinner lugna ner sig, då blir den sista erfarenheten av flygning inte skräckfylld och ingen betingning sker.

Alla ryttare känner till detta fenomen. De vet att en ryttare, som blir kastad ur sadeln omedelbart måste upp i sadeln igen, för att inte få ridfobi.

På bryggan till vår badplats lekte en liten flicka ensam medan modern satt tio meter därifrån. Plötsligt trillade flickan ned i vattnet, fick en "kallsup" och blev skrämd. Mamman rusade ut och lyfte upp flickan ur vattnet. Sedan gjorde hon något mycket förnuftigt och det enda rätta. Hon tog flickan under armarna och medan hon själv skrattade med hela ansiktet, började hon låta den lilla hoppa upp och ner från bryggan i det grunda vattnet. Det hela såg ut som en lek, men flickan fortsatte att skrika till en början. Snart var fickan också road och inte alls rädd eller ledsen längre, trots att hon fortfarande var i vattnet. På detta vis sörjde mamman för att flickans sista upplevelse av vatten den dagen var positiv och förmodligen utbildade hon inte någon vattenrädsla.

Hade mamman däremot med ett skrämt ansiktsuttryck hämtat upp flickan och genast sprungit upp på land och slagit en badhandduk om henne och tröstat henne, då hade flickan med stor sannolikhet betingats och fått en automatisk badrädsla.

Denna lilla episod beskriver väl vad all framgångsrik beteendeterapeutisk behandling av fobier, tvång och andra ångestsyndrom går ut på. Den som har tandvårdsfobi bör gå till tandläkaren ofta och sitta kvar i stolen så länge att ångesten hinner sjunka. Behandlingen kan ske stegvis och behöver inte börja med det mest skrämmande, men ångesten måste hinna sjunka innan patienten lämnar den skrämmande situationen.

Det som har verkan mot hissfobi är att åka hiss, mycket och länge och i många olika hissar för att få en generalisering till stånd. Den som har skräck för att hålla föredrag måste göra det på många olika ställen och tillräckligt länge så att ångesten hinner sjunka.

När ångestsyndromet är aktivt så innebär det att ångesten får personen att göra sina säkerhetsbeteenden, (3) i formeln nedan, för att lindra eller helt undvika, slippa ångest. Och detta måste brytas för att syndromet ska kunna botas.

1	2	3	4
BS——"startar"—**BR=S⁻**—"gör att"—**R**——för att——**K̶**⁻			
Kör bil	Sympatikus-reaktion, ångest/ drabbas av tvivel: "Tänk om jag kört på någon"	Säkerhets- eller tvångs-beteenden	Obehaget Ska minska

Metod för behandling

För att bli kvitt en fobi eller ett tvångssyndrom måste man våga göra det man inte vågar och stanna kvar längre i rädslan än man egentligen vågar, för att övervinna rädslan. Man får inte göra någon form av säkerhetsbeteenden om motbetingningen ska bli möjlig.

Metoden för bot av ångestsyndrom är den beteendeterapeutiska metoden *Exponering med responsprevention*. Man utsätter (exponerar) sig för det som skrämmer (betingade stimuli) och avstår från att göra något säkerhetsbeteende (responsprevention) över huvud taget. Rätt använd är denna beteendeterapeutiska metod mycket effektiv mot alla typer av ångestsyndrom.

Säkerhetsbeteenden kan vara vilka beteenden som helst, men deras enda syfte är att skydda från/minska ångest. Det sorgliga med dem är, att om man gör säkerhetsbeteenden, blir man ännu mera rädd i fortsättningen. Motbetingningen blir omöjlig. gör man sina säkerhetsbeteenden, då sjunker ångesten på grund av säkerhetsbeteendena och inte på grund av att man får erfara att det inte var så farligt som det kändes. Säker hets beteenden (tvångsbeteenden) lindrar oro och ångest för ögonblicket, men gör ångesten värre nästa gång och i framtiden.

Säkerhetsbeteenden och tvångsbeteenden kan vara mycket svåra att upptäcka, men kan ändå förhindra att motbetingning och bättring kan ske. Till och med tankar och information kan bli till säkerhetsbeteenden och fungerar som en slags flykt.

Birgit (46) hade tvångssyndrom och en av hennes skrämmande tankar var, att när hon rökte så kunde röken slingra sig bort till grannen, som var gammal och sjuklig, och skada honom kanske till och med döda honom.

Hon hade en rad tvångsbeteenden eller säkerhetsbeteenden såsom att gå på andra sidan huset för att röka och kontrollera åt vilket håll vinden blåste, när hon skulle röka. Dessa beteenden gjorde det möjligt för henne att röka med lite mindre ångest och oro.

Att hennes skrämmande tanke med röken var tokig och orealistisk hade för länge sedan slutat att lugna henne, så hon vågade inte låta bli sina tvångsbeteenden. Många försökte att lugna henne genom att ge henne återförsäkringar, men de flesta hade hon hört och de gav inte längre något lugn. Hennes son, som just lärt sig om osmos och det osmotiska trycket i skolan, kom på att det även måste gälla rök likaväl som salt i vatten.

Han förklarade för sin mor att det osmotiska trycket gör att en blandning alltid strävar efter att blanda ut sig så att den blir lika stark över allt. Blåser man ut rök i friska luften då kommer den snabbt att spädas ut tills den är lika i hela atmosfären. Det är således omöjligt för röken att hålla sig samman och ge sig av till grannen.

Denna återförsäkring var ny för henne och gav henne tillfälligt lugn och gjorde att hon slapp sin oro. Sonen gjorde dock sin mor en otjänst genom denna återförsäkring. Man kan aldrig åstadkomma motbetingning, om man använder säkerhetsbeteenden eller tvångsbeteenden för att minska sin ångest. Snart kom hon på andra saker som satte tanken på utspädning ur spel och hon var åter minst lika osäker och orolig.

Den exponering som man gör för att få igång motbetingningsproceduren, måste vara tillräckligt lång, så att ångestnivån hinner sjunka betydligt. Resultatet blir annars samma sak som en flykt om man lämnar det som skrämmer då ångesten är hög. Vi vet att flykt ger betingning och kanske ännu värre ångest och rädsla. För korta exponeringar gör fobin värre.

Exponering kan misslyckas på grund av att man gör fel

Anna (7) i första årskursen har börjat skolan, men vågar inte vara i skolan utan mamman. Hennes förtvivlan gör att mamman inte har vågat sig på någon tuffare exponering att bara gå hem och lämna Anna i skolan. Under höstterminens två första månader har mamman följt henne till skolan och stannat hela dagen. Psykologen som är inkopplad har föreslagit att mamman ska vara i korridoren, så att hon exponeras för att inte se mamman, men att Anna kan få gå ut och se att mamma finns där, när hon blir orolig. Ångesten har inte sjunkit – snarare tvärtom, varför?

Förklaringen är att flickan får ägna sig åt ett säkerhetsbeteende. Hon får, så snart hon känner oro, gå ut och titta så att mamma finns där. Hon får därmed inte uppleva att ångesten sjunker utan att mamma syns. Annas kontroll av mammans närvaro får ångesten att minska tillfälligt och är det säkerhetsbeteende som befäster rädslan. Någon responsprevention kommer inte till stånd. Istället bör flickan sitta i sin bänk hela lektionen utan möjlighet att kontrollera om mamman finns där. Mamman dyker upp då och då i klassrummet helt sporadiskt och med allt längre intervall (exponeringen ökar).

Exponera allt på en gång eller lite i taget

Det berättas att Wolfgang Goethe, den tyske 1700-talspoeten, led av mycket svår höjdskräck. Han lär ha fått ångest av att gå upp och ställa sig på en stol och än värre var det med en liten stege. Goethe tycks emellertid ha haft en naturlig fallenhet för inlärningspsykologi och beteendeterapi, för han insåg att han måste träna sig i att vara i de ångestprovocerande situationerna, för att bli av med sin automatiska rädsla. För att snabbt nå resultat valde han att klättra upp i ett av tornen i Kölnerdomen och stod där till en början fullständigt skräckslagen och tittade ut på gatorna nedanför. När ångesten sjunkit väsentligt gick han ner, men upprepade den plågsamma proceduren dagarna efter. För varje gång blev ångesten mindre. Goethe hade botat sin höjdskräck med intensiv exponeringsbehandling.

I vissa fall föredrar patienten, som Goethe, att ge sig på den svåraste ångestprovokatören genast för att bli av med den. I äldre beteendeterapeutisk litteratur kallas detta flödesterapi.

Ytterligare ett exempel där intensiv exponering använts: En man och hans hustru lämnade en kväll sin lilla dotter hemma sovande i spjälsängen för att ta en promenad. Flickan sov och brukade aldrig vakna när hon väl somnat, så de ansåg att de med gott samvete kunde lämna henne en stund. När de kom hem stod deras villa i brand och deras dotter blev innebränd. Förutom depression, fick mamman av denna fruktansvärda händelse många oväntade psykiska problem. Hon hade efter en tid utvecklat en fobi för att lyssna på radion. Hon kunde inte ha den påslagen, för det gav henne en våldsam ångest. Varför?

Flickan hade under tiden innan branden varit mycket förtjust i den sommarens stora schlager "I´ll tie a yellow ribbon round an old oak tree". När hon hörde denna låt hade hon trallat och dansat förtjust.

Efter olyckan märkte mamman att hon drabbades av våldsam ångest när hon fick höra denna sång, som alltjämt spelades mycket på radion. Melodin väckte minnet av dottern som väckte ångest och betingning skedde, eftersom hon genast stängde av radion när hon hörde låten. Säkerhetsbeteendet att stänga av radion bäddade för betingning. Hon utvecklade en fobi för att lyssna på radio.

Mamman skyddade sig även mot många andra saker. Allt som påminde om flickan plockades bort och det gjorde att allt flera företeelser blev betingade stimuli för hennes ångest. Hennes värld krympte och hon vågade snart inte gå ut. Ju fler säkerhetsbeteenden som tillkom, desto mer ångest fick hon och desto mer begränsad blev hon.

Mamman behandlades av en beteendeterapeut som exponerade henne relativt intensivt för en rad saker och föremål som väckte stark ångest. Så småningom kunde mamman lyssna på radion och när behandlingen avslutades kunde hon till och med sjunga med i den tidigare så ångestprovocerande melodin.

I vissa fall är det omöjligt att gå snabbt fram, för patienten vågar inte stanna kvar i ångesten. I dessa fall kan man göra en skala eller lista med BS (betingade stimuli – sådana saker som skrämmer) och rada upp dem i en stigande ångestskala. Sedan börjar man exponera för det som känns minst farligt och jobbar sig sakta upp mot allt svårare betingade stimuli.

Metoden med stegvis exponering minskar risken för misslyckande och förvärrande av ångestsyndromet.

- Man kan lära sig att automatiskt reagera med starka obehagskänslor inför en situation eller företeelse som tidigare varit fullständigt neutral. Denna inlärning i autonoma nervsystemet kallas betingning.

- Starka känslor som ångest, avsky, genans är så obehagliga att vi vanligen vill undvika och undfly dem. Beteenden att undfly betingad ångest kallas säkerhetsbeteenden eller tvångsbeteenden vid tvångssyndrom.

- Fobier är exempel på att det autonoma nervsystemet lärt sig reagera med automatisk ångest inför företeelser som "att flyga", "se spindlar" eller "åka hiss" m. fl. Ångesten tvingar till säkerhetsbeteenden som att fly eller att helt undvika.

- Tvångssyndrom är exempel på att det autonoma nervsystemet lärt sig att reagera med ångest inför föremål och även tankar. Tvångs-

> beteendena (säkerhetsbeteendena) går ofta ut på att kontrollera, rätta till, skaffa lugnande försäkringar, minska tvivel så att ångesten och obehag minskar.
>
> - Det är fullt möjligt att bli kvitt betingad ångest. Vad som krävs är att personen vågar trotsa sin ångest och bete sig som om han inte hade ångest. Han måste stå kvar i ångestkänslan utan att göra något åt den, tills den avklingat av sig själv. Denna beteendeterapeutiska metod kallas "exponering med responsprevention". Det autonoma nervsystemet lär sig då att det som skrämmer inte är så farligt som det känns och motbetingning sker.

"Bortskämda" Bruno

Bortskämd är ett uttryck som ibland används om personer (barn likaväl som vuxna), som inte kan tåla att bli motsagda, inte få bestämma och inte tål små motgångar. En enkel sak som att förlora i sällskapsspel eller att någon arbetskamrat har tagit ett eget initiativ på arbetsplatsen, kan utlösa vredesutbrott. Den "bortskämde" blir rasande och vred när det går honom emot i tillsynes betydelselösa småsaker. Ilskan vittnar om att de små motgångarna har blivit betingade stimuli för sympaticusreaktion. Bland de bortskämda kan vi hitta ilskna chefer, skrikiga barn och despotiska ledare. Det handlar alltså om personer som lärt sig att få sin vilja igenom med hjälp av tvingande beteenden.

Bruno (6) har blivit upphetsad när mamma sa "Nej" till honom. I det utspel som sker viker sig mamma för honom och han får sin vilja igenom. Det lägger grunden för en formningsprocess av ilskebeteenden vid motgångar.

Bruno lär sig två saker. Dels lär han sig att ilskebeteenden kan tvinga fram ändringar av ett oönskat "Nej" och dels lär han sitt autonoma nervsystem att automatiskt reagera med sympaticusreaktion (dvs ilska) på oönskade "Nej". Betingning sker. Hans aggressiva beteende är ett säkerhetsbeteende som på sikt gör honom allt känsligare för "Nej" i framtiden. Om detta upprepas och mamma håller emot lite mera varje gång, men slutligen viker sig, så formas ett allt ilsknare beteende fram hos Bruno. Proceduren är densamma om det handlar om chefen på jobbet, där alla viker sig för chefens utbrott.

Behandlingen av den "bortskämde", vare sig han är 6 eller 36 år, är densamma. Exponering med responsprevention måste till. Bruno måste exponeras för det han inte tål. Han måste möta "Nej" och att inte få bestämma allt. Han måste få uppleva allt annat som blivit betingade ilskeutlösare för honom och därefter inte lyckas med att få sin vilja igenom med hjälp av sina ilskebeteenden. Endast så kan motbetingning ske.

Pelles problem och behandling

Pelle hade varken någon fobi eller tvångssyndrom, men hans problem och beteende påminner på flera sätt om dessa problem. Hans oro och rädsla för att inte accepteras i gänget tvingar fram säkerhetsbeteenden. Ett säkerhetsbeteende är att inför sina kamrater bära sig illa åt mot lärarna. Detta måste han göra då och då, för att bli kvitt sin osäkerhet och återfå lugnet.

En skillnad mellan Pelles problem och en ren fobi är att Pelle inte är rädd för något yttre. Hans betingade stimulus (BS) är istället en tanke: "Dom ser hur rädd och feg jag egentligen är." Han är rädd för något, som kanske bara finns i hans huvud som en föreställning.

Om man talar med Pelle om hans beteende och frågar varför han beter sig mot lärare som han gör, så vet han sannolikt inte riktigt varför. Han kan säkert inte förklara, även om han skulle vilja. Därför är det nog inte så goda förutsättningar att få med Pelle på någon form av behandling eller terapi.

Men om det skulle gå, vore en exponering ett bra alternativ. Man skulle kunna föreslå Pelle att inte göra något för att vinna sin plats i gänget. Det vill säga att förmå honom att inte använda säkerhetsbeteendet att provocera lärare och att ta risken att bli utstött. Endast på det viset kan han ju få klart för sig, att han inte behöver provocera lärarna för att behålla sin plats i gänget. Motbetingning kan ske om han avstår från sina provokationer

Att få Pelle att chansa på detta, är nog lite för mycket begärt, särskilt som han inte inser sammanhanget själv. Hela hans sociala värld skulle ju äventyras. Möjligheten skulle sannolikt öka att förmå honom våga avstå från att provocera lärarna, om man i samtal med honom kunde få honom att inse och förstå sin egen beteendeanalys. Därefter är det befogat att föra ett resonemang med honom om hans rädsla. Svårigheten är kanske att få honom till samtal. Men det har ju visat sig att han är mera tillmötesgående och nästan inställsam tillsammans med vuxna, när gänget inte finns med.

En möjlighet är att föra logiska resonemang med honom för att visa att de andra i gänget inte beter sig på samma sätt mot lärare, men de accepteras ändå. Hur kan det komma sig att inte alla måste vara oförskämda mot lärare för att få vara med i gänget? Exempelvis Krilla, den person som Pelle verkar se upp till mest, han är inte alls oförskämd. Krilla är mycket passiv i gänget och gör mycket få saker som stöter vuxna, men ändå är han omtyckt och mycket populär i gänget. Kan det vara så att det är andra egenskaper och beteenden som är viktigare för att få vara med i gänget? Man försöker ändra den etablerande omständigheten.

Samtal om att man spelar roller och att även Pelle gör det, när gänget är närvarande, kanske kan göra honom beredd att pröva andra beteenden som experiment. Sedan kan han själv konstatera att han inte blir utstött även om han uppför sig bra mot lärarna.

Behandling av Pelles beteende liknar på de flesta sätt behandling av en fobi eller ett tvång. Han måste våga avstå från sina säkerhetsbeteenden, för att själv kunna konstatera att de inte är nödvändiga. genom att göra det får han tillfälle att konstatera att hans oro och ångest varit obefogad samtidigt som den viktiga motbetingningen kan ske. Detta är exponering med responsprevention.

Nya trender och tredje vågens beteendeterapi

Ångest och ångestsyndrom är ett av vår tids gissel och en livslång plåga för många människor. Alkohol och lugnande medel konsumeras som säkerhetsbeteende av många för att reducera ångest. Som vi tidigare konstaterat gör säkerhetsbeteenden bara ångesten värre på sikt, även om de förrädiskt nog minskar ångesten omedelbart och därmed negativt förstärks. Enda möjligheten att bli kvitt sin betingade (inlärda) ångest är att avstå från alla säkerhetsbeteenden, men detta kan vara svårt på grund av att det är obehagligt eftersom ångesten då ökar.

Det kan också vara svårt då klienter ibland använder svårupptäckta säkerhetsbeteenden. Om man inte upptäcker säkerhetsbeteendena, kan man vanligen inte förmå klienten att sluta med dem. Exempel på svårupptäckta säkerhetsbeteenden är ältande och undvikanden där man omedvetet säger sig ha andra plikter eller göromål och därmed rättfärdigar sina säkerhetsbeteenden som nödvändiga plikter. Uppfinningsrikedomen vad gäller säkerhetsbeteenden är helt enastående och inte alltid lätt att genomskåda.

Elna ringde och beställde tid hos tandläkaren innan hon skulle åka till Paris. Hon ville se över sina tänder, så att allt var som det skulle inför semestern. Hon fick tid som hon med glädje accepterade. Till en början förstod hon inte sin egen glädje över att ha fått tid just denna dag.

Den dagen brukade hennes syster varje år vilja ta med henne på julmarknad, en tillställning med mycket trängsel och folk och ett "farligt" ställe för en person med panikångest. Att gå till tandläkaren blev den undanflykt (ett säkerhetsbeteende) som Elna kunde åberopa, för att slippa att följa med på julmarknaden

Acceptans – ett kraftfullt hjälpmedel i beteendeterapi

På senare år har nya inslag kommit in i den beteendeterapeutiska behandlingen av ångestproblematik. I den nya så kallade "tredje vågens" beteendeterapi har man betonat vikten av acceptans. Acceptans är ett viktigt hjälpmedel för att kunna förmå klienterna att avstå från sina säkerhetsbeteenden. Att acceptera ångesten och plågsamma tankar och stå ut med dem är avgörande, för att på rätt sätt kunna utsätta sig för sina betingade stimuli (sina skrämmande och ångestprovocerande föremål/ situationer).

Steven Hayes har lanserat Acceptance and Committment Therapy (ACT), som i korthet kan beskrivas som en teknik, en snabb väg att göra sig fri från säkerhetsbeteenden. Man försöker få klienten att med hjälp av sin förtvivlan och känsla av hopplöshet bestämt besluta sig för att inte låta ångest och skrämmande tankar lura honom till att göra säkerhetsbeteenden, utan att leva sitt liv som om ångesten inte kunde påverka.

Den klient som kan acceptera obehaget av ångest och skrämmande tankar och som inte låter sig styras av dem, kan leva sitt liv som han verkligen vill och botar därmed sitt ångestproblem. ACT är ett hjälpmedel till att förmå patienten att göra rätt i sin behandling av ångestsyndrom och depression.

En viktig beståndsdel i ACT är att förmå klienten att besluta sig för (committment betyder "beslutsamt åtagande") hur han vill leva och hur hans liv ska se ut om fem år. När riktningen väl är lagd fattar han sitt beslut att börja gå åt det hållet trots all ångest, som det ger honom. Han accepterar ångesten som en del av vägen mot det liv han vill leva. Det innebär en genväg mot att förmå klienten att avstå från alla säkerhetsbeteenden och inte låta sig styras av sina bromsande tankar.

Den ökade ångesten som detta förhållningssätt ger, betalar sig snabbt. Det som i själva verket sker är en "exponering med responsprevention". Klienten exponeras (utsätts) för sådant som ger ångest, vilket gör motbetingning möjlig. Det skrämmande blir allt mindre ångestprovocerande. Klienten blir botad från sitt ångestsyndrom.

En viktig kärnpunkt i ACT är "acceptans".

Acceptans är: *En beredskap och vilja att uppleva obehagliga psykologiska händelser (exempelvis tankar, känslor och sensationer) utan att ändra, undvika eller på annat sätt kontrollera dem.* (Hayes, 1987)

Behandlingsforskningen visar ett samband mellan acceptans och lyckat behandlingsresultat. Acceptans gör att man mer eller mindre naturligt beter sig rätt ur behandlingssynpunkt. Man avstår automatiskt från sina säkerhetsbeteenden och gör saker som är naturligt att göra även om de skulle vara psykologiskt plågsamma. Man låter sig helt enkelt inte styras bort av ångest eller obehag från sådant man skulle uppskatta.

Linda tackar ja till festen fastän hon är trött och mycket nervös för att hon ska göra bort sig.

Kalle går ut på golfbanan fastän han mår oerhört dåligt och han vet att han kommer att misslyckas på grund av sin nervositet.

Joakim går till skolan och håller sitt föredrag fastän det skulle vara skönt att få stanna hemma och slippa "skämma ut sig".

Charlotte går och handlar på stormarknaden trots att hon vet att hon kommer att få mycket obehag, kanske en panikattack. Hon trotsar och inget kan få henne att "vika sig" för ångesten. Hon är beredd på "allt". Hon har beslutat sig att vinna över ångesten.

Om klienten har säkerhetsbeteenden som är dolda eller svåra att avstå från, kan ACT (Acceptance and Committment Therapy) användas vid behandling av ångestsyndrom eller annat psykiskt lidande. Mycket kort innebär det att klienten beslutsamt börjar bete sig som om ångesten eller plågorna inte längre styr hans liv. Detta är beteendeterapeutisk behandling när den fungerar som bäst.

Gör man ett beslutsamt åtagande (på engelska "committment") att leva som man vill och som om ångesten inte fanns, då blir resultatet en naturlig exponering med responsprevention Den betingade ångesten kommer då att minska och personen kommer att bli alltmera fri från sitt problem och må bättre.

Aggressivt beteende

Aggressivt beteende är beteenden som använts för att hota, skrämma eller skada. Aggressivitet kan därför se mycket olika ut. Ibland är den verbal och ibland handgriplig. Genuin aggressivitet, ibland handgriplig, drivs av sympaticusreaktion det vill säga en känsla. När man blir sympaticus-aktiverad vet man inte självklart, vilket beteende man ska använda. Den första känslan som kommer vid sympaticus är rädsla.

Inom loppet av en sekund bedömer den skrämde situationen och ser hur hotet ser ut. Därefter finns i princip två möjligheter – att fly eller slå sig fri. Bedömningen av situationen, faran eller hotet, styr således om sympatikusreaktionen ska mynna ut i ett flyktbeteende eller i ett aggressivt beteende. Det är "stenåldersmannen" i oss, som bedömer de bästa överlevnadsmöjligheterna och avgör hur vi ska agera.

Hotets styrka och flyktmöjligheterna har stor betydelse för vilket beteende som väljs. Man har funnit att när en människa stöter på något som hotar eller skrämmer, så har hon i princip fyra olika strategier att ta till. Vilken strategi hon väljer hänger bland annat samman med närheten till faran. Om faran är på *säkert avstånd* så blir reaktionen "rädsla". Att stelna till (freeze) är då det smartaste för att undgå upptäckt.

Kommer faran på *osäkert avstånd* eller i *farlig närhet*, då blir responsen/beteendet istället flykt (flight). Detta sker vid starkare rädsla. Möjligheten att komma undan utan upptäckt är för liten, men avståndet fortfarande tillräckligt för att personen ska kunna sätta sig i säkerhet.

Är faran *inom hotande närhet* och *flyktmöjligheterna alltför små*, då blir responsen/beteendet att slåss för att klara sig ("fight" eller aggressivitet). Slutligen om *faran bedöms övermäktig och i omedelbar närhet*, då blir reaktionen kataton immobilitet (tillfällig fullständig förlamning eller paralysering). Genom att bli slapp och orörlig kan "hotet" självt konstatera, att jag i alla fall inte är farlig och därmed dra vidare. Chanserna till överlevnad ökar, då jag slipper riskera livet i en ojämn och hopplös kamp.

Årtusenden av farliga möten med djur och fientliga människor har utmejslat dessa reaktioner/beteendessätt, som visat sig vara de bästa ur överlevnadssynpunkt. Det så kallade naturliga urvalet har gjort att de som betett sig på det lämpligaste sättet har fått överleva. De personer som överlevt har också fått chansen att sätta flera barn till världen, som fått ärva föräldrarnas instinktiva reaktioner/beteendessätt.

Alla människor upplever inte en fara på samma sätt. Där en blir paralyserad av kataton immobilitet tar en annan fortfarande chansen att slåss. Och där en person stelnar till (freeze) för att inte bli upptäckt, går en annan redan till attack (fight).

En del, framför allt pojkar, har en benägenhet att använda stridsstrategien (fight) i flera sammanhang än flickor. Det krävs mindre provokation för att de ska gå till attack istället för att ligga lågt (freeze) och vänta ut faran och de bedömer inte lika lätt faran som övermäktig. Resultatet blir att de använder våld i flera situationer än andra.

Skillnaden mellan dessa "aggressiva" pojkar kan ha både genetiska och erfarenhetsmässiga förklaringar. Deras erfarenheter kan också genom negativ förstärkning ha format ett alltmer framgångsrikt aggressivt beteende. Att slåss när man har sympaticusreaktion är också "lugnande" dvs. sympaticussänkande, vilket känns skönt. Lättnaden av att slå sig ur den hotande situationen blir därmed en negativ förstärkning på att slåss i framtiden. Benägenheten att slåss formas alltmera.

Det förefaller som om aggressivt beteende är bland de beteenden som är allra lättast att förvärva. Vi verkar vara mer eller mindre förprogrammerade för aggressivt beteende och dessutom tycks många av oss ha en fascination för det. Åtskilliga människor sitter framför TV:n och blir underhållna av att titta på våld på film eller i boxningsringen.

Under 1960-talet gjorde två amerikanska forskare Albert Bandura och Richard Walters många intressanta undersökningar om hur och varför vi lär oss aggressiva beteenden. Man studerade även hur våld lämpligen bör bemötas, för att inte öka på det genom förstärkning.

Nedan följer några allmängiltiga punkter värda att beakta som förälder, lärare eller medmänniska.

- Aggressivt beteende är en av flera olika beteendestrategier att möta hot eller provokation, när man fått en sympaticusreaktion. Andra sätt kan vara ångest och flykt, ligga lågt för att undgå faran genom att inte synas eller genom att bli förlamad och "icke-hotande" själv. Andra sätt kan vara att prata sig ur, lura eller finta sig ur eller genom olika former av problemlösning. Man brukar säga att "när argumenten tryter då kommer knytnävarna fram". Det ligger mycket i att bristen på alternativa beteenden i konflikter gör att aggressivitet blir sista utvägen. I farans stund väljer vi beteende utifrån en bedömning av här-och-nu-situationen, närheten till faran eller provokationen och tidigare erfarenheter och personliga möjligheter.

- Vårt nervsystem förefaller vara förprogrammerat för att lätt kunna lära och använda aggressiva beteenden, eftersom just dessa beteenden har gynnat överlevnaden under tusentals människogenerationer.

- Att förvärva aggressiva beteenden genom modellinlärning är särskilt lätt. Tillgången på modeller som är aggressiva är i vår tid flera än någonsin. TV och olika sporter innehåller våldsinslag som "inspirerar" till våld hos åskådarna. Video och filmvåld är sannolikt den största inlärningskanalen och inspirationskällan för aggressiva beteenden.

- Även om vi i detta kapitel tagit sympaticusreaktion som utgångspunkt för aggressivt beteende, så är denna inte nödvändig för aggressivitet. Det är fullt möjligt och det förekommer aggressivt beteende, utan att någon stark känsla finns bakom. Denna typ av aggressivitet är rent manipulativ. Beteendet används mer eller mindre medvetet som ett instrument för att uppnå ett visst syfte, exempelvis hot av vittnen och användning av tortyr.

- Det är klart visat att man kan få aggressivt beteende att öka genom sociala eller andra förstärkningar. Att "heja på" eller bara att titta på en slagskämpe får aggressiviteten lätt att öka. Särskilt tydligt blir detta om den aggressive upplever påhejaren som "högstatusperson".

- Om en auktoritetsperson betraktar den aggressive utan att ingripa, då ökar aggressiviteten. Om en lärare, polis eller ishockeydomare tittar på aggressivitet utan att fördöma eller ingripa, blir aggressiviteten värre än om auktoritetspersonen inte alls varit närvarande. Det är alltså viktigt att som förälder eller lärare, alltid på något vis tydligt visa att man inte gillar aggressivt beteende. Detta bör man göra även om man inte är i kraft att avvärja eller ingripa.

- Om man uppmuntrar eller förordar någon form av aggressivt beteende så ökar risken för att andra former av aggressivitet kommer att öka. Om du exempelvis uppmanar ett barn att ge igen genom att hota, så ökar risken för att han ska ta till knytnävarna.

- Den som ibland ger efter för aggressivitet (hot eller slag) lär den aggressive att det lönar sig att vara aggressiv. Att ge efter är att förstärka det aggressiva beteendet. Detta gör aggressiviteten svårare att få bukt med i framtiden. Sett ur inlärningssynpunkt gäller följande: Ska du ge efter för en persons vilja, gör det innan han blivit aggressiv. Alternativet är att inte någon gång ge efter vad som än händer.

- All aggressivitet är inte av ondo. Vissa aggressiva beteenden är acceptabla. Man får svära, knyta näven i byxfickan, slå i dörrar och stampa i golvet, höja rösten.

Kedjor av beteenden

Aggressivt beteende är ofta sammansatt och kan ses som ett handlingsmönster. Man kan se att beteendet startar med en lite handling och att detta sedan utvecklar sig alltmera.

Kalle knuffar Axel, som blir rädd. Rädslan hos Axel uppfattar Kalle förstärkande (han är rädd för mig, jag är stark). Det blir en impuls till att knuffa en gång till. Axel blir då ännu räddare, vilket ytterligare förstärker Kalle, som då uttalar något hotfullt. Axel svarar lite kaxigt men är fortfarande tydligt rädd. Detta förstärker Kalles känsla av att vara stark och att ha makt. Förstärkt av detta ger han Axel ett slag på armen, så att Axel backar bort mot bokskåpen. Väl borta från granskande vuxna och ytterligare förstärkt av Axels uppenbara rädsla knuffar han Axel mot skåpet. Och så kan det gå vidare.

En beteendekedja kännetecknas av att ett beteendes förstärkning blir startstimulus för nästa beteende, vars förstärkning blir stimulus för nästa beteende osv.

Jag sitter vid datorn och chattar med en vän. Jag skriver och skickar min text. Detta är mitt beteende (R). Detta beteende får sin förstärkning när min väns svar landar hos mig (K). Denna förstärkning blir då samtidigt ett diskriminativt stimulus (K=S) för mig att återuppta *mitt* skrivande (R_2). Ytterligare ett exempel på en beteendeedja, När man läser en text fixerar man en del av en rad (detta är beteendet R), när hjärnan har tagit till sig innehållet och förstått (detta är förstärkningen K), då blir förståelsen/förstärkningen ett stimulus (S) till att flytta blicken och ta in nästa textavsnitt (R_2) och så vidare.

Beteendekedjor är vanliga i alla sammanhang och alla typer av beteenden alltså inte bara vid aggressivt beteende. Men aggressivt beteende är ofta sammankopplat i kedjor, där det ena ger det andra i ett alltmer upptrappat våld.

Den svartsjuke mannen frågar ängsligt sin hustru var hon varit. Hon svarar att hon träffat Stina på stan. Detta lugnar mannen lite (negativ förstärkning), men han är inte helt lugn utan kräver att få veta var de varit. Han får svaret att de varit på NK, vilket är ytterligare en förstärkning (den lugnar lite). Men det kan ju vara lögn och han frågar om de köpt något. Även här får han ett något lugnande svar (förstärkning), som får honom att fråga efter kvittot. Nu börjar hustrun bli alltmera irriterad och svarar uppgivet och trött. Detta uppfattar mannen som "att hon har något att dölja" och nu blir han riktigt ilsken och kanske våldsam.

$$S^\cdot - R - K = S - R - K = S - R - K = S - R - K = S - R - K = S - R - K$$

Hur ska man då göra för att hindra att kedjor med beteenden ska komma igång?

På samma sätt som man utsläcker beteenden genom att se till att de inte blir förstärkta, måste man undvika att förstärka beteenden i kedjor. Eftersom förstärkningen är stimulus för nästa steg får man se till att detta inte ges. Kvinnan med den svartsjuke mannen bör alltså inte ge honom ett lugnande svar på första frågan, då det är svaret som är stimulus för nästa steg i kedjan. Ju tidigare man stoppar ett tåg desto lägre fart har det och desto lättare är det.

Men, kan man invända, om hon inte svarar då blir det våldsamt direkt. Kanske och särskilt om denna kedja finns där inövad sedan tidigare, men inte om det är första gången. Är det första gången det händer, så stannar det vid detta.

Det som gäller generellt vid våld mellan kända personer, i familjer och inom gäng, är att man åtminstone i starten av hot och aggressiva utfall inte bör ge efter och därmed förstärka det oönskade beteendet. Man bör dock vara lite försiktig med ett sådant generellt råd i praktiken, även om det är det korrekta för att undvika upprepning och fortsatta problem.

Aggressions Replacement Training ART

Arnold Goldstein, en amerikansk professor och beteendeterapeut, utarbetade ett batteri åtgärder för att lära och träna aggressiva barn och ungdomar att avstå från sitt aggressiva beteende. Programmet kallas ART (Aggressions Replacement Training eller översatt till svenska "Träning av ersättningsbeteenden för aggression"). Syftet med programmet är att lära aggressiva barn och ungdomar att tygla sina aggressiva impulser och istället använda tillåtna aggressiva beteenden, samt att tänka och bete sig medkännande (empatiskt). Programmet ligger i linje med punkterna ovan, förutom att det även siktar in sig på träning av att tänka empatiskt (medkännande).

ART-programmet har tre måltavlor.

- Dels är det inriktat mot själva den aggressiva impulsen. Det aggressiva beteendet kommer ofta som den sista länken i en kedja av händelser. genom att försöka få barnet/den unge att känna igen sina egna tidiga reaktioner som ingår i sympaticusreaktionen, finns möjligheten att stoppa den fortsatta utvecklingen, stoppa kedjan alldeles i början. Om den signal eller kroppsliga tecken på sympaticusreaktion upptäcks tidigt, är det lättare att få stopp. Det är lättare att stoppa ett tåg innan det fått upp farten.

- Dels siktar ART in sig på att lära ut alternativ till aggressiva beteenden så att dessa istället kan väljas. Om man nu inte lyckas få stopp på utvecklingen från de tidiga ilskeimpulserna, så är det ju önskvärt att mindre farliga beteenden används. Både alternativa ilskebeteenden tränas och även sociala beteenden som kan vara värdefulla för att undvika konflikter. Vanliga men ibland svåra beteenden tränas. Den unge får exempelvis lära sig att be om, säga ifrån och mycket annat, som kan vara svårt men nödvändigt att behärska för att inte hamna i laddade situationer. Blir man bättre på att klara vanliga sociala situationer så hamnar man inte lika lätt i rädsla och ilska.

- Slutligen har ART en inriktning mot att träna den unge att resonera medkännande och tänka i empatiska banor. I gruppdiskussioner får eleverna sätta sig in i och resonera om etiska dilemman. De får även lära sig se konflikten från den andre personens perspektiv och inte bara vara fångad i sin egen synvinkel. För de äldre barnen handlar den empatiska träningen om att diskutera fall, där det krävs att de lever sig in i sin motparts situation.

ART har blivit mycket populärt och flitigt använt. Ofta har det även kommit att användas i skolan för störande barn över huvud taget. Detta är dock felaktigt. ART är inte inriktat mot bråkiga barn eller "struliga" barn. ART är ett skräddarsytt program som riktar in sig mot aggressiva barn och ungdomar och passar inte självklart för andra problem.

För andra problem är en mer öppen och förutsättningslös användning av tillämpad beteendeanalys mera på sin plats.

HUR GÖR MAN BETEENDEANALYS?

Om man vet vad som förstärker en persons problembeteende, då finns åtminstone en teoretisk möjlighet att påverka hennes situation på ett sådant sätt, att beteendet förlorar sina förstärkningar. Om man lyckas med detta, han man skapat förutsättningar för beteendeförändring. I längden gör man ju inte beteenden som känns menings lösa.

Tor går i första klass och är en mycket orolig pojke. Han är sällan uppmärksam mer än högst tio minuter åt gången, ofta kortare tid. När han blir orolig börjar han reta dem som sitter nära. Han för oljud med sin penna eller linjal, gläntar på bänklocket eller letar efter något att förströ sig med. Han kan också bara "flyta iväg" och drömma sig bort. Om vi skulle nöja oss med en vardagsanalys av detta enkla exempel, så skulle vi säga att Tor är motoriskt omogen. Han har inte lekt färdigt och kan därför inte sitta stilla.

Om vi istället skriver detta som en beteendeanalys och uttrycker samma sak:

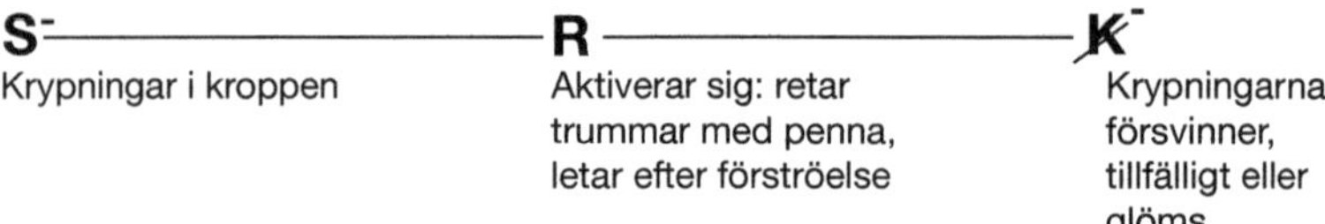

Analysen säger oss att Tor blir av med obehaget krypningar och oro i kroppen genom att göra en mängd saker, som stör klassen.

Om denna beteendeanalys är korrekt och att det inte finns flera förstärkningar till hans beteende, då är det lätt att se hur lämpliga åtgärder kan se ut. Antingen måste man ta bort Tors krypningar och det kan ske på flera vis. Eller också måste man se till att han inte kan bli av med krypningarna (inte får sin negativa förstärkning) genom att bete sig som han gör.

Det mest närliggande och enkla verkar vara att försöka få bort krypningarna. Skulle en medicinsk insats kunna ta bort Tors krypningar?

Om analysen är korrekt kommer varje minskning av krypningarna att minska Tors störande beteenden eller få dem att upphöra.

En lätt lösning skulle kunna vara att låta Tor med jämna mellanrum få gå ut och springa några varv runt skolan. Kanske kan man ibland istället låta hela klassen resa på sig och sjunga en sång och röra sig till den. Tor kanske också kan få gå ärenden, som måste göras och dela ut material, när något ska spridas i klassrummet. Det viktiga är att han får röra sig då och då utan att han ska behöva strula sig till rörelser och omväxling.

För att detta ska fungera i verkligheten måste vår analys vara helt korrekt och att krypningarna och hans sätt att bli av med dem är den enda förstärkningen. Många gånger finns flera förstärkningar och då måste man hitta dem alla, för att på ett effektivt sätt kunna lösa problemet. Låt oss anta att Tor även blir störande när han fastnar på en uppgift eller inte förstår det som avhandlas i klassen, alltså:

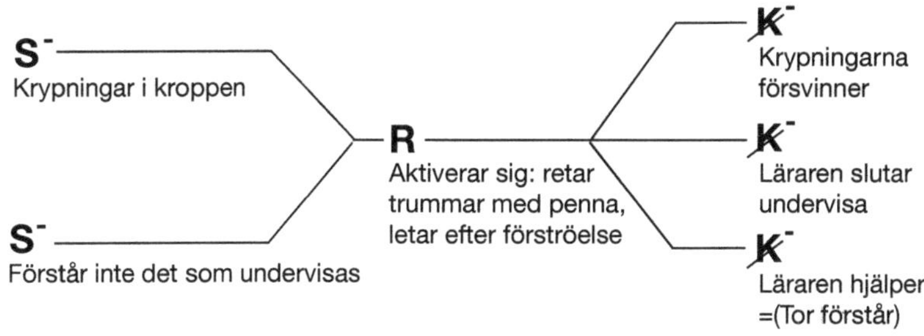

Om sanningen ligger i denna analys så krävs flera insatser, för att Tors störande beteende inte ska förstärkas och fortsätta.

Då måste läraren exempelvis hitta uppgifter till Tor, som han har möjlighet att klara lite bättre utan stöd. Läraren måste också lägga sin undervisning på en nivå som bättre passar Tors möjligheter. Kanske specialundervisning är ett annat medel med samma syfte. Dessutom måste läraren börja vara mera uppmärksam på Tor och hjälpa honom innan han börjar störa för att bli hjälpt. Avsikten måste vara att störandet inte ska leda till mer lärarhjälp, utan denna förstärkning ska han få "gratis".

Beteendeanalys är nödvändig för att man ska veta vilka åtgärder som krävs, för att minska eller öka beteenden.

En beteendeanalys görs för att klargöra i vilket syfte, medvetet eller omedvetet, ett visst beteende utförs. Den bör också kunna erbjuda en rimlig förklaring till hur beteendet har lärts in. Beteendeanalysen ska avslöja beteendets alla funktioner eller "nyttor". Det handlar alltså om att hitta alla förstärkningar som beteendet har.

Beteendeanalys i tre steg

Att göra beteendeanalys innebär att man följer en arbetsordning i tre steg. Först måste man definiera problemet som ett beteende eller respons (R). Steg två och tre handlar om att hitta vad som startar beteendet (S-faktorerna även kallade stimuli eller ett stimulus) och vilka förstärkningar (K) det har.

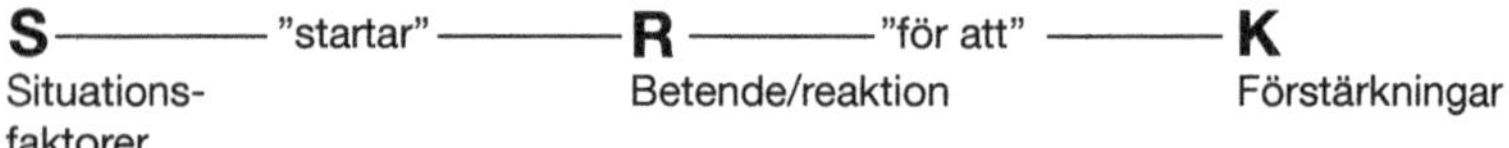

Steg 1 i beteendeanalysen

Beteendet (R) är utgångspunkten för varje beteendeanalys. För att inte hamna fel redan från början, måste vi vara noga med att bara beskriva beteendets utseende – dess topografi – och inte samtidigt blanda in värderande synpunkter. Att säga att han är "elak" är således fel, då det varken beskriver topografin (hur beteendet ser ut) eller håller värderingarna borta. Säg istället att "han slår sina kamrater med spaden och drar flickorna i håret" osv.

Det är viktigt att man inte blandar in någon tolkning redan från början. Ord som "hämnas, är hatisk, slarvig, självföraktande, självstimulerande, rasande, tröstar sig, avreagerar sig, provocerar, missköter sig" m.fl. bör undvikas, eftersom de antyder vilken funktion eller förstärkning beteendet har. Förut fattade meningar undviker man, genom att hålla sig till enkla beskrivningar av beteendet.

Beskriv beteendet med vanliga ord exempelvis "Jan käftar emot alla vuxna", "Göran super", "Lina skolkar från skolan", "Mattias spottar på vårdpersonalen", "John injicerar heroin", "Peter spelar varje dag på V75", "Lisa skär sig i armarna", "han dricker alkohol varje dag", "hon arbetar minst 14 timmar om dagen" osv. gör beskrivningen av beteendet så enkel att en utomstående person kan föreställa sig hur beteendet "ser ut".

> Vilket beteende ska analyseras? Steg 1 i analysen är att ange hur beteendet ser ut (dess topografi).

Steg 2 Motivations- eller inlärningsproblem?

Beror problemet på motivation eller hänger det samman med brist på inlärning?

Lilla Patrik (5) på dagis knuffar andra barn när de leker och det verkar som han vill vara med och leka. Flera barn har blivit ledsna och därför har det blivit ett problem. Lärarna talar om "knuffkontakt". Frågan är nu om han knuffar för att han inte vet hur man kan göra, det vill säga om han saknar färdigheter att ta kontakt på annat vis, eller om han kan, men fått förstärkning på att knuffas. Lyckas han bättre att få vara med genom att knuffas? När ett barn gråtande springer därifrån tar han snabbt dennes plats i leken.

Handlar det om bristande kunskaper och färdigheter måste vi möta problemet med inlärning av saknade beteenden, men om det handlar om att han får mera förstärkning på att knuffas, måste åtgärderna inriktas på det. Vi måste få bort förstärkningarna på att knuffas, så att han inte vinner något på det.

Alla beteendeproblem har den ena eller andra grunden. Det är klokt att i samband med analysen försöka klara ut den här frågan, eftersom "behandlingen" blir olika.

Kalle har ett miserabelt bordsskick. Han smaskar, "ligger" över matbordet, skyfflar in maten med gaffeln, rapar osv. Om Kalle kan äta på ett bättre sätt, men har valt att äta på detta vis, då är Kalles beteende beroende på motivationen. Men om Kalle aldrig blivit upplyst om hur man ska äta och aldrig tränat ett annorlunda bordsskick, då har problemet inte med motivation att göra. Problemet beror då helt enkelt på brister i kunskap och färdighet.

Fastän ett beteendeproblem kan se lika ut i två olika fall, kan det i det ena fallet bero på motivationen och i det andra på brister i kunskaper och färdigheter.

> Motivationsproblem måste åtgärdas genom att öka eller minska motivationen. Färdighetsbrister åtgärdas med inlärning.

Nedanstående schema kan vara till hjälp för att avgöra om ett beteendeproblem beror på motivationsfel eller bristande inlärning.

Principen är enkel. Ett beteende kan vara problem på två sätt. Antingen förkommer det för mycket eller också för litet. Det råder ett överskott eller ett underskott.

	För ofta för mycket "överskott"	*För sällan, för lite, brist eller "underskott"*
Beteendet är	**A** oönskat och aldrig nyttigt beteende	**B** nödvändigt, nyttigt och önskat, men finns inte
Beteendet är	**C** önskat, men förekommer alltför mycket	**D** önskat, men förekommer alltför lite
Beteendet är	**E** önskat men förekommer i fel sammanhang eller fel situation	

Samtliga problem med viljemässigt kontrollerbara beteenden kan placeras in i detta schema. När beteendeanalysen är genomförd, vet man i vilken cell beteendet hör hemma och detta kan senare vara till stor hjälp vid valet av metoder.

Typ A: Oönskade och aldrig nyttiga beteenden

Att mörda, stjäla, våldta och begå andra brott är att betrakta som problembeteenden av typ A. Även om man skulle kunna tänka sig situationer då dessa beteenden skulle kunna ha ett överlevnadsvärde, så är de normalt sett beteenden vi önskar att ingen behärskade – de är rena överskottsbeteenden. Nykterister och ivriga antinikotinister skulle säkert klassa normalt alkoholbruk och rökning till denna typ, medan andra ser ett övermåttligt bruk av alkohol och tobak som ett typ C-problem (nedan).

Till kategori A hör även självskadande beteende. Själv skadande hos utvecklingsstörda och dövblinda är aldrig önskvärt, nyttigt eller värdefullt. Det är ett bra exempel på beteenden som har inlärts helt "i onödan" men som är värdefulla för individen och har ersatt inlärning av andra mer ändamålsenliga beteenden. Självskadande är ofta inlärt därför att det är ett oerhört effektivt medel att påverka omgivningen – att få förstärkning. Det kan ha rent språkliga funktioner.

Det är heller inte ovanligt att unga flickor skadar sig själva på olika sätt. Att skära sig i armarna är kanske det vanligaste. Även detta självskadande är också ett typ A beteende. Självskadandet lämnar ingen oberörd. De ansträngningar som görs för att få ett slut på det, kan mycket väl vara de förstärkningar som gör det "funktionellt" och värt att använda. Ibland används det för att det lindrar ångest i sig självt, genom att ångest blir till smärta. Är man olycklig och ingen tycks bry sig, vad göra? Skär man sig i armarna kommer såväl föräldrar, psykiatripersonal, lärare och vänner att göra sitt yttersta för att trösta och lägga till rätta. Självskadandet kan då bli kraftigt negativt förstärkt och därmed värdefullt att använda för personen nästa gång man är lika olycklig.

Om man vill komma till rätta med ett problem av A-typ måste man ta bort förstärkningarna för det. Det skall inte längre vara ett bra medel att vinna det man tidigare vunnit. Att slå sig får inte längre fungera till att uppnå något positivt. Om en person använder sitt självskadande som ett "språk", då måste man se till att han istället får lära andra effektiva kommunikationssätt att uppnå förstärkningarna.

Behandling av självskadande som ersätter annan kommunikation måste alltså ersättas av beteenden med samma förmåga till att påverka omgivningen samtidigt som alla förstärkningar av självskadandet måste bort. Det innebär att människorna runtomkring måste reagera på annat sätt på självskadandet. I praktiken innebär det att ingen längre anstränger sig att förstå och hjälpa *i samband med* det självskadande beteendet. Istället skall man snabbt reagera tidigare och på annan kommunikation, så att denna blir värdefull och kan ta självskadandebeteendets plats.

För att behandla problem i kategori A måste man känna till beteendets alla funktioner eller förstärkningar. Alla "...för att/leder till att..." måste hittas och undanröjas.

Många problem med barn har sin grund i att barnet har lärt sig många olika sätt att väcka uppmärksamhet. Behovet att vuxna bryr sig och engagerar sig i barnens verksamhet kan i vissa fall vara ofattbart stort. "– Kom och titta!" är vanligt att barn uppmanar sina föräldrar, trots att det med en vuxens ögon inte finns något att titta på. Om behovet att bli uppmärksammad försummas alltför mycket, kan resultatet bli att barnet lär sig att bruka "underliga" beteenden som garanterar vuxnas uppmärksamhet. Att få uppmärksamhet kan i vissa fall ligga bakom det vi kallar uppkäftighet, trots, olydnad och andra handlingar.

I litteraturen berättas om Jonnys mycket bisarra beteenden. Jonny gick i tredje klass. Han skrattade omotiverat, slog kamrater utan anledning, gjorde underliga grimaser, sprang omkring i klassrummet, störde undervisningen på alla upptänkliga vis, retades och tog saker för sina kamrater. Läraren hävdade bestämt att han var mentalt sjuk, psykotisk.

Problemen hade startat långt innan Jonny började på dagis och i skolan. Men det hade blivit allt värre när han kom i lag med andra barn.

Beteendeanalysen visade, att pojken i fyraårsåldern hade börjat med dessa beteenden i samband med att han fick en lillebror. Denne var ett år yngre. Båda pojkarna var adopterade. Lillebrodern, som hela tiden hade varit duktigare på alla vis, hade i början varit mycket sjuk. Föräldrarna hade varit tvungna att ägna mycket tid åt honom. Den äldre brodern hade lyckats vinna tillbaka föräldrarnas uppmärksamhet från brodern genom att bete sig allt mera bisarrt och konstigt. Inlärningssättet hade varit formning. Hans beteenden hade sedan generaliserats till dagis och skola, eftersom de visat sig vara så effektiva att fånga vuxnas uppmärksamhet.

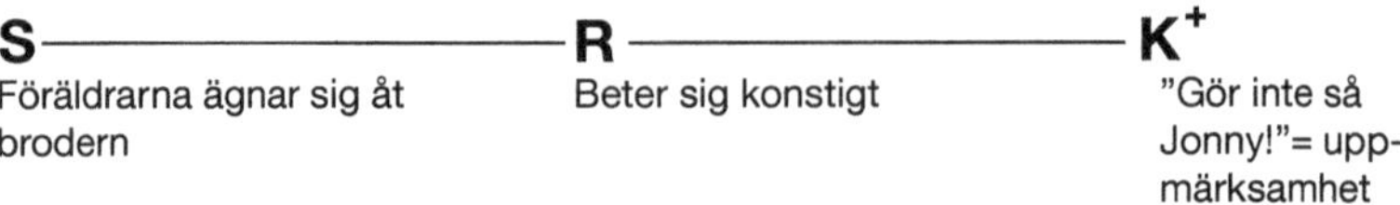

Beteendeanalysen gav flera uppslag till bemötande. genom att garantera Jonny mycket uppmärksamhet utan föregående bisarra och konstiga beteenden kunde hans motivation att bete sig konstigt till en del minskas. Dessutom bestämde man, att han genast efter störande och bisarrt beteende skulle tvingas lämna skolan för dagen. Detta var ju i princip detsamma som att för gott förlora chansen till lärarens och kamraternas uppmärksamhet för resten av dagen. De störande beteendena fick därmed rakt motsatt effekt mot tidigare. Föräldrar och lärare var helt överens om dessa åtgärder.

Jonny informerades om reglerna innan programmet startades. Effekten kom snabbt. Jonnys bisarra beteende hade förlorat sin förstärkning. Motivationen var undanröjd och beteendet kunde överges av honom.

- Typ A-beteenden är aldrig bra eller önskvärda. Det är beteenden som lärts in helt i onödan.

- För att påverka denna problemtyp måste man finna och undanröja beteendets förstärkningar.

Typ B: Nödvändigt, nyttigt och önskat beteende, som inte finns

Att inte vara i stånd att ta vara på sig själv, att vara oförmögen att visa känslor eller att inte kunna leva sig in i andra människors situation kan alla vara typ B-problem. Kunskap och färdighet att utföra beteendena är det som fattas. För att rätta till problemet krävs inlärning. Problem av typ B kan handla både om handlingar och om kunskap/värderingar.

Personen måste lära sig de beteenden han inte behärskar. Man kan ju inte göra det man inte behärskar.

Denna typ av problem är vad man söker rätta till med undervisning i skolan och med kurser och utbildningar. genom att lära sig nya kunskaper och färdigheter kan man klara sig bättre och har större möjlighet att bete sig på rätt sätt. Uppfostran gäller naturligtvis inte bara färdigheter utan även tankar och tänkesätt såsom attityder, regler och moral.

Även vuxna kan ha beteendebrister, som gör att de hamnar i besvärande situationer. Att inte kunna säga "Nej" är ett exempel. Personen hamnar i en rad besvärande eller plågsamma situationer såsom att dricka sprit, jobba halvt ihjäl sig, komma i lag med personer som hon helst av allt vill slippa umgås med, allt bara för att man inte klarar av att säga "Nej".

Exempel på andra brister i sociala färdigheter som kan bli problematiska är att inte kunna titta folk i ögonen, inte våga be om hjälp, inte kunna ta eller ge en komplimang, inte kunna hävda en avvikande åsikt, inte kunna säga ifrån när man blir retad eller trakasserad, att inte kunna visa känslor eller tala i grupp.

Barndomen och skoltiden är den tid då brister i kunskap och färdighet måste täckas. Fostran och undervisning syftar till att lösa barnets typ B problem.

Att lösa problemet med saknade färdigheter är därför en pedagogisk uppgift. Man måste lära och träna. Motivation måste naturligtvis till, för att denna inlärning skall komma till stånd. Huvudproblemet är dock brister i inlärning.

- Problem av typ B innebär att nödvändiga och värdefulla färdigheter saknas.

- Att komma tillrätta med beteendebrister är en pedagogisk uppgift som innefattar inlärning och motivation.

Typ C: Önskat beteende, men det förekommer alltför mycket

I cell C i vårt schema finner vi önskvärda handlingar, som används i sådan omfattning att det går till överdrift. Det kan röra sig om den person, som ständigt ringer sina vänner och talar om sina problem och eleven som ständigt pratar på lektionerna. Önskvärda och bra beteenden kan bli besvärande om de används för mycket.

Till denna kategori hör även överätande, som resulterar i fetma. Även hetsätning och att röka, snusa och dricka alkohol i övermått räknas hit.

Det kan också handla om den utvecklingsstörda personen som ständigt tjatar och frågar samma fråga: "Kommer mamma på fredag?" Det är bety-delselöst att samma svar ges varje gång, frågan upprepas ändå om och om igen.

Tvångssyndrom, som att tvätta händerna 50 gånger om dagen och att kontrollera om dörren är låst i 30 minuter, är också exempel på typ C problem.

Denna typ av problem beror på att förstärkningarna är för många eller för starka. För att påverka överanvända beteenden krävs därför att man kan minska motivationen. Att göra en behandlingsinsats innebär därför att man måste minska eller ta bort förstärkningarna.

Frågan som måste besvaras vid denna problemtyp är: Vilka är förstär-karna för beteendet? Och det gäller alltid att få personen att minska sitt överanvända beteende.

Janne Jonsson tröstäter när han känner sig ledsen och nere. När han får något i magen känner han sig lite gladare.

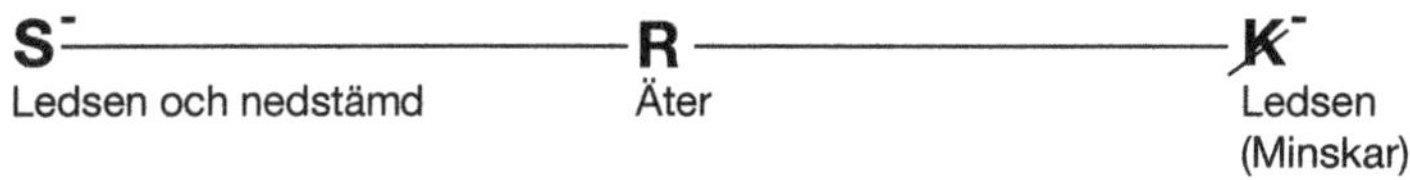

En behandling måste syfta till att ge Janne ett annat sätt att trösta sig och känna sig bättre till mods än genom att äta. Detta kan naturligtvis åstad-kommas på olika vis beroende på vad det är som "trycker" honom. Vad gör honom nedstämd och ledsen? Äter han för han känner sig lite lyck-ligare trots sin ensamhet, då är naturligtvis ensamheten något som måste "attackeras". Om han äter för att svedan och magvärken tillfälligt ska lindras, då måste naturligtvis detta åtgärdas på något vis och medicinska åtgärder kan krävas.

Förstärkningarna kan ligga i miljön, i den yttre situationen. Det kan röra sig om sociala faktorer som gillande, uppmärksamhet, anseende, sociala förväntningar, som att man inte kan motstå (socialt tryck) mm. Men orsakerna kan även ligga på det personliga planet. Det kan vara ångest han vill fly från, magvärk som han vill komma undan, en känsla som han gärna vill ha tillbaka, ett välbehag han vill återuppleva mm.

När man känner vilka negativa och positiva förstärkningar som gör motivationen så stark, att personen "överanvänder" sitt handlande, kanske man kan finna någon väg att undanröja dessa förstärkningar.

* Problem av typ C innebär att det finns alltför mycket förstärkningar för beteendet, vilket leder till att det överanvänds.

* För att komma tillrätta med typ C-problem krävs, att man kan undanröja en del av förstärkningarna.

Typ D: Önskat beteende, men förekommer alltför lite

Vem känner inte igen sig i uttryck som "jag borde men det blir inte av..." Mängder av människor känner att de borde motionera regelbundet, men det blir inte av. De borde sluta röka, men det händer inte. De borde ta det lugnare, ringa moster i Mjölby oftare, men....." Det finns åtskilliga beteenden vi borde ägna oss åt, som vi inte gör. Allt detta skulle kunna klassificeras som problem av typ D.

Vi gör inte vissa saker eftersom dessa beteenden saknar förstärkare eller har för svaga förstärkare. Till vardags skulle vi säga "det är inte kul, därför blir det inte av", "jag orkar inte", "jag har inte lust", eller något liknande.

Andra exempel på problemtyp D är företagaren som inte sköter sin bokföring eller låter bli att betala skatt, barn och utvecklingsstörda som struntar i att borsta tänderna. Riktigt allvarliga exempel finns också såsom att äta för lite vid anorexia, inte ta sin hjärtmedicin vid svår hjärtsjuka och inte ta hand om sina barn på grund av svårt missbruk.

Lösningen på problemen är att hitta rätt förstärkare och att använda dessa för att öka beteendet.

Det finns många exempel där förstärkningarna är alltför svaga eller saknas helt; personen som inte sköter sitt arbete, trots att han kan; eleven som kan utföra sina uppgifter och läxor, men inte gör det. Ibland förväxlas problemet och tas för att vara ren illvilja eller ses som lathet.

Gösta, en lindrigt utvecklingsstörd man, hade inte pratat med främmande personer på 18 år. Någon gång i 12-årsåldern hade han slutat att tala. Han förstod allt som sades till honom, men ingen hade hört honom tala bortsett från hans mamma och syskon. Problemet kallas selektiv mutism, och innebär att personen inte talar trots att han kan.

Man kunde inte sätta hans "stumhet" i samband med någon händelse. De förklaringar som gavs var att "han tystnat i samband med att fadern hade dött".

Beteendeanalysen gav vid handen att alla barnen i barnaskaran hade fostrats med mycket hårda medel. Aga hörde till ordningen. Gösta, som var äldst, hade agats mycket av sin far. Genom intervjuer med mamman och med syskonen framkom att den stämning som rått i hemmet var "Ungar skall tiga och inte sticka upp". Att "sticka upp" kunde vara att bara uttrycka en önskan eller säga sin mening eller bara att svara på tilltal. Toleransen var särskilt låg då fadern var berusad. Gösta hade således under hela sitt då 12-åriga liv fått lära sig att tala är farligt och det är säkrast att tiga. Men detta räcker inte som förklaring, eftersom fadern inte var med i alla situationer där Gösta var tyst. Dessutom hade Gösta tystnat alltmera efter faderns död.

En bidragande orsak torde ha varit att lärare och grannar varit medvetna om att barnen hade det svårt och därför brydde sig om dem. Denna extra omtanke om dem tog sig flera uttryck. Man var extra vänlig mot barnen, pratade ofta med dem och visade intresse genom att fråga om ett och annat. Ibland stack man till dem lite godis eller något att äta. Gösta lärde sig helt omedvetet – genom formning – att han genom att vara tyst och blyg kunde få mera och längre stund av de vuxnas omtanke och vänlighet. Många vuxna anstränger sig lite extra, åtminstone i början, att konversera ett tyst och ängsligt barn.

Lärare, vänner och grannar ansträngde sig extra mycket i och med att de stackars barnen blivit faderlösa. Ju mera de försökte desto tystare blev han.

Hans tystnad förstärktes och blev alltmera dominerande. På sikt hade den orsakat honom själv många problem. Han kunde trots sin ringa utvecklingsstörning inte ha ett vanligt arbete. Ingen står i längden ut med en person som inte svarar eller gör minsta tecken av att vilja uttrycka något. Kanske trodde man inte att mannen var utvecklingsstörd utan framstod endast som sådan genom sin "stumhet".

Mannen var nu 30 år och gick på en yrkesträningskurs för att lära sig ett yrke. Så länge han inte talade menade man, att det var omöjligt för honom att behålla ett arbete. Såväl lärare som kamrater blev provocerade av att han inte talade. Många ansåg hans tystnad vara ren illvilja. Till en början hade problemen varit påtagliga i alla situationer. Problemet hade ställts på sin spets i matsalen, där man måste uppge vilken maträtt man önskade till lunch. Efter någon tid hade dock måltidspersonalen slutat att fråga efter, vilken maträtt han önskade. Man hade funnit att man kunde fråga på följande vis: "Vill du ha pannkaka?" eller "– Vill du ha köttbullar?" och om man tittade mycket noga på hans ögon kunde man märka en liten ryckning i ena ögonlocket och detta var detsamma som ett "Ja". I annat fall bestämde man bara något åt honom.

Göstas problem var av ren D-typ. Han kunde tala, men var av någon anledning omotiverad att göra det. Kanske man skall säga, att han var mycket motiverad att tiga. Motivationen att tala kunde återskapas, genom att man slutade att tolka hans "blinkningar" i för honom viktiga situationer exempelvis måltidsituationen. Det bestämdes att måltidspersonalen inte fick "förstå" hans blinknings-ja längre. Endast en liten rörelse på munnen kunde istället förstås och detta talade man om för honom. Mannen informerades hela tiden om vad man ville ha för svar. Första dagarna blev det ingen mat, eftersom han inte rörde på läpparna, men snart gick detta bra. Då höjdes kraven och ett knappt hörbart ljud måste till för att det skulle accepteras som ett svar. Mannen informerades om alla förändringar i kraven. Efter någon månad kunde han svara ett hörbart "Ja". Och han kunde motiveras till att säga "Ja" även i andra situationer.

En liten lustighet kan nämnas. Gösta satt ensam i en lärosal någon månad efter det att behandlingen påbörjats. Läraren hade gått för att uträtta något i ett angränsande rum. Plötsligt ropade någon på läraren i den högtalande snabbtelefonen och frågade om läraren var där. "Nej, han är inte här" svarade Gösta med hög och tydlig röst. Hans tal kom sakta tillbaka, när hans tigande inte längre förstärktes.

- Problem av typ D innebär att personen inte gör det man förväntar av honom och som man vet att han kan. Orsaken är brist på förstärkning.

- Man kan komma till rätta med problemet genom att skapa mer kraftfulla förstärkningar för det förväntade beteendet. Har personen andra så kallade ersättningsbeteenden, bör förstärkningen för dessa minskas.

Typ E: Önskat beteende, som förekommer i fel sammanhang eller fel situation

Att spotta ut snus i kyrkan, är olämpligt. Likaså är det inte särskilt lämpligt att snyta sig i gardinerna, när man är borta på kalas. Exemplen är så extrema, att de nästan inte kan tas på allvar. Både att spotta och att snyta sig är i andra situationer acceptabla handlingar.

Det finns människor som utför handlingar som i och för sig kan accepteras, men de gör handlingarna på fel ställe eller i fel sammanhang. Då handlar det om problemkategorin E. Det röks till exempel där det inte är tillåtet, det klottras på väggar på offentliga toaletter, man kan bli uppringd mitt i natten av personer som inte har något viktigt att säga.

Det kan vara helt okey att röka, klottra och att ringa upp andra, men det gäller att göra det på rätt ställe och i rätt sammanhang. Att klä av sig offentligt, att dricka sprit innan man kör bil, att rapa vid matbordet, att skälla ut obekanta utan orsak, att anklaga oskyldiga är andra exempel på acceptabla handlingar som utförs i fel sammanhang.

Handlingar kan vara frånstötande eller rentav farliga i sammanhanget, men är acceptabla i andra sammanhang. Exempel barn som leker på en starkt trafikerad gata eller en person som simmar i mycket strömt vatten. Både att leka och att simma är acceptabla handlingar. Problemet är att de görs på fel plats.

Problem av typ E beror på att beteendet förstärks i fel sammanhang. Man måste göra beteendeanalys för att se vad det är som förstärker beteendet och därefter måste man undanröja förstärkningarna i det felaktiga sammanhanget.

Otrohet är ett exempel på typ E. Rätt beteende utfört på fel plats.

Beträffande typ E problem gäller att lära och förmå personen att utföra sitt beteende, där det inte ställer till problem. Förstärkningarna får därför endast förekomma, där beteendet inte ställer till problem. Det är inte alltid så lätt att åstadkomma såsom i fallet med otrohet.

Mannen som klär av sig offentligt bör inte få förstärkning på detta beteende då han befinner sig på offentlig plats, men väl när han är hemma. Många gånger kan det vara svårt att veta vari förstärkningen består. Tar han av sig för att väcka uppseende? Tar han av sig för att skrämma? Blir han sexuellt upphetsad av det? gör han det för att han vill bli tagen av polisen och snabbt bli förd till psykiatrisk klinik och slippa väntetiden till vård? När man förstår vari förstärkningarna består måste man försöka undanröja dessa i det felaktiga sammanhanget.

Även ångest, som ju är autonomt beteende, kan förekomma i fel situationer. Om man får ångest då man är i affären, bland andra personer och där det är ofarligt att vara, då har man ett problem av typ E. Alla ångestsyndrom tillhör denna problemkategori och förutom att ångesten uppstår på fel plats, så tar personen även till säkerhetsbeteenden (för att minska rädslan), vilka också kan vara typ E problem.

- Problem av typ E innebär att beteendet utförs där det inte ska eller får utföras.

- För att komma tillrätta med detta, måste man avslöja vilka förstärkningar beteendet har i den felaktiga situationen och därefter söka ta bort dem i detta sammanhang.

Vilken typ av problem står du inför?

När du ska göra beteendeanalys måste du avgöra: Vilken typ av beteendeproblem Du står inför? Är det ett beteende som används för mycket, för litet, inte alls eller vid fel tillfälle? Är det ett problem av typ A,B,C,D eller E?

Genom att bestämma vilken typ problemet har, får man en anvisning om hur man kan gå vidare i beteendeanalysen.

* Beteendeproblem kan vara av två slag: beteendeöverskott eller beteendebrist.

* Beteendeöverskott uppkommer om motivation finns för beteendeproblemet det vill säga att beteendet har förstärkningar (Typ A, C och E).

* Beteendeunderskott uppkommer antingen av att personen inte behärskar det förväntade beteendet (typ B), att förstärkningarna är för svaga för beteendet (typ D) eller för att förstärkningarna är starkare för ett konkurrerande beteende (typ C och D).

Steg 3 Gå vidare i beteendeanalysen

Efter det att man konstaterat om problembeteendet beror på bristande inlärning eller på att motivationen, förstärkningarna är fel, är det dags att fullfölja beteendeanalysen.

För att kunna upprätta en komplett beteendeanalys måste man finna de viktiga situationsfaktorerna **S** (även kallade "diskriminativa stimuli" vilket betyder stimuli som gör verklig skillnad och är betydelsefulla) som gör att personen väljer beteendet i denna sekund. Vidare måste man finna alla viktiga funktioner (förstärkningar) **K** som gör beteendet värdefullt för personen. Vanligen spelar det ingen roll om man börjar med **S**-sidan eller om man börjar med **K**-sidan. Börja med det som tycks vara mest uppenbart och självklart.

S Vad får personen att bete sig på detta vis just nu, i denna situation? Vad startar beteendet? Vilka viktiga stimuli kan föreligga, för att beteendet ska utföras?

Det faktum att personen utför beteendet i just denna situation måste betyda att det är värdefullt för personen just här. Vad är det som gör beteendet värdefullt just här och nu?

K I vilka avsikter – medvetna eller omedvetna – utför personen detta beteende? Vilka förväntade – medvetna eller omedvetna – förstärkningar motiverar personen att bete sig som han gör i den här situationen? Förekommer förstärkningarna efter varje gång personen beter sig på detta vis eller bara någon gång emellanåt? Alltså – handlar det om kontinuerlig eller intermittent förstärkning? Gles eller intermittent förstärkning kan förklara om beteendet är intensivt använt. Hur reagerar människorna runt omkring? Upplever kanske personen något känslomässigt positivt genom sitt beteende? Att personen använder beteendet, är ett tydligt tecken på att han förväntar sig förstärkning av något slag. Han förväntar sig att något resultat av beteendet ska hända, något som han önskar.

gör en lista på alla faktorer som kan ha samband med problembeteendet som tänkbara **S**-faktorer. gör även en lista över de möjliga förstärkare (funktioner) som problembeteendet kan tänkas ha. glöm inte att ta med behov, tankar och känslor på **S**-sidan och gör även en lista över de tänkbara förstärkningar (funktioner) **K** som beteendet kan ha. Förstärkningar kan vara tillfredsställda behov, självberömmande tankar, positiva känslor, uppfyllda önskningar och inte minst yttre skeenden exempelvis något andra personer gör.

De förstärkande konsekvenserna kan vara att en elev, som är provocerande mot sin lärare, tänker att han gör intryck på sina kamrater. "Nu var jag allt tuff som vågade sticka upp mot gubben." Kanske ett litet leende från kamraterna gav honom ytterligare förstärkning och bekräftelse på att han är tuff. Självberömmande tankar är en vanlig förstärkning, som motiverar till upprepning.

Finns det något i den vuxnes sätt att reagera som gör beteendet värt att utföra. Blir läraren upprörd, flammig på halsen, osäker eller ursinnig. Att förlora humöret kan upplevas komiskt om man inte skräms av det och det kan då bli rent förstärkande.

När man letar efter motivationsskapande förstärkningar, kan det förenkla om man tänker i "för att" meningar. Han gör så "för att...". Om man tror att personen själv är omedveten om sina motiv kan man istället säga "när han gör så leder det till att...".

Det kan vara till hjälp att titta på **S**-sidan, för att få idéer om vad som kan tänkas vara förstärkande. Mikael stör framför allt under matematiklektionerna. Det leder ofta till att läraren går till Mikael och talar med honom. Tänkbara **S**-faktorer kan vara att Mikael tröttnar (**S**) och har tråkigt (**S**) eller inte klarar uppgifterna (**S**). Det ger förstärkningarna "att något ska hända" (**K**) eller för "att läraren snabbt ska komma för att hjälpa honom igång med arbetet" (**K**).

Det finns ett samband mellan den situation som utlöser beteendet (**S**) och vad som är en värdefull konsekvens av beteendet. Man kan säga att situationen "bäddar för" vad som är förstärkande. Behov tillfredsställs genom beteendets verkan, tristess förbyts i omväxling tack vare beteendet, andra människors agerande ändras tack vare beteendet osv.

Man får inte glömma att kraftiga känslor kan vara aktiverande situationsfaktorer (**S**). Har man kraftig ångest så kommer ett beteende, som minskar denna ångest att bli negativt förstärkt och därmed framstå som värdefullt. Beteendet blir ett effektivt medel för att fly från den obehagliga ångesten.

När vi tror oss känna till alla **S** och alla **K** är det dags att sätta samman det till en formel. Formelns komplexitet beror på de verkliga förhållandena. Det är verkligheten som formeln ska beskriva. Det vanliga är dock att några få eller bara en förstärkning är viktigast och helt avgörande.

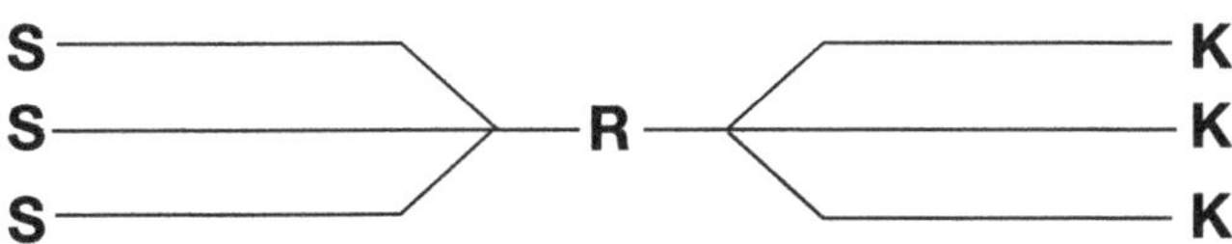

Den färdiga beteendeanalysen visar ett naturligt samband mellan **S** och **K**, där **R** är länken dem emellan.

S———— "gör att"———— **R** ———— "för att" ———— **K**

Situation/orsaker	Beteende	Förstärkningar
Hungrig	Äter	Bli mätt
Trött	Sover	Bli utvilad
Ledsen	Gråter	Bli tröstad
Ha krav på sig	Gör något "tokigt"	Kravställaren ska glömma kravet i ilskan (tillfälligt)
Ensam	Tilltalar någon	Få kontakt
Ensam	Ringer kompis	Få kontakt
Ensam	Går till fotbollsplanen	Hitta kompisar

När man har sin analys framför sig ska man kunna se hur beteendet har åstadkommit någon önskad förändring för den som utförde beteendet. Den önskade förändringen är ju förstärkningen, som gjorde beteendet mödan värd. Samtidigt måste man minnas att förstärkning inte behöver komma efter varje beteende, utan kan vara intermittent (gles). Men beteendet utförs alltid med förhoppningen, att det alltid ska leda till förstärkning medvetet eller omedvetet.

Hur börjar man göra sin beteendeanalys?

Beskriv vad som händer – när, var och hur, men undvik att svara på varför.

Svaret på "varför" är ju förstärkningarna och dem känner vi ju inte ännu. Mattias, 10 år, har varit i slagsmål på skolgården igen. En massa barn har samlats som vanligt och hejar på slagskämparna. Den andre slagskämpen är en ny pojke på skolan. Mattias är så gott som dagligen i slagsmål. Han skryter om sin styrka. Vissa barn är rädda för honom. Andra ser upp till honom, för att han är stark. Han är alltid tillsammans med Jonas, som anses vara ledare i klassen, men deras vänskap gäller bara i skolan. På ledig tid umgås Mattias sällan med gänget i klassen.

En lärare särar på slagskämparna och som vanligt får Mattias ovett.

Han anses allmänt vara en buse. I kraft av sin styrka är han egoistisk och brukar ta för sig. Jonas är den ende som han kan släppa före sig i matkön, där han annars ska gå först.

Varför slåss Mattias? Vad händer i slagmålssituationen?

1. Mattias blir påhejad (konsekvens).
2. Mattias blir beundrad av många för sin styrka, men fruktad av andra (konsekvens).
3. Mattias får ovett av lärarna (konsekvens).
4. Mattias verkar nöjd med sig själv, när han klått upp någon (konsekvens).
5. Mattias får vara med klassens ledare Jonas (konsekvens).

Kan dessa konsekvenser tänkas vara förstärkande på Mattias slagsmålsbeteende?

• Sannolikt uppskattar Mattias att bli påhejad, vilket i så fall fungerar som en positiv förstärkning.

• Sannolikt uppskattar han att bli beundrad för sin stryka och kanske även att en del är lite rädda för honom. Alltså ytterligare positiv förstärkning på att slåss.

• Hur uppfattar han lärarnas utskällningar? Kanske är de ett slags kvitto på att han är just så besvärlig, som behövs för att Jonas ska tycka att han är värd att umgås med? Han vill också sätta sig i respekt hos nya elever. ”Ingen ska minsann tro att han är en fegis.” ytterligare positiv förstärkning på att slåss.

• Han verkar inte helt missnöjd med sig själv efter ett slagsmål som han vunnit. Han berömmer sig kanske för sin styrka och ”makt”, vilket höjer självkänslan. ytterligare förstärkning på att slåss.

• Kanske döljer han osäkerhet bakom sitt aggressiva beteende? I så fall fungerar ”att slåss” som negativ förstärkning.

• Som en extra bonus (förstärkning) får han vara tillsammans med klassens ledare.

Förstärkningar kan finnas inom tre områden:

• *Sociala förstärkningar.* Dessa förstärkningar har att göra med andra personers responser på beteendet.

- *Känslomässiga förstärkningar.* Dessa förstärkningar har att göra med vilka upplevelser eller känslor som beteendet ger.

- *Materiella förstärkningar.* Dessa förstärkningar har att göra med föremål eller andra praktiska konsekvenser som beteendet ger.

Exempel på sociala förstärkare

Vill ha uppmärksamhet	R leder till	uppmärksamhet
Vill ha anseende	"	anseende
Vill bestämma	"	att man får bestämma
Vill påverka någon	"	att man får påverka
Vill uttrycka något	"	att budskapet går fram
Vill slippa krav	"	att kravet tas bort

Exempel på känslomässiga förstärkare

Känner obehag/ångest	R leder till	att ångest/obehag lindras
Vill ha kul	"	att kul saker händer
Vill skratta	"	att man får sig ett skratt
Vill hämnas/är förorättad	"	att man känner skadeglädje

Exempel på materiella förstärkare

Hunger	R leder till	mat
Vill ha det bästa	"	att man får det bästa
Vill stå först i kön	"	att man tillåts stå först
Vill vinna i spelet	"	att man vinner

Det händer att ett beteende har flera funktioner. Det kan ha olika förstärkningar i olika situationer men det kan också ha alla förstärkningar samtidigt. Antingen används beteendet för olika ändamål i olika situationer eller också används beteendet för alla förstärkningarna på en och samma gång.

Mattias slåss och hans beteende har flera funktioner samtidigt, men i vissa situationer är det någon enskild förstärkning eller funktion som är viktigast. Han bevisar med beteendet alltid att han är starkast och han har hög status och får vara med Jonas. Ibland när han slåss med en ny kille så visar han dennes plats på statusstegen. När han slåss i matkön då är det viktigast att få stå först. Ibland slåss han för att han ska få vinna i spel.

En sammanställd beteendeanalys av Mattias slagsmålsbeteende skulle kunna se ut på följande vis:

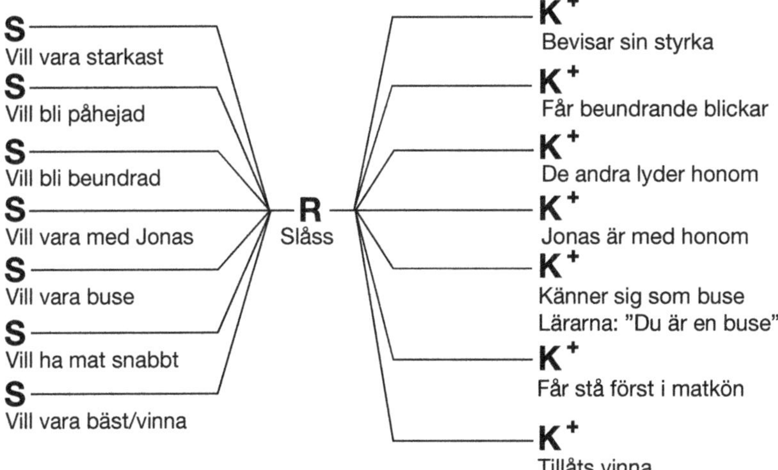

Med denna analys för ögonen, om den är sann, kan man fråga sig om Mattias över huvud taget har någon anledning att *inte* slåss?

- Allt viljemässigt kontrollerbart beteende har minst en förstärkning. Det finns minst en anledning till att beteendet utförs i sammanhanget. Ofta tänker man inte på vad man är ute efter (förstärkning) med sitt beteende.
- En beteendeanalys ska avslöja varför personen beter sig som han gör i situationen.
- Av beteendeanalysen måste framgå vilka viktiga stimuli (S) i situationen, som startar beteendet. Det handlar vanligen om yttre faktorer, men även om känslor och tankar.

- Beteendets alla förstärkningar (**K**), såväl de positiva förstärkningarna (**K⁺**) som de negativa förstärkningarna (**K⁻**) måste finnas med i analysen.

- Acceptera de **S** och **K** som på ett naturligt och logiskt sätt kopplas samman av beteendet.

Tankar, föreställningar och attityder styr beteendet

Hittills har vi kunnat konstatera att ett beteendes nyttiga konsekvenser är avgörande för vårt val av det. Det är beteendets följder som styr. Beteendet är *förstärkningsstyrt*, eftersom vi väljer beteende med sikte på de förväntade förstärkande konsekvenserna.

Ibland är det dock så, att vi inte vet vilket beteende som kan tänkas ge önskad effekt. Vi kanske saknar erfarenhet av situationen, så att vi inte vet vilket beteende som kan tänkas vara effektivt och vi har inte erfarenhet av vilka konsekvenser olika beteenden leder till.

I dessa situationer kan tankar, föreställningar och andras råd eller tillsägelser ta över styrningen av beteendet. Detta kallas att beteendet är *regelstyrt*. Istället för att beteendet styrs av sina K (förstärkningar), styrs de av en egen tanke eller en regel/instruktion, som jag fått från annan genom tillsägelse eller information.

De allra flesta beteenden är förstärkningsstyrda. Detta gäller framför allt beteenden som vi använt länge och har erfarenhet av. När beteendena är invanda, behöver vi inte fundera över vilka beteenden vi ska välja. Det hela går automatiskt. På rutin väljer vi bara beteenden utan att reflektera över det. Våra erfarenheter är klara på vilka beteenden som fungerar. Ibland kallar man det för att man är flytande i sitt beteende. När man kan tala ett språk flytande behöver man inte fundera över vilka ord man ska välja och hur grammatiken ser ut. Språket bara kommer av sig självt. På samma sätt kan man vara flytande i sitt motoriska beteende.

När vi hamnar i en ny eller ovan situation och vi saknar beteende som vi är flytande i, då måste vi gå över till att styra vårt beteende med tanken. Man tvingas börja fundera över: Vad ska jag göra för att...? Hur kan jag göra? Kommer det att gå bra? Som barn har vi föräldrar och lärare, som talar om och instruerar oss, hur vi ska bete oss för att det ska bli bra.

Om vi beter oss som vi tänker eller som någon annan har instruerat oss att göra, då är vårt beteende regelstyrt.

Att styra beteenden genom regelstyrning är arbetsamt (man måste tänka) och ointressant om förstärkning saknas. Därför förs beteenden över till förstärkningsstyrning så fort det går av arbetsbesparande och effektivitetsskäl.

Många nya beteenden är regelstyrda en tid, men blir de förstärkta övergår de snabbt till att bli förstärkningsstyrda.

Johan får leka med pappas dator för första gången. Johan vet inte riktigt hur han ska få fram spelen, som han är mest intresserad av. Pappa instruerar Johan noga. "Först trycker du på den knappen och sedan på den." Johan lyckas med hjälp av pappas instruktioner (regelstyrning). Nästa gång är Johan ensam med datorn och talar då högt till sig själv: "Först den knappen och sedan den…" Johan ägnar sig fortfarande åt regelstyrning av sitt beteende.

Vi möter Johan två veckor senare. Han sätter igång datorn och utan att tänka en enda tanke knappar han sig säkert fram till spelen. Beteendet har nu blivit förstärkningsstyrt och inget spår av regelstyrning finns kvar.

Regelstyrning kontra förstärkningsstyrning

Som föräldrar eller lärare tror och hoppas vi, att vi ska kunna ersätta förstärkningsstyrning med regelstyrning varje gång vi talar om för våra barn hur de ska uppföra sig. Vi uppmanar eller bara säger hur barnet ska bete sig, tjatar och tror att barnet ska lyda. Vi hoppas att barnet ska görs som vi vill utan att beteendet får någon förstärkning. Om det fungerar och barnet verkligen gör som vi vill, är det exempel få regelstyrning.

Tyvärr är det inte alltid så enkelt, att om man bara talar om för folk vad de ska göra, så gör de så. Man kan inte ersätta förstärkningsstyrning med regelstyrning. Man måste se till att det nya beteendet verkligen blir förstärkt. Finns inga förstärkningar till det nya beteendet då kommer det snabbt att utsläckas. Inget beteende överlever utan förstärkning.

Pappa Algot talar med sonen Nisse om att han måste räkna de tal han har i läxa. Man kan inte bara spela fotboll och bygga hyddor i skogen, säger pappa och fortsätter "Det är ju roligt att räkna och se i facit att man har rätt och att man förstår."

Nisse sätter sig och försöker räkna och lyckas inte få rätt. Han får inte förstärkning på sitt regelstyrda beteende. Det är inte alls roligt. Nisse återgår till att leka i skogen och låter sitt beteende styras av förstärkningar, som att det är kul att leka, och man får gemenskap, det är spännande och skönt att röra på sig.

Om regelstyrning vore effektivare än förstärkningsstyrning, då skulle det bara vara att tala om för barn hur de skulle bete sig och de skulle omedelbart ändra sig. Vi vet alla att det inte är så enkelt att påverka andra personers beteenden.

Felaktiga regler kan bädda för förstärkning

Ibland kan vårt beteende dock styras av felaktiga "regler" eller missuppfattningar. I dessa fall är det nödvändigt att förändra tanken, missuppfattningen, vanföreställningen eller feltolkningen, för att påverka beteendet.

Detta framgår av följande exempel, som jag fann i en översättningstext jag stiftade bekantskap med vid en skrivning i tyska. Skrivningen hade överskriften "Den dumme George". Texten handlade om George, som av alla betraktades som mycket dum. De andra barnen drev med honom, genom att erbjuda honom ett val. Han fick välja mellan en femkrona och en tiokrona. George ansågs så dum, därför att han alltid tog femkronan.

De andra barnen jublade förtjusta – i smyg: "Han tar femkronan för att den är störst!"

En lärare uppmärksammade hur de andra barnen drev med George och ingrep för att hjälpa honom. Han tog George åt sidan och förklarade för honom: "Visserligen är femkronan större än tiokronan, men du kan köpa dubbelt så mycket för tiokronan. Nästa gång de erbjuder dig att välja – ta då tiokronan." George svarade: "Det vill jag inte, för om jag tar tiokronan då kommer de aldrig att upprepa skämtet med mig."

Kamraterna hade helt missförstått det hela. Man kan förmoda att de, när de fått reda på Georges verkliga motiv till att välja femkronan, slutade kalla George "dum" och att de aldrig mera erbjöd honom att bli "rik" på deras bekostnad. När kamraterna blev medvetna om att deras skämt inte

var så kul, ändrade de sig snabbt. Deras förstärkning att häckla George byggde helt på en missuppfattning.

Kognitiv beteendeterapi

En del av beteendeterapin kallas kognitiv (tankemässig) beteendeterapi. Den riktar in sig på att göra "patienten" medveten om dennes vilseledande, ibland förödande och handikappande föreställningar.

Kvinnan som tror att hon är ful och oattraktiv, därför att hennes man vill skiljas, drar en felaktig slutsats. Sanningen är att hennes man blivit förälskad i en visserligen yngre kvinna, men han överger inte sin tidigare fru på grund av utseendet. Det är snarare så, att han vill börja om med en ny barnkull och dessutom vill han ha "en kvinna vid spisen" och inte "en kvinna i karriären". Den övergivna frun ger sig själv problem genom att felaktigt lägga skulden på sitt eget utseende. På grund av en felaktig föreställning riktas skulden för skilsmässan åt fel håll.

Den begåvade men mycket slarvige eleven tror att han är mycket obegåvad och dum och förlorar alltmer av sitt självförtroende och intresse för skolan. Varför? Läraren, som inser att eleven är mycket begåvad, vill inte berömma och uppmuntra honom, då han retar sig på att denne hela tiden gör "onödiga" och "oförlåtliga" slarvfel. Han gör inte så bra han kan och det kan inte läraren acceptera. Resultatet blir att eleven tolkar lärarens agerande som att han själv är dum och obegåvad. Han förlorar alltmera av självtillit och motivation för skolarbetet.

Genom att eleven får klart för sig att han feltolkat lärarens verkliga uppfattning om honom, kan han åter bli inspirerad att försöka bli mindre slarvig. Att få ärlig och uppriktig återkoppling, vilket även inbegriper beröm, får eleven att göra en riktigare bedömning av den egna förmågan och inspirerar honom också till att försöka göra bättre ifrån sig.

Vanföreställningar styr beteendet i fel riktning

Med felaktiga föreställningar eller felaktiga regler för ögonen kommer vi att välja olämpliga beteenden.

Föreställningarna är exempel på så kallade etablerande omständigheter, som gör att fel beteenden förstärks. Vi tror exempelvis att vi endast duger om vi är omtyckta av alla. Vi gör fel saker för att uppnå det ouppnåeliga på grund av de omständigheter som föreställningarna skapar. Vår föreställning får oss att tro att vi måste vara bäst i allt för att bli godkända och omtyckta osv. Vi söker förstärkningar där de inte finns eller på sätt som inte stämmer med verkligheten.

"Jag måste vara omtyckt av alla"

Om någon visar att han/hon inte gillar mig, börjar jag genast att rannsaka mig. Vad har jag gjort för fel? Undrar om jag är usel och otrevlig? Jag grubblar och lägger hela skulden hos mig själv. Skulle jag bli osams med en person på jobbet, då rasar hela min värld. Självförebråelser och till och med fysiskt illamående, kanske depression kan bli följden. Det spelar då ingen roll om hela skulden ligger hos motparten och att dennes privata problem slår igenom på arbetet. På det förnuftsmässiga planet inser jag att jag inte kan vara omtyckt av alla, men när det kommer till kritan klarar jag inte av att tro mig vara illa omtyckt. Jag måste få förstärkning från alla.

"Tag inga risker"

En ung man var mycket förtjust i en flicka, men han beundrade henne ännu bara på avstånd. Flickan visste inte om sin beundrare. Av rädsla för att bli avvisad av den sköna, vågade han aldrig uppvakta henne. Hon fick aldrig reda på att han varit hennes beundrare. Mannen gifte sig senare med en annan kvinna, som tagit hela initiativet till deras förbindelse. Mannen valde den väg som var helt säker, istället för att kanske vinna den han verkligen ville ha med risk att bli avvisad.

”Jag måste vara bäst i allt.”

En begåvad elev med mycket höga ambitioner blev nedstämd och olycklig för att han inte var bäst på provräkningen. För honom gällde bara ”förstaplaceringar”, som är det enda förstärkande. Att göra minsta fel tar han som ett tecken på att han är oduglig. ”Johansons har köpt ny bil. Nu måste vi också byta.”

”Allt jag gör måste vara perfekt. Om inte alla elever lyssnar så är jag en dålig lärare”

En ung ambitiös lärare satte alltid sina mål så högt, att han aldrig lyckades nå dem. Han blev icke-förstärkt frustrerad, deprimerad och han gick ständigt med en känsla av att han inte klarade jobbet. Snart kom vantrivseln. Objektivt sett var han en mycket skicklig och intressant lärare.

”Om allt inte blir som jag föreställt mig då är det fel på mig.”

En kvinna sökte ett arbete, som hon länge hade eftersträvat. Hon var på anställningsintervju, men i slutskedet valde man en medarbetare som redan fanns i det aktuella företaget. Kvinnan blev mycket deprimerad och lade hela skulden för att hon inte fick det sökta arbetet på ”den misslyckade anställningsintervjun”. Hon ansåg sig fullständigt oduglig då hon inte fick jobbet. Hon tänkte inte på, att den som fick jobbet kanske hade några specialkunskaper som hon saknade, utan betraktade sig själv som helt misslyckad.

"Om inte alla gillar mig är jag en otrevlig person."

Johan får inte vara med i tonårsgänget. Han tolkar detta som att ingen gillar honom. I själva verket tycker man Johan är lite för "mesig" då han varken röker eller dricker öl. Hans mycket deprimerande slutsats är att ingen gillar honom och detta är totalt fel, då många i gänget skulle acceptera honom. Dessutom finns flera andra som sannolikt skulle kunna välja honom som kamrat.

Om inte eleverna genast lyder har jag ingen respekt med mig. Jag tappar kontrollen."

Denna för lärare yrkesspecifika vanföreställning är felaktig, då man aldrig kan konkurrera ut förstärkningsstyrt beteende med regelstyrt. I bästa fall kan man tillfälligt påverka elevernas beteenden med en regel eller tillsägelse, men om beteendet sedan inte förstärks då släcks det ut. Läraren har alltså inte någon självklar och omedelbar skuld till att eleverna inte lyder direkt.

"Om man ger barn och ungdomar regler och förbud, då hämmar man deras utveckling."

Denna vanföreställning är felaktig av samma skäl som den föregående.

Ett förbud är en "regel". Det är inte särdeles effektivt och det påverkar inte barn och ungdomar särskilt mycket att läsa upp regler för dem och att förbjuda dem saker. Regler styr inte någons beteende mer än högst tillfälligt. Det är förstärkningarna som styr beteendet. Regler och förbud är relativt verkningslösa och förmår i varje fall inte störa någons utveckling. Regelstyrning måste ersättas av förstärkningsstyrning, för att en längre påverkan ska ske.

"Om en elev gör sig lustig eller skämtar så är det riktat mot mig och syftar till att genera mig"

Detta är en ofta förekommande vanföreställning, som förklarar mycket låg tolerans mot elevers skämtande och frispråkighet. Läraren är i det fallet mycket lätthotad och får snabbt ångest och obehag av elevernas oförargliga skämtande. Samma typ av överkänslighet mellan människor skapar olust och obehag i vardagen.

I umgänget med utvecklingsstörda finns fördomar eller vanföreställningar, som påverkar föräldrars, personalens och särskolepersonalens förhållningssätt att *"beteendeproblem hos utvecklingsstörda beror på själva utvecklingsstörningen och inte kan påverkas särskilt mycket"*. Andra passiviserande vanföreställningar är *"Man får inte ställa krav på den utvecklingsstörde"* och *"Det är synd om utvecklingsstörda."*

VVi lever alla med en eller flera av dessa eller liknande vanföreställningar. Ett enkelt sätt att observera dem, är att lägga märke till när vi reagerar ovanligt kraftigt för objektivt sett bagatellartade upplevelser. Vi blir nedstämda därför att chefen vid ett tillfälle inte hälsar på oss, eller vi blir grubblande av att en elev säger något provocerande till oss, eller när vi inte blir tillfrågade om vi vill ha en viss tjänst. Att ofta älta och grubbla över om man gjort fel eller sårat andra, kan vara tecken på att vi har någon vanföreställning som styr oss fel.

Feltolkningar och missuppfattningar bildar regler som får oss att bete oss tvärt emot våra egna intressen och får oss att må dåligt. Även bland elever och ungdomar förekommer regler eller attityder som får dem att välja beteenden som gör att de väljer beteenden som missgynnar dem på sikt. Några exempel: *"Plugghästar är tråkiga. Bara töntar gör läxorna."* eller *"Att prata med och fråga lärarna om saker är att fjäska."*

Framför allt i tonåren formar ungdomarna svart-vita föreställningar om sig själva och om världen. Vissa människor har svårt att nyansera dessa föreställningar även senare och lider av dem under hela livet. Någon gång leder de till verkligt stora problem.

Flickan som inte blir uppbjuden av "den där killen" på discot, börjar tro att hon är oattraktiv på grund av att hon är för fet. Hennes tankar kan vara helt irrelevanta, objektivt sett felaktiga, men hon ältar dem om och om igen. En lögn som upprepas tillräckligt många gånger blir till sist trodd. Till slut är hon säker på att hon är för tjock. Att banta kan sedan bli en fix idé. Börjar hon sedan med självförebråelser när hon ätit "för mycket", finns stor risk att hennes nervsystem börjar ge henne ångest när hon äter och när hon känner sig mätt. Ångesten blir inlärd och så inövad att den kommer automatiskt då hon äter och då magsäcken spänns ut. Det finns då två sätt att undvika obehag. Det ena är att kräkas det man ätit och det andra är att inte äta från början. Det hela kan bli "tvångsmässigt". En missuppfattning och tokig "regel" har fått konsekvenser som ger mycket lidande helt i onödan.

Resultatet kan liknas vid en fobi för att äta och för att bli mätt – anorexi. Problemet kan senare utvecklas till hetsätning med kräkning (bulimi) genom formning.

På fängelser och i kriminella kretsar råder speciella etablerande omständigheter – värderingar och normer. Det betraktas som "högstatus" att göra smarta brott. Det är bara idioter som knegar och slavar. Att vara en Svensson som arbetar från 8 till 5, det är det dummaste som finns. I beteendeanalysen av kriminellt beteende måste även sådana viktiga föreställningar och värderingssystem upptäckas, för att man skall ha en rimlig chans att kunna förklara det kriminella beteendet. Behandling av beteendet måste innebära att personens "regler" – värderingar påverkas.

Regler det vill säga värderingar, normer, attityder och åsikter, utgör en bakgrund mot vilken beteendena väljs. Det är utifrån den bakgrunden vi hittar våra förstärkningar.

Patrik (12) tror att alla tycker han är rolig – klassens pajas. Han har också föreställningen att hans popularitet kommer av hans rolighet. Därför måste han alltid vara rolig för att bli accepterad. När man skrattar åt hans skämt blir han förstärkt. Då känner han sig accepterad. Följaktligen väljer han "skojandet" för att få sin förstärkning.

Hade Patrik istället haft föreställningen att hans popularitet hängde på att han var bäst på alla prov, då skulle han valt helt andra beteenden för att få den förstärkningen.

Exemplen ovan visar att vårt tänkande kan vara etablerande omständigheter som påverkar vilka förstärkningar vi söker och därmed vilka beteenden vi väljer. En komplett beteendeanalys kräver i vissa fall även att man finner de värderingar som har stor påverkan på beteendet i situationen. Att ta fram och klargöra de livsavgörande värderingarna för den enskilda patienten är en ny trend vid arbete med patienter som har ångestproblem och depression. Det gäller att få patienten att beslutsamt gå åt rätt håll det vill säga i linje med sina livsvärderingar, istället för att eftersträva kortsiktiga förstärkningar som att undvika ångest och obehag.

Holgers (19) dröm och viktigaste mål för yrkeslivet var att bli lärare. Han älskade att stå framför en skara barn och lära dem saker. Han var även mycket populär fotbollstränare. Holgers problem var, att han var rädd för att söka till lärarhögskolan. Han visste att där skulle han vara tvingad att förcläsa och undervisa inför lektorer och handledare, som skulle granska honom. Holger vågade inte utan valde en annan bana och slutade som skolvaktmästare.

BS——"startar"— **BR=S⁻**—"gör att"— **R** —————/————— **K⁻**
Jag ska tala   Sympatikus-   Söker inte   (undviker)   Obehaget
inför handledare   reaktion/ ångest   till lärarhögskolan

Genom att kortsiktigt falla undan för rädslan att tala inför vuxna lärare, vinner Holger tillfälligt sinnesfrid och ångestfrihet. Han behöver inte frukta att utsättas för något i den vägen. Samtidigt avviker han från sina verkliga önskningar och livsvärderingar, vilket sannolikt kommer att göra honom ledsen, besviken och bedrövad, kanske deprimerad många gånger i resten av hans liv.

Acceptera din ångest och låt den inte styra ditt beteende

I den nya beteendeterapin talar man om att man inte ska låta sig hejdas av ångest eller feghet, utan beslutsamt gå åt rätt håll, dit ens livsvärderingar pekar. Vill man bli lärare ska man jobba på för att bli det och inte låta rädsla och ångest förhindra det. Man accepterar att man känner ångest och rädsla och ser på sin ångest som ett problem som kan nonchaleras. Ångesten tillåts inte påverka eller stoppa mig på min väg mot mina livsmål. Man går beslutsamt mot det mål man har och gör det som måste göras. Samtidigt övervinner man då sin rädsla och märker att ångesten var överdriven och felaktig. Man botar helt enkelt sin rädsla genom att agera som om rädslan inte fanns.

Genom att våga gå emot sin rädsla, acceptera den och målmedvetet göra det han i grunden vill, kan Holger bota sin rädsla och uppnå sina viktiga livsmål och mental hälsa. Tillvägagångssättet kallas ACT. Beskrivet på sidan 10?.

Att inte våga

Den pedantiska, tunna, bleka och välbegåvade Lena i nian varken klär om eller deltar i gymnastiken. Läraren gör allt för att motivera henne, men utan resultat. Sanningen är att flickan lider av renlighetstvång.

Hon får ångest och känner sig mycket äcklig om hon bara vidrör redskap och bollar. Enligt hennes uppfattning är allt i gymnastiksalen överdraget med snor, svett och smuts. Varje beröring med något i gymnastiksalen tvingar henne att duscha i timmar, när hon kommit hem. Hon schamponerar håret otaliga gånger och hon tvålar in sig oräkneliga gånger. Varmvattnet hinner ta slut i varmvattenberedaren och flickan är blåfrusen när föräldrarna till slut drar henne ur duschen. Flickan har blivit alltmera kringskuren och det visar sig framför allt i hemmet. Hon vill inte sitta i en stol, som hon suttit i när hon var äcklig före duschen. Hon kan inte släcka badrumsbelysningen när hon går ur badrummet, eftersom hon då smutsar ner sig igen. Under svåra perioder står hon och läser läxorna, för att inte smutsa ner sig och tvingas duscha igen.

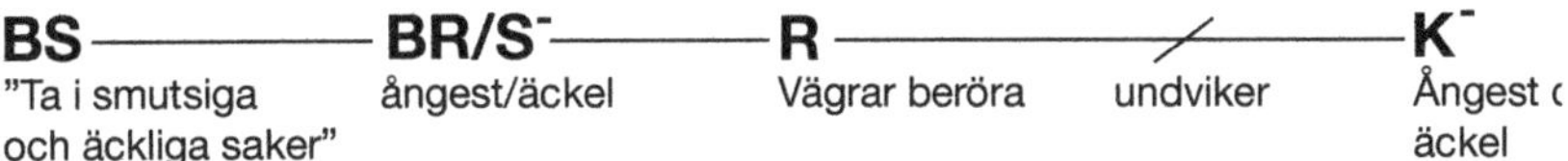

Hon skäms för sitt problem, men hur ska gymnastikläraren kunna veta orsaken till hennes vägran att delta i gymnastiken, om han inte känner till att Lena har tvångssyndrom.

Vid allvarliga tillstånd liknande detta måste en beteendeterapeut anlitas. Men gymnastikläraren måste, för att förstå problemet, känna till renlighetstvånget och veta något om tvångssyndrom. Annars kan han uppfatta det hela som en provokation riktad mot honom och i sämsta fall sätta hela sin prestige på att få flickan att delta. Det är i och för sig meningen att Lena ska delta i gymnastiken, men vid svåra ångestsyndrom går det inte så lätt.

Lena har skrämmande tankar som man måste känna till för att förstå hennes handlande. Våra tankar och föreställningar är viktiga och kan få en tvingande effekt på en persons beteende, såsom vid tvångssyndrom. Lena måste tillsammans med en terapeut förmås att agera tvärt emot dessa vanföreställningar, värderingar. Det effektivaste sättet att ändra en vanföreställning är att bete sig som om den vore en vanföreställning det vill säga att strunta i den och inte låta den styra. Låt inte inlärd (betingad) ångest styra ditt beteende, så utsläcks ångesten. Mycket enkelt, och så ser alltid effektiv behandling av tvångssyndrom, panik ångest, fobier ut. Man måste förr eller senare förmås att agera, som om man inte hade ångest, för att bli fri från den. Se "exponering" i kapitel 4.

Rädda och ängsliga personer

Alla människor är rädda för något. Alla människor är också rädda för något egentligen ofarligt. Man kan vara vettskrämd för att tala inför andra, eller gå i stora affärer, gå till skolan, delta i gymnastiken, säga sin mening till grannen, be om en tjänst, tala i telefonen, säga Nej till en kollega mm. Allt kan av någon upplevas som farligt eller skrämmande, även om det objektivt sett inte är det.

Sådana orealistiska faror får oss att välja beteenden, som vi annars inte skulle ha valt och som därmed leder oss fel i livet. I vårt undvikande av ångest hamnar vi på fel jobb, i fel sällskap, blir betraktade som inbundna, konstiga eller förlorar pengar för att vi inte vågar hävda vår rätt. Man kan lära sig att det man är rädd för inte är så farligt som det känns, endast genom att bete sig som om det inte kändes farligt. Det kan ske beslutsamt som vid Acceptance and Committment Therapy eller med stegvisa exponeringar. Det spelar inte någon större roll hur. Huvudsaken är att det sker.

> Man kan aldrig glömma att man är rädd för "något". Man kan endast övervinna ångest och rädsla genom att våga vara tillsammans med den. Ångesten blir värre om du skyddar dig mot den.

Vuxna som möter barn med rädsla drabbas vanligen genast av en medkänsla och en vilja att skydda och hjälpa. Skydda och hjälpa är inte samma sak. Skyddar man den som är rädd för det han fruktar, så blir han bara än mera rädd för detta längre fram.

Hjälper gör man, genom att förmå den rädde att utmana (försiktigt eller mera direkt) det han fruktar och inte fly från det även när rädslan blir stark. Hjälp till att stanna kvar och övervinna rädslan är enda sättet att lära sitt nervsystem att rädslan var överdriven eller falsk.

Jonatan (8) vågade inte gå till skolan för att en pojke i klassen hade skrikit och varit våldsam på rasten en av de första dagarna på höstterminen. Jonatan beskrev sin rädsla för mamman, som kunde konstatera att Jonatan inte varit utsatt för något, utan bara hade blivit skrämd av den andre pojkens raseri. Mamman ville helst få den andre pojken flyttad till annan klass, men detta var helt utsiktslöst. I väntan på att skolpsykologen skulle ta sig an Jonatan, lät hon honom vara hemma ett par dagar. Varje morgon försökte hon dock få honom att gå till skolan, men misslyckades. Hon visade på att "alla andra barn går ju till skolan" och läraren säger "att Lasse inte är farlig". Jonatan blir bara mer och mer motvillig till att gå till skolan.

När mamman "skyddar" Jonatan från att behöva gå till skolan, då stjälper hon honom delvis. Ju längre han får stanna hemma, desto räddare kommer han att bli. Man måste möta det man är rädd för, för att man ska kunna lära sig att det inte är så farligt som det känns.

Mamma följde med Jonatan till skolan och satt med den första lektionen. Fröken och mamma hade kommit överens om att göra en omplacering i skolsalen. Nu fick Lasse platsen snett framför Jonatan. Tidigare hade Jonatan inte sett Lasse på lektionerna, om han inte vände sig om. Jonatan var mycket ängslig och tittade på mamma hela lektionen. På rasten lovade mamma att stå och titta i fönstret medan hon talade med fröken. Hon och fröken lovade att titta ut på barnen på rasten. Det var ängsligt första rasten, men vartefter dagen gick blev Jonatan lugnare. Redan tredje lektionen "måste mamma gå ett ärende" men hade lovat att komma tillbaka senare.

Andra dagen kunde mamma gå hem och komma tillbaka och hämta Jonatan. Sakta men säkert tonades mamma ut från skolsituationen. I slutet av veckan följde mamma inte längre med till skolan och Jonatan pratade inte längre om att han var rädd.

> Att uppmuntra och få den rädde att utmana sin rädsla och möta det som skrämmer så fort som möjligt, är att hjälpa till att bota stark rädsla och ångest. Varje gång han flyr från det skrämmande, när han har ångest, gör honom räddare vid nästa möte med det "farliga".

Vad får människor att följa anvisningar och tillsägelser?

I inlärningslitteraturen hävdas att vi ändrar vårt viljemässigt kontrollerbara beteende snabbast om följande två villkor uppfylls:

- Vi måste bli upplysta och medvetna om vilka villkor som gäller för vårt handlande. Vi blir upplysta om vilka förstärkningar som finns på beteendet och vilka kostnader (böter eller straff), som kan komma av vårt beteende. Vi får helt enkelt veta vilka regler som gäller.

- Därefter måste vi bli övertygade om att villkoren verkligen gäller och att det inte bara handlar om tomma ord. Inga falska hot eller tomma löften har givits, utan det som sagts gäller.

Polisen går ut i radio med att det ska bli många hastighetskontroller i mars månad. Därmed är det första villkoret uppfyllt och vi vet att vi kan undvika böter genom att hålla hastighetsgränserna (negativ förstärkning).

När vi i mars själva kan konstatera att polisbilar står uppställda på åtskilliga ställen och poliskontroller syns lite varstans, då är även villkor två uppfyllt. Vi sänker med stor sannolikhet farten.

För att göra människor mer hörsamma mot uppmaningar och ändra sitt beteende är det därför viktigt att göra personen medveten om de villkor som gäller. Känner man till reglerna, då kan man lättare bedöma hur man ska bete sig. gynnar beteendeförändringen mina syften, så att jag får förstärkning, då blir jag snabbt medveten om hur jag ska bete mig och motiverad att göra det. Därmed är vi inne på ämnet beteendepedagogik eller hur man påverkar en person att ändra sitt agerande.

Att minska oönskat beteende är att se till att beteendet inte ger någon förstärkning. Genom att se till att önskvärt beteende blir förstärkt får man det att öka. Påverkan går fortare om personen blir medveten om att det förhåller sig på detta vis.

Behandling av problem av typ A:
Onödiga och oönskade beteenden

Återigen Plutten, som kastar sig på golvet och skriker i affären, när han vill ha godis eller glass. Det har han lärt sig, genom att han vid några tillfällen lyckats. Mamman är fångad, för hon vet att Plutten slutar skrika, då han får glass. genom att ge honom glass, undviker mamman en mycket pinsam situation.

Pluttens skrikande förstärks då han får glass. Mamman får negativ förstärkning på sitt beteende att ge efter för skriket och ge Plutten en glass. Vår beteendeanalys får följande utseende med orsaksformeln;

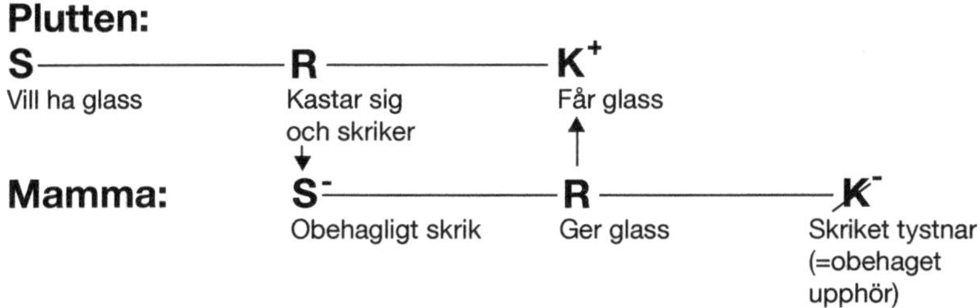

Plutten kastar sig för att få utdelning i form av glass. Mamman tvingas ge honom glass för att få utdelning i form av lugn. Vilka möjligheter finns att lösa detta problem? Kan mamma och Plutten lära sig att umgås på ett nytt vis, då de är i affären? Vad krävs för att detta ska ske?

Eftersom Plutten kan tala är det inte svårt att upplysa honom om vilka regler som gäller i affären.

Regel 1: Den enda möjligheten för Plutten att få glass är att be om den. Mamma kan vara modell för honom och visa hur och vilka ord han kan använda. Samtidigt måste han få veta, att han inte kan få glass varje gång, utan bara då det passar.

Regel 2: Det är fullständigt uteslutet att få glass, om Plutten skriker och kastar sig på golvet i affären.

Mamman måste därefter leva upp till dessa regler. Det får inte bli tomma ord, utan det måste verkligen vara fullständigt omöjligt för Plutten att få glass genom att skrika och bära sig illa åt.

Första gången han ber om glass ska han omedelbart få ett "ja" och en glass. Sedan kan han ju inte få glass varje gång även om han ber, men de första gångerna ska han få det. Därefter kan mamma förhala på det ena eller andra sättet och på så vis glesa ut glassarna. Vid fjärde tillfället Plutten ber, kan mamma ge ett löfte om att få något – glass eller annat – när de kommer hem istället. Skulle Plutten återfalla i skrikandet får det under inga omständigheter leda till att Plutten får glass. På sikt ska han vänja sig vid allt större gleshet mellan glassarna, trots att han gör rätt och ber om det. Vi tränas alla under vår uppväxt att inte alltid få omedelbar behovstillfredsställelse. Det är en del i mognaden att klara besvikelser och att inte alltid få som man vill. Detta är en del av att bli vuxen.

När man försöker påverka beteenden som är fullständigt oönskade, så kallade typ-A beteenden, måste man försöka arrangera så att personen aldrig får förstärkning på sitt oönskade beteende. Man ska aldrig få några fördelar av att göra fel. Samtidigt måste man se till att det finns andra acceptabla beteenden, som kan ge förstärkning.

> Man kan inte bara ta bort ett beteende utan man måste ersätta det med något annat beteende, som kan accepteras och som har möjlighet att ge samma förstärkning.

Historien kan hjälpa oss förstå

Ibland kan det tyckas omöjligt att förstå varför en person beter sig som han eller hon gör. Man kan inte tänka sig några motiv och man vet inte hur man ska angripa problemet. Det förefaller vara omöjligt att göra beteendeanalys. Då kan det vara till hjälp att försöka föreställa sig när och hur personen förvärvat beteendet. Har det lärts genom formning under många år i barndomen? Vad kan i så fall ha varit förstärkningen då? Ibland är det lättare att se förstärkningarna i de tidigare situationerna.

Lille Jon 8 år går i särskolan. Han har ovanan att spotta hela dagarna. Denna typ av okontrollerat spottande är att betrakta som ett typ A-problem. Han gör det tillsynes när som helst och utan uppenbar anledning. Han gör det när han är ensam och "far omkring" (ett hyperaktivt barn) och han kan även spotta på läraren eller assistenten i klassen eller på sina klasskamrater. Det förefaller inte finnas någon systematik i hans spottande. Här-och-nu-situationen kan inte ge någon ledtråd till vilka förstärkningar som får honom att spotta. Vi frågar oss:

- När började Jon spotta? Hur reagerade föräldrarna då? Försökte de att tala honom till rätta eller att banna honom? Med andra ord fick han mycket uppmärksamhet då han spottade? Konkurrerade han på den tiden om föräldrarnas uppmärksamhet med ett mindre syskon? Kan föräldrarnas responser på hans spottande ha varit det som gjorde spottandet funktionellt? Kan deras bannor och "negativa" uppmärksamhet ha verkat förstärkande på Jons beteende?

Kan det ha varit på detta vis? Får han i så fall fortfarande mycket uppmärksamhet med hjälp av sitt spottande? Sannolikt är det så, även om det inte händer ofta. Sådana tillfällen då föräldrar och lärare inte kan undvika att ge uppmärksamhet kan vara exempelvis när man är på kalas, vid besök på teatern eller när klassen sitter i biosalongen eller sitter i kyrkan på skolavslutningen. Dessa tillfällen gör beteendet än mera provocerande och ger då extra uppmärksamhet. I varje fall ger det då och då så mycket uppmärksamhet att det förstärks glest, men tillräckligt ofta för att inte bli utsläckt.

Den glesa förekomsten av förstärkningar (uppmärksamhet från föräldrarna) gör att spottandet används än mera vid de tillfällen då Jon vill ha uppmärksamhet. Det krävs flera spottningar för att få föräldrar och lärare att börja banna. På detta vis tränas spottandet in till att bli överinlärt och överanvänt, nästan "automatiskt", genom intermittent förstärkning.

Genom att försöka reda ut när och hur ett beteende har förvärvats kan man i vissa fall få tips om vad som förstärker det i nutiden. Det behöver dock inte betyda att förstärkningarna är desamma idag. Förstärkningarna kan mycket väl förändras över tiden och vad som motiverade första gången behöver inte ha något att göra med varför man gör det tre år senare.

Förstärkningarna är inte konstanta

Första gången man smygrökte var förstärkningarna kanske att man ville testa, för att man var nyfiken, att man ville känna sig som en i gänget, att man ville vara tuff och känna sig vuxen. När man tio år senare röker har beteendet helt andra förstärkningar och inte en enda av de ursprungliga förstärkningarna finns kvar.

Ett av de stora problemen med att göra beteendeanalys på barn eller utvecklingsstörda är att man sällan kan räkna med hjälp från den person som har problemet. Detta är lättare när det gäller vuxna, som själva söker hjälp för sina problem. Barn över huvudtaget är omotiverade att låta sig intervjuas om "känsliga" detaljer, som de är ängsliga eller generade för och de kanske inte ens anser sig ha något problem. Den utvecklingsstörde kan ibland på grund av sitt handikapp inte bidra till beteendeanalysen med någon information.

Exempel på typ-A beteenden.

Att skada sig (ex vis skära sig, slå sig)	leder till lidande och andra problem
Att mörda	olagligt
Att stjäla	olagligt
Att mobba och plåga andra	ger lidande, otillåtet mm.
Att plåga djur	olagligt
Att kasta sig på golvet i affären	genant

Behandling av problem av typ B:
Brist på färdigheter och kunskaper

Ahmed (11) har kommit ny i klassen. Han kan inte mycket svenska. Han slåss och han hotar och är allmänt mycket aggressiv. Får han inte som han vill blir det ofta slagsmål. Om två kamrater drar sig undan och pratar och skrattar kan han bli mycket aggressiv.

Ahmed har svårt att förstå vad de andra barnen säger. Han tror att de skrattar åt honom och han vet inte hur han ska få vara med i deras gemenskap. Han tvingar sig med. Hellre en rädd kamrat då och då än ingen kamrat alls.

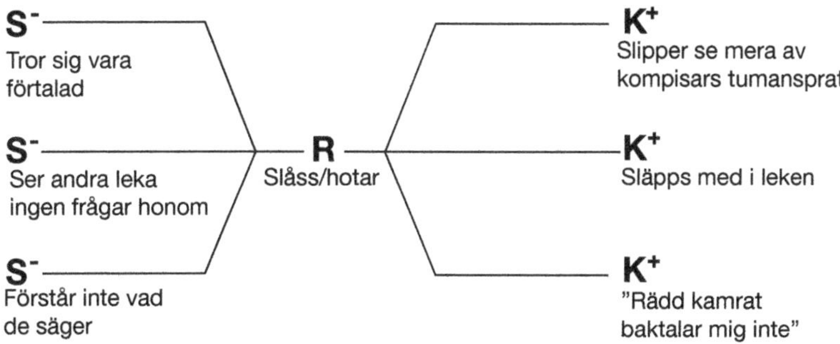

Ahmed har brister i sina språkliga och sociala färdigheter som gör att han missförstår och detta får honom att använda sina aggressiva beteenden. Han vet inte heller vad han ska göra istället, då han saknar alternativ.

Brister i beteendet kan i allmänhet rättas till genom inlärning av de saknade beteendena. Ahmed kan sannolikt lära sig tala bättre svenska, men det räcker nog inte. Han måste också lära sig att ta kontakt och att vårda ett kamratligt förhållande, vilket inbegriper en rad sociala beteenden eller färdigheter.

Beteendebrister rättas till med inlärning av de saknade färdigheterna.

Lilla Sara 1,5 år skriker så snart hon inte får som hon vill. Varför? Jo, för att ibland ger hennes föräldrar med sig. När så sker har Saras skrik en funktion, det är ett effektivt sätt att påverka "omgivningen". Detta kan skrivas;

Problemet kan inte lösas genom att man inte ger Sara en bulle, när hon skriker. Visserligen blir Saras skrikande ineffektivt, så hennes motivation skulle minskas om skriket konsekvent bemöttes så. Men Saras problem är inte ett överskottsbeteende typ A, utan beror på att Sara ännu inte lärt sig något annat och mer effektivt sätt att påverka sina föräldrar. Hon har inte något språk att använda för att få en bulle. Hon har en brist i sitt beteende – typ B.

Har Sara möjligheter att lära sig ett annat beteende som har samma förstärkning (en bulle) och som kan accepteras. Vilken inlärningsmetod eller strategi bör man välja med tanke på hennes ålder? Om vi aktivt väljer att lära henne ett annat sätt att be om bulle så kommer det sannolikt att gå mycket fortare att få henne att inte skrika för att få bulle.

Med stigande ålder lär sig Sara mer effektiva handlingar, som hon kan utnyttja för att få en bulle och annat. Detta är vad som sker automatiskt i många fall. Föräldrar och lärare gör inget aktivt för att påskynda inlärningsprocessen, men det kan ordna sig ändå. När det gäller utvecklingsstörda och små barn kan det påskynda om man aktivt lägger inlärningssituationen till rätta, för att göra det möjligt för barnet att lära in effektiva handlingsmönster. Om barnet saknar möjlighet att lära sig kommunicera med talspråk, så måste man kanske välja något alternativt kommunikationssätt – teckenspråk, bliss (pek-bild-språk).

Problem av typ B uppfordrar till att besvara frågan: Vad bör denna person lära sig, för att klara sig bättre i denna situation?

Svaret på den frågan ska vara en handling, som har samma funktion som problembeteendet, men som helst är effektivare. Man bör även bestämma hur man rent pedagogiskt ska lösa uppgiften. Man måste också vara mycket exakt vid val av beteende som ska läras. Det är inte till mycket hjälp att exempelvis bara säga att han måste lära sig teckenspråk. Istället måste man vara mer noga i detalj och ange vilka tecken som bör väljas och i vilken ordning de bör läras och hur de ska läras. Det för honom viktigaste lärs först, så att förstärkningarna kommer fort. Förstärkningsstyrning ska komma fort.

I den pedagogiska uppgiften ingår att lägga upp en detaljplan, där man även tar hänsyn till elevens förutsättningar och till det material som skall läras in.

Vilket beteende fattas? Hur ska det lämpligast läras in och tränas?

Det finns åtskilliga problembeteenden i denna typ eller kategori (beteendebrister), här är några exempel:

Att inte kunna sköta sin hygien	leder till obehag och kanske isolering
Att inte behärska det inhemska språket	kan leda till isolering
Att inte kunna den sociala koden	kan leda till isolering
Att inte kunna umgås med andra	kan leda till isolering
Att inte kunna arbetsuppgifterna	kan leda till avskedande/dåligt självförtroende
Att inte kunna telefonbeteenden	kan leda till att man blir missgynnad
Att inte kunna kontrollera sitt humör	kan leda till ödesdigra felsteg
Att inte kunna sköta sin ekonomi	kan leda till ekonomiska svårighetcr
Att inte kunna småprata med andra	kan leda till att man drar sig undan och isoleras
Att man saknar beteenden och förståelse som krävs i en kultur	kan leda till att man använder oönskade beteenden
Att inte kunna/våga säga "Nej"	kan leda till att man hamnar i tråkigheter med för mycket sprit, missbruk, kriminalitet osv

Behandling av problem av typ C: Att göra något till överdrift

Göran 12 år som går i femte klass har svårt att få kamrater. Vissa av kamraterna tycker att han är larvig och inte rolig att leka med. Andra tycker att han är tjatig och tröttsam. Men Göran är inte ensam för han har funnit ett effektivt medel att "till nöds" accepteras. Han köper kamrater med att ständigt ha godis att bjuda på.

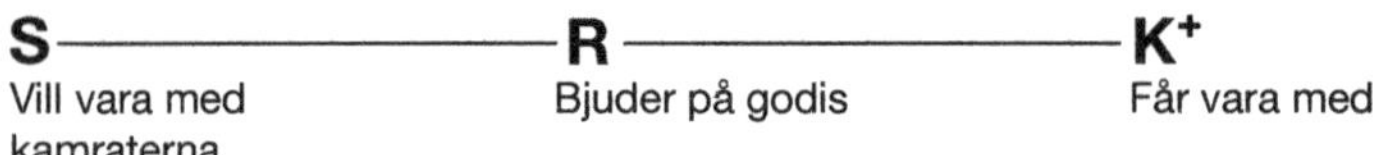

Göran bjuder på godis för att få vara med. Att bjuda på godis är en handling som i högsta grad är lovvärd, men när den går till överdrift och när den används i detta syfte då är det fel.

Ett beteende som utförs till överdrift och kanske i sådan omfattning att det skadar, irriterar eller försvårar är ett typ C beteende. Man måste vid behandling av denna typ av problem ta reda på vilka förstärkningar, som gör beteendet så värdefullt. När man vet det söker man alternativa handlingar och färdigheter, som Göran kan använda för att uppnå samma syfte. Man söker naturligtvis beteenden som kan accepteras. Kanske har Göran redan färdigheter som han kan använda, men han har inte förstått att han kan använda dessa istället för att köpa kompisar med godis. Vi måste undersöka om Göran har sociala färdigheter, som kan göra honom attraktiv utan godis.

Kanske kan vi inte lita på Görans naturliga attraktionskraft, kanske ingen har upplyst honom om sidor hos honom, som irriterar och stöter andra barn. Det är viktigt att få bekräftelse på vad som är bra och vad som kan göras annorlunda, om man skall kunna forma värdefulla sociala färdigheter. Det är genom sådan formning vi finslipar våra sociala färdigheter.

Att bara säga till Göran att inte bjuda eller "köpa" sina kamrater hjälper honom föga. Vi måste uppmuntra honom att använda andra beteenden för att få kompisar. När han då prövar dem får vi hoppas att han får förstärkning på dem, så att han vill fortsätta med dem. Det vi försöker göra är att konkurrera ut "kamratköpen" med mera lämpliga och uthålliga beteenden. Det är avgörande för Göran att han får vänner och gemenskap (förstärkning) med sina nya beteenden.

När ett beteende eller ett handlingsmönster används alltför mycket, är detta en indikation på att beteendet har mycket starka förstärkare och ibland även att alternativa beteenden som är lika effektiva saknas.

Det finns åtskilliga problembeteenden i denna typ eller kategori (göra för mycket av något), här är några exempel:

Att äta för mycket	*leder till fetma och övervikt*
Att röka för mycket	*kan skada hälsan*
Att arbeta för mycket	*kan ge hälsoproblem*
Att motionera för mycket	*kan ge skador*
Att tvätta sig för mycket	*benämns tvättvång*
Att kontrollera spis och kaffekokare	*benämns tvångssyndrom*
Att spela bort pengar	*benämns spelmissbruk*
Att dricka för mycket alkohol	*benämns alkoholism*
Att prata för mycket om andra	*benämns skvallra*

Behandling av problem av typ D: Att göra för litet av något

Axel 14 år, går i åttonde klass. Han är begåvad, men verkar sakna intresse och ambitioner fullständigt. Han struntar i läxor, skolkar ibland och bryr sig inte om sina misslyckanden.

Varför beter han sig inte som vi hoppas och förväntar av honom? Brist på beteende beror på för lite förstärkning.

Det kan också finnas alltför stark motivation att göra något konkurrerande beteende. Pojken som inte läser sina läxor, kanske väljer ett mera förstärkt beteende exempelvis att spela datorspel.

En tredje orsak till för lite beteende kan vara att personen är rädd för att göra beteendet. På grund av rädsla för ångest kan människor avstå från många beteenden. Undvikande kan vara orsaken till att ett beteende används alltför lite.

I Axels fall skulle det kunna bero på rädsla för att bli utesluten ur gänget eller för att misslyckas. Det är ju lättare att acceptera dåliga betyg på grund av slöhet än av dumhet.

Axel tycker helt enkelt att skolan är trist och betydelselös. Det är ointressant vad han får för betyg och yrkesvalet är "urlöjligt". Huvudsaken är att man tjänar pengar. "Alltid finns det nå't jobb." Han lever istället helt och fullt för kompisarna och gänget. Skolan saknar funktion för honom. Det kan skrivas:

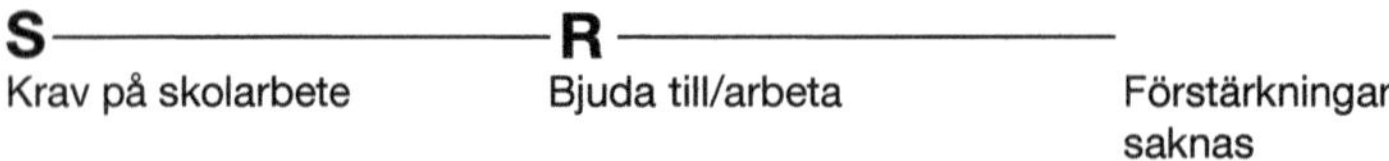

Varför ska han arbeta i skolan? Skolans krav möter han med att göra ingenting, eftersom det inte är roligt och inte leder till något. Det har ingen vettig funktion att fylla för honom.

Har Axel något annat beteende som förser honom med det han vill och som därför gör att skolan är ointressant? Förstår han de långsiktiga konsekvenserna av att bete sig som han gör?

Axels föräldrar har aldrig varit intresserade av hans skolgång eller hans resultat. De har aldrig lärt honom att det är värdefullt att lyckas i skolan eller att man kan ha nytta av en framgångsrik skoltid som vuxen. De har aldrig haft några ambitioner för honom och de förefaller inte ens förstå att han är begåvad.

Hur kan man då tänka sig att öka motivationen för Axel att anstränga sig i skolan?

Finns det något ämne eller del av skolarbetet som Axel kan tänkas uppskatta att lyckas i? Om man kan få honom att anstränga sig så mycket att han lyckas, då kanske man kan ge honom smak på framgång. Det vore att lära honom att uppskatta förstärkningen "framgång". Ett intensivt program för syn på skola och utbildning måste startas, så att Axel inser skolans betydelse. Etablera en ny omständighet som gör skolarbetet förstärkande. Kanske föräldrarna kan upplysas om att deras son i själva verket skulle kunna få ett bra och välbetalt yrke, för att han är så begåvad?

Ett sätt att öka Axels motivation för skolarbete kunde vara att på konstlad väg göra skolarbetet mödan värd. Föräldrarna skulle kunna ställa i utsikt att Axel får en moped om han förbättrar sitt betyg till en fastställd nivå. Detta förutsätter att föräldrarna ändå har för avsikt att ge honom en moped och är villiga att samarbeta. På detta sätt skapar man ett konstlat intresse för Axel att ändra sitt beteende och så hoppas man att han på sikt ska bli intresserad av själva arbetet och lärandet.

För att programmet ska ha en möjlighet att lyckas måste mopeden delas upp i mindre delar eller småförstärkningar. När Axel beter sig på det sätt vi önskar och som leder mot allt större kunskaper (och detta är klargjort på förhand hur det ska mätas), då får han en inteckning i den kommande mopeden. För att göra det tydligt kan han "tjäna in" mopeden i procentdelar eller ännu mindre delar.

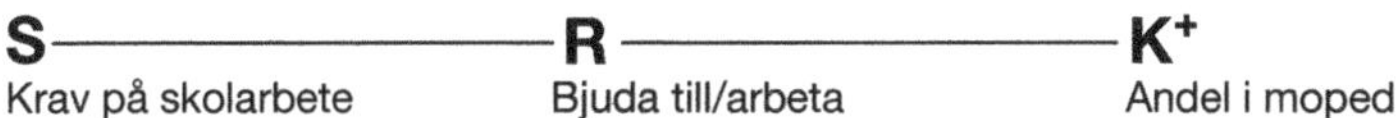

Att äta näringsriktig mat är ett beteende som förekommer för litet. Människor hävdar att de inte tycker om grönsaker. De lockas att äta fet och onyttig mat som hamburgare och pizzor, så att äta nyttigt sker för sällan – ett typ D problem. Ibland beror det också på att smååtande av godis och snacks mellan målen.

Detta problem löses enklast, om man ser till att vara hungrig (motiverad) när måltiderna faller in och att inget annat än nyttig mat finns att tillgå då hungern är som störst. Möjligheten att smååta onyttigt mellan målen måste förhindras.

Det förekommer bland utvecklingsstörda att de missköter sin hygien. Även om man behärskar de erforderliga beteendena för att hålla sig ren och sköta sina tänder, så gör man det inte. De behärskar konsten, men saknar motivation att göra det. I detta fall är det inte någon annan handling som förtar motivationen, utan man är bara ointresserad och omotiverad. Att komma till rätta med detta problem innebär att förstärkningar måste tillkomma. Personen måste inse och känna att handlingen är förstärkande för honom. Det är enklare sagt än gjort. I de allra flesta fall måste man till en början skapa konstlad motivation dvs. ge handlingen en "skapad" förstärkning. Dessa konstlade förstärkningar kan på sikt slopas, efter det att personen lärt sig uppskatta de naturliga förstärkningar som det innebär att känna sig fräsch. Naturlig förstärkning har uppstått, då personen tycker det är skönt att hålla sig ren.

De konstlade förstärkningar som man tillgriper, kan vara att man erbjuder något positivt efter det att tänderna är borstade och duschningen är klar. Något uppskattat exempelvis att läsa ett kapitel i en bok tillsammans. En förutsättning är då, att personen verkligen uppskattar att läsa tillsammans. Man väljer helt enkelt att göra något för personen verkligen attraktivt, efter det att det tråkiga är gjort. Det ointressanta beteendet blir intressantare genom att det leder till något roligt.

Först görs det tråkiga och därefter kommer det roliga. Ät upp köttet och potatisen först, sedan får du efterrätt. Plocka ordning på ditt rum först, så busar vi sedan.

Det finns åtskilliga beteenden i denna kategori av problem typ D (att göra för litet av något), här är några exempel:

Att äta för litet	*i allvarliga fall kallat anorexia*
Att läsa läxorna för litet	*leder till misslyckanden i skolan*
Att arbeta för litet eller inte alls	*kan skada självförtroende, ekonomi, ge depression*
Att röra sig för litet	*kan ge sjukdomar*
Att betala för lite skatt	*är olagligt*

Behandling av problem av typ E
Önskat beteende, men i fel situation

En senildement liten dam på en avdelning för dementa började helt plötsligt att kissa på golvet i sällskapsrummet. Det var ett helt nytt problem, som skedde allt oftare för varje dag. Behandlingsteamet sammankallades. Vid sammanträdet kunde man konstatera att damen, som tidigare aldrig hade gjort något liknande, hade börjat med detta i samband med att hon flyttades till en ny avdelning. Personalen hade bemött den första malören med att tala om för henne, att det var fel och att hon inte fick göra så. Därefter hade man fört henne till toaletten och satt henne där. Vid några tillfällen, då hon kissat på sina kläder, hade man hjälpt henne att byta och duschat av henne.

Det faktum att det skett flera gånger och allt oftare talar för att hon blivit förstärkt när hon kissade i sällskapsrummet. Vilken förstärkning kan ha fått damen att kissa i sällskapsrummet? Hon hade i hela sitt tidigare liv vetat att man uträttar sina behov på toaletten. Man kan inte förklara att beteendet stegrades så snabbt, med att hon var dement. Men man kan sannolikt sluta sig till, att hon gjorde fel första gången på grund av sin demens.

Sannolikt hade hon vid ett eller några tillfällen inte hittat toaletten på den nya avdelningen. Vid ett sådant tillfälle hade hon i sin nöd kissat på golvet. Det hade medfört att personalen genast tog sig an henne på ett enastående sätt. Kissandet på golvet gav damen ensamkontakt med personalen, hon fick duscha och hon fick nya kläder. genom en tillfällighet hade den gamla damen lärt sig (formning) att effektivt knyta en personal till sig en stund, förutom en rad andra positiva saker som duschning, nya kläder.

Alltså:

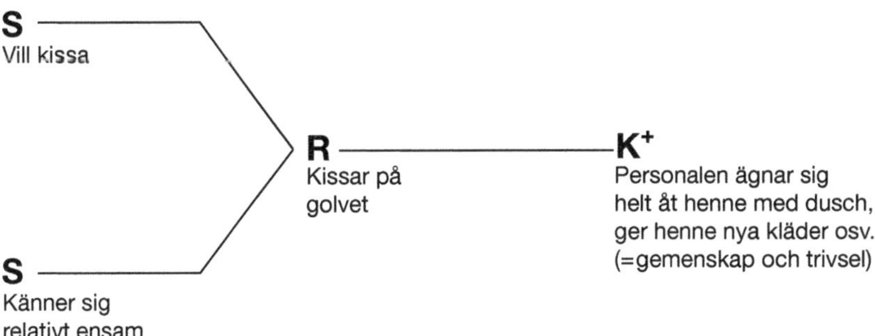

Anledningen till det ökade kissandet på golvet är, enligt denna analys, att den lilla damen har fått kraftig förstärkning på att kissa på golvet. Hon har mera "glädje" av det, än av att kissa på toaletten. Problemet som uppstått genom en tillfällighet är av typ E. Ett önskat och naturligt beteende utförs på fel plats.

Hur ska man nu göra för att motivera henne att gå på toaletten igen? Vad krävs för detta?

Så snart man kunde se förklaringen till beteendet kunde personalen vidta åtgärder. Man började påminna damen om att gå på toaletten och även visa henne dit. Man tog sig lite extra tid med henne, utan att hon hade kissat på golvet. Hon fick således förstärkning (personalkontakt) när hon gjorde rätt. När hon däremot kissade på golvet, gjorde man kontakten "minimal", genom att bara göra det absolut nödvändigaste. Dessutom väntade man en stund med att göra det nödvändigaste, som damen upplevde förstärkande, bara för att hon inte skulle koppla ihop "kissa på fel ställe" med att "trevliga saker händer".

Samtidigt försöker man tillgodose damens behov av sällskap i spontana situationer, så att hennes "sällskapstörst" inte ska behöva växa sig så stark, vilket är att etablera en ny omständighet eller nya förutsättningar (establishing operation).

Alltså:

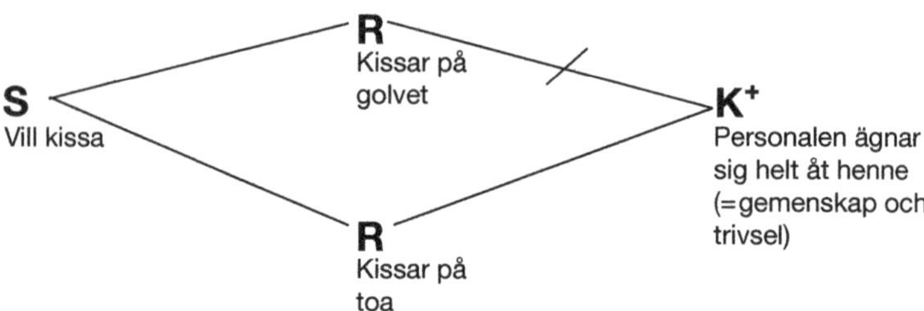

Jörgen är i själva verket en osäker och känslig pojke, vilket man inte märker i första taget. Istället gör han intrycket av att vara lite aggressiv och klassens lustigkurre. Jörgen har under årens lopp format ett sätt att klara sig i (fly från) situationer, som han upplever generande. Sådana situationer är när han inte kan svara på frågan eller när han svarar fel. I sådana situationer säger han något "dräpande" till läraren eller spexar. Ofta går hans spex ut på något lustigt eller generande för läraren, som alla elever känner till. Detta leder till skratt eller fniss och att uppmärksamheten dras från hans "misslyckande".

Alltså:

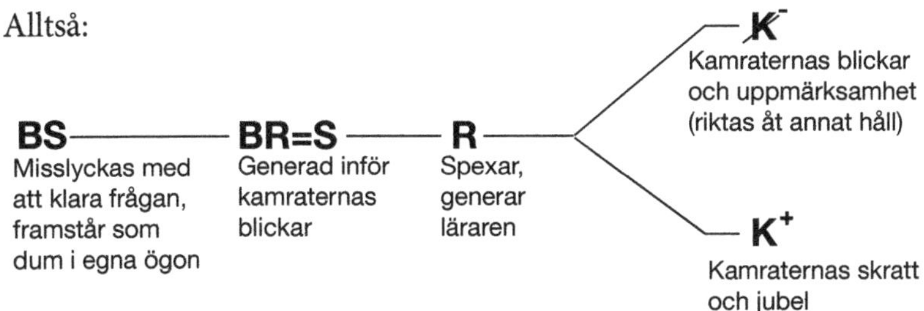

Att spexa och vara rolig är ett i högsta grad önskvärt beteende, men i vissa situationer, är det inte passande (typ E problem). Jörgen använder spexandet som ett flyktbeteende och i fel sammanhang.

Vilka alternativ finns till att genera andra, för att själv ta sig ur en generande situation? Det vanliga är att man tar sitt obehag och står utmed det. Man låter det ha sin övergång, utan att göra något åt det. Fel gör alla och det är sådant som man får ta. Det är bara att acceptera att det känns obehagligt och pinsamt.

Om läraren i samtal med Jörgen talar om att hans spexande är sårande, kanske de kan komma till någon form av uppgörelse eller samförstånd. Läraren kanske får möjlighet att berätta att alla människor känner sig dumma och generade ibland och att det är oundvikligt. Ingen kommer undan. Han kanske också får tillfälle att berätta hur han själv gör när han hamnar i en sådan situation – att hålla masken och inte låtsas om att man blir generad.

Ett annat sätt kan vara att erkänna att man är generad och tala om att man känner sig dum på ett fullständigt självklart sätt, men detta är kanske det svåraste och tuffaste sättet, som inte många klarar.

Ett tredje sätt kan vara att erkänna att man inte vet det riktiga svaret eller vad man ska svara. Alla kan ju inte alla svar och det är bara att acceptera. Kanske läraren vågar beröra att Jörgen med sina kommentarer försätter läraren i en generade situation lik den Jörgen hatar att komma

i. Den förståelsen kanske kan få Jörgen att tänka sig för och bli motiverad att inte fortsätta med sitt sårande spexande.

I utbyte kan läraren lova att inte fråga Jörgen om saker som han vet att Jörgen inte känner till och dessutom se till att Jörgen inte onödigtvis hamnar i pinsamma situationer eller blir "satt på pottkanten".

Det finns åtskilliga problembeteenden i denna typ eller kategori E (göra tillåtna eller önskade beteenden på fel ställe eller i fel situation), här är några exempel:

Att rapa vid matbordet *(istället för när man är ensam).*

Att kissa i byxorna *(istället för på toaletten).*

Att bråka med någon som man inte har något otalt med *(istället för mot dem man är arg på).*

Att vara aggressiv mot snälla och fridfulla personer *(istället för mot sina ovänner).*

Att göra sig lustig på annans bekostnad *(istället för mot dem som själva skojar).*

Att klä av sig naken bland folk *(istället för att klä av sig hemma i sovrummet).*

Att tala högt i läsesalen på biblioteket eller i biosalongen under filmen *(istället för att respektera de andras behov av att ostörda få se filmen).*

Att ha för högt ljud på TV:n så att grannarna störs *(istället för att respektera att de vill sova).*

Att svänga till vänster, när den mötande har förkörsrätt *(istället för att följa högerregeln).*

Att köra mot rött ljus *(stället för att vänta på sin tur med grönt ljus).*

Att parkera på privat parkering *(istället för att välja allmän parkering).*

Att röka i rökfri kupé på tåget *(istället för att uppsöka rökkupé).*

Att tala högt i mobiltelefonen på restaurangen *(istället för att respektera övriga gästers måltid).*

Att vara "otrogen" *(istället för att hålla sig till sin egen partner).*

Steg 4 i beteendeanalysen

När man tror sig ha funnit alla betydelsefulla funktioner eller förstärkningar (**K**) och alla aktiverande faktorer i situationen (**S**), då är det dags att sätta samman sin formel. Det är en god kontroll av analysen att se om logiken håller. Det är logik i analysen om själva beteendet eller handlingen (**R**) knyter ihop situationsfaktorerna (**S**) med **K** (förstärkningarna). Man ska se att personen använder handlingen (**R**) i denna situation (**S**) för att komma åt förstärkningarna (**K**). I följande exempel framgår logiken genom att eleven får svara på frågan (**K**$^+$), vilket han ville (**S**), tack vare att han räcker upp handen (**R**).

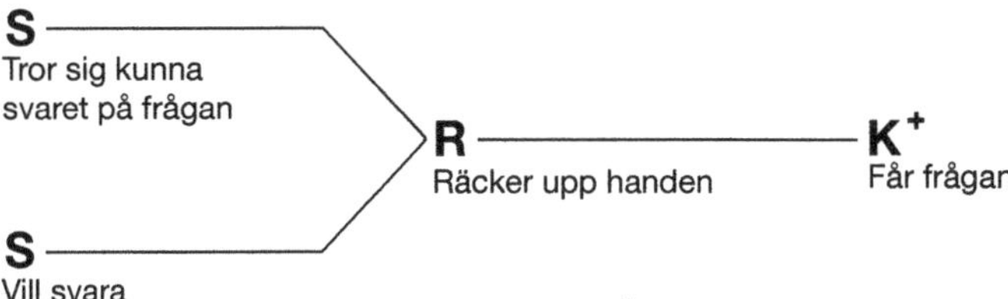

Logiskt blir det om man kan utläsa formeln där de små orden "gör att" och "leder till att" får ersätta strecken och det låter vettigt. Exemplet ovan kan också utläsas. Pojken kan svaret och vill svara på frågan (**S**), vilket gör att han räcker upp handen (**R**). Det leder till ökad chans att han får svara (**K**$^+$).

Även i mer komplicerade formler bör man kunna läsa för att se om det finns logik mellan **S**, **R** och **K**.

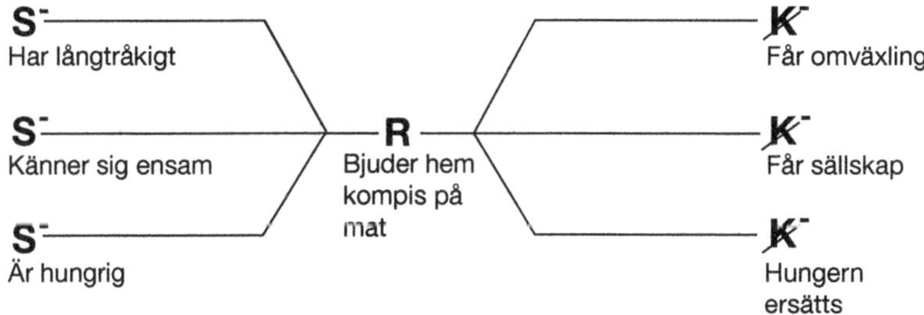

Även i denna formel finns logiken. Sonja är hungrig, har det tråkigt och känner sig ensam, vilket gör att hon bjuder in sin kompis på mat. Beteendet **R** leder till att Sonja både får sällskap, blir mätt och att långtråkigheten bryts.

I den färdiga beteendeanalysen ska beteendet (**R**) på ett trovärdigt sätt binda samman de faktorer i situationen (**S**) som utlöser beteendet med nyttan av beteendet (**K**).

BETEENDEPÅVERKAN – ATT TILLÄMPA BETEENDEANALYSEN

I förra kapitlet redogjordes för hur man gör beteendeanalys. I det här kapitlet ska vi redogöra för hur man kan utnyttja beteendeanalysen för att välja effektiva åtgärder.

Vi har redan konstaterat att alla problem med beteenden kan beskrivas som att de antingen är överskottsbeteenden eller som att de är underskottsbeteenden. Problemet är alltså, att beteenden antingen används för mycket eller för lite.

Att påverka det problematiska beteendet handlar därför om, att antingen få beteendet att minska i frekvens eller styrka eller också att få det att öka. Detta gäller samtliga problemkategorier A till D, som diskuterades i förra kapitlet. I problemkategori E handlar också om för mycket eller för lite i specifika situationer.

Eftersom mängden beteende avgörs av förstärkningarna, som beteendet får, måste tillämpad beteendeanalys gå ut på att kontrollera förstärkningarna. För att påverka beteendet måste vi alltså känna till vilka förstärkningar beteendet styrs av.

När vi letar efter förstärkningar måste vi hålla i minnet att dessa kan vara av två olika slag – positiv respektive negativ förstärkning. Positiva förstärkningar som innebär att beteendet följs av något positivt som gör det värdefullt att använda. Exempelvis pojken som snattar för att få godis. Negativa förstärkningar, innebär att något negativt undviks eller minskas tack vare beteendet. Kvinnan med hissfobi undviker att ta hissen för att hålla ångesten borta.

Att välja behandlingsåtgärd

Lasse i sjätte klass slår med bänklock och slamrar med penna och linjal för att få uppmärksamhet från läraren. Uppmärksamheten är ett förstadium till hjälp av läraren. Lasse har lärt sig detta, genom att han vid något tillfälle inte lyckades påkalla lärarens uppmärksamhet på vanligt vis. Han dunkade och slamrade vid ett tillfälle, då fick han däremot omedelbart lärarens uppmärksamhet och hjälp. Inlärningen av beteendet skedde mer eller mindre som ett verk av slumpen, genom formning.

Nu slamrar Lasse med linjal till de andras förtret mycket ofta. Problemet kanske verkar trivialt eller enkelt, men stör trivseln för hela gruppen och irriterar läraren som behöver sitt tålamod till andra saker. Naturligtvis har läraren talat med Lasse om att låta bli att göra på detta vis. Han har även vädjat till honom att låta bli. Trots detta fortsätter Lasse att slamra. Men varken läraren eller Lasse är medvetna om vad som förstärker beteendet. Man inser inte att han gör det, när han kört fast och vill ha hjälp snabbt.

Att slamra är ett effektivt sätt för Lasse att få snabb hjälp. Lasse får förstärkning på sitt slamrande. För att snabbt få slut på slamret skyndar läraren till Lasse. Läraren får då negativ förstärkning genom att slamret upphör.

Vår analys kan skrivas:

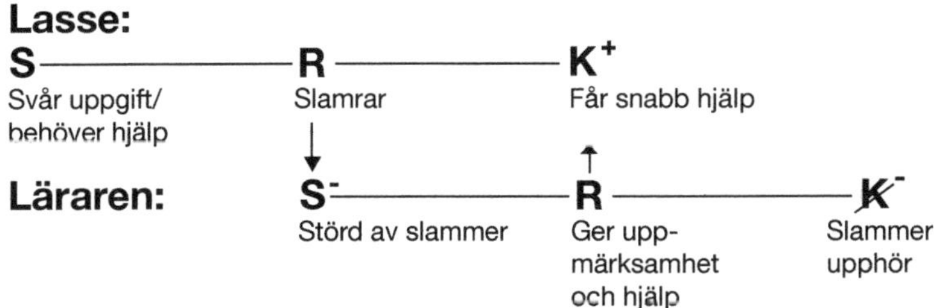

Vi är övertygade om att denna analys är korrekt och bestämmer oss för att göra något för att motverka Lasses störande. Till att börja med kan vi konstatera att Lasses störande beteende är ett problem av typ A (Ett överskottsbeteende som är oönskat och aldrig nyttigt). Detta säger oss att vi måste angripa beteendet, genom att minska motivationen för det.

När vi ska göra vårt behandlingsprogram finns tre vägar att följa. Väg 1 och 2 riktar in sig mot att förändra motivationen, medan väg 3 syftar till inlärning av ett ersättningsbeteende. Vid beteendeproblem måste vi vanligen beträda alla tre vägarna.

Väg 1

Väg 1 går ut på att förändra den situation som utlöser problembeteendet. Det kan handla om att tillfredsställa det utlösande behovet eller att förändra andra utlösande situationsfaktorer. I Lasses fall skulle det kunna innebära att tillfredställa "behovet" av att få lärarhjälp innan han hinner börja slamra. Det kan möjligen också handla om att ge honom lättare uppgifter, så att han inte kör fast.

I inlärningstermer innebär väg 1 att man söker minska eller helt ta bort den eller de viktigaste och utlösande faktorerna (S) i situationen. Rent praktiskt går läraren till Lasse då och då utan att han slamrar och ser till att han inte hamnar i ett desperat behov av hjälp. Spontant gör nog inte en lärare så med den elev som är en mycket vanlig källa till irritation för honom/henne. Det vanliga och "naturliga" är nog istället att läraren "tjurar till" och tänker lära Lasse att ge sig till tåls. genom insatser på väg 1 blir dock Lasses behov mindre av att använda sitt störande beteende.

Väg 1 innebär att läraren ska eftersträva att ge Lasse uppmärksamhet och framförallt hjälp oftare och spontant, utan att Lasse ska behöva slamra och störa. Fullt ut innebär väg 1 att man helt tillfredsställer Lasses behov av hjälp. Detta låter sig sällan göras utom möjligen vid undervisning i liten grupp eller enskilt.

Om behovet av att slamra dvs. få hjälp inte längre hinner uppstå, då kommer inte Lasse att störa för att få något han redan har. Väg 1 är alltså att undvika att problembeteendet över huvud taget uppstår.

Väg 1 kan skrivas:

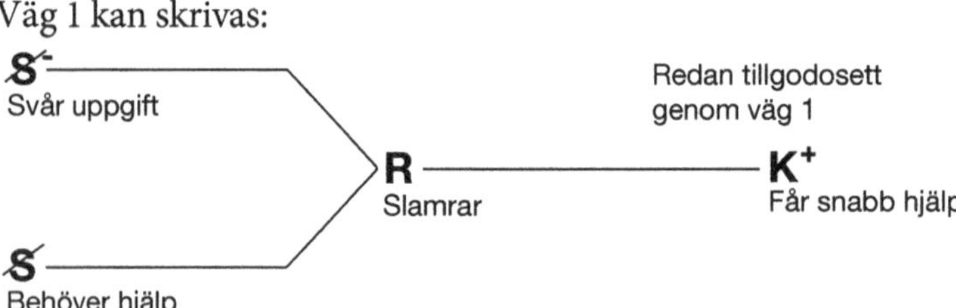

En av beteendeanalysens viktigaste uppgifter är att avslöja och sätta sökarljuset på otillfredsställda behov, brister och felaktigheter i miljön, så att de kan rättas till. Därigenom kan motivationen att lära eller använda störande och oönskade beteenden minskas.

> Väg 1 innebär att man förutser och undanröjer de stimuli (S), som startar det problematiska beteendet.

Räcker det med att gå på väg 1 för att råda bot på ett problembeteende?

Läraren kan möjligen tillfredsställa Lasses behov av uppmärksamhet och stöd till en viss gräns, men att helt förhindra att Lasses behov av hjälp och av att slamra går inte. Lasse kan ju även börja använda sitt beteende i annat syfte. Slamrandet kan bli ett sätt att få ett välkommet avbrott i trista övningar. Och ett sätt att roa sig och sina kamrater med att göra läraren arg. I så fall har beteendet fått flera funktioner och då kan det bli omöjligt att täcka alla upptänkliga behov.

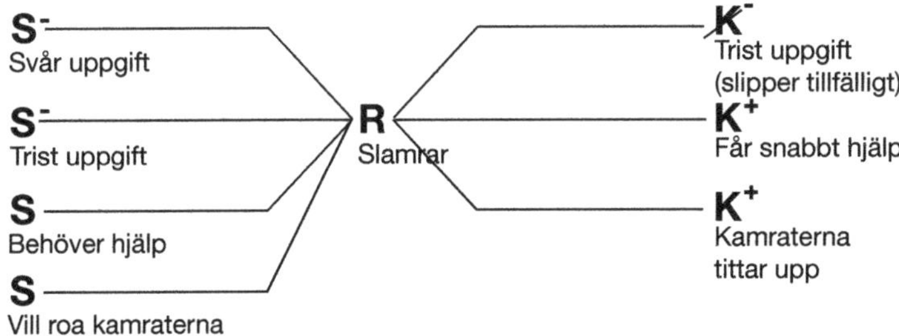

Väg 1 blir ohanterlig om det är alltför många situationsfaktorer som ska pareras. I Lasses fall kan det vara svårt att alltid se till att Lasse klarar alla uppgifter eller alltid vara beredd att hjälpa honom inom några sekunder från att han kört fast. Likaså kan det vara omöjligt att se till att han får roa sina kamrater. Väg 1 i behandlingsarbetet är därför inte tillräcklig, även om den är lovvärd och kan följas inom rimliga gränser, för att rätta till konstigheter i situationen och ta bort onödiga provokationer.

Ska man vara riktigt noga är väg 1 inte någon behandlingsinsats. Lasse lär sig inget av väg 1 och förändras inte av åtgärder på väg 1 till nästa gång. Väg 1 är behandling av miljön för att göra den mindre problemutlösande och mindre "provocerande". Ett tillrättaläggande av situationen kan mycket väl behöva göras, även om det sällan räcker för att lösa problemet.

Mogens en döv, utvecklingsstörd 23-årig man med nedsatt syn, hade ett tillsynes omättligt behov av kroppskontakt och närhet. För att möta detta hade man på det elevhem, där han bodde, utökat personalen med tre heltidstjänster. På detta vis hade man kunnat göra det möjligt för Mogens att alltid få hålla någon i hand under sin vakna tid. En av personalen var alltid nära Mogens och höll hans hand eller "krokade" arm med honom, till och med när han skulle somna låg en personal ovanpå hans säng. Han hade någon nära sig 20 timmar om dygnet – varje dygn, år efter år.

När den person som höll hans hand exempelvis ville röka, måste en ersättare genast komma och ta "över" handen. Mogens startade sitt våldsamma självskadande, när han lämnades mer än 10 sekunder utan någon att hålla i handen. Denna "ordning" fortgick under flera år utan att Mogens "behov" av närkontakt kunde tillfredsställas.

Exemplet visar att "behov" inte alltid kan fyllas utan ibland växer och till slut framstår som omöjliga ovanor. I Mogens fall hade man dessutom gjort en felaktig beteendeanalys. Man hade inte förstått att beteendet även hade andra funktioner. Mogens självskadande förhindrades visserligen genom att man höll hans händer (väg 1) men han lärde sig inget av det.

Väg 1 måste därför kompletteras med andra insatser.

Väg 2

Den andra vägen vid utformning av behandlingsprogram, betyder att man helt enkelt beslutar att se till att beteendet blir utan förstärkningar. Därmed ska beteendet bli ointressant att göra – leder till utsläckning.

Väg 2 när det gäller Lasse går därför ut på att han inte ska uppnå det han önskar med sitt slamrande. Beteendet ska inte längre leda till förstärkning. Läraren bestämmer således: "Jag går inte till Lasse för att hjälpa honom i samband med att han slamrar och stör. Jag gör det dock gärna när som helst annars, men absolut inte vid eller efter slammer." Det läraren då försöker åstadkomma är en utsläckning av slamrandet.

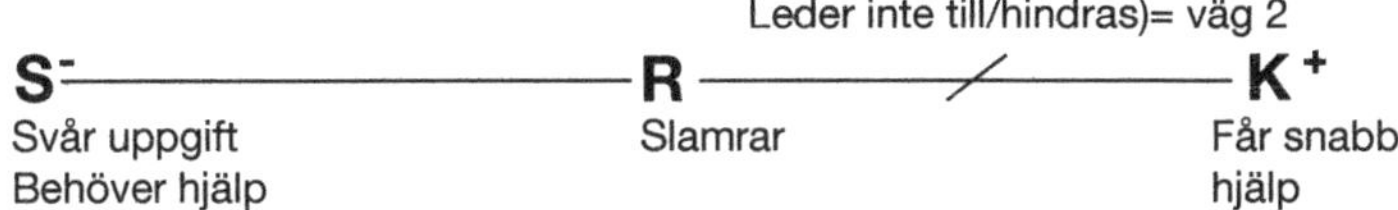

I praktiken betyder det, att läraren måste stålsätta sig att över huvud taget inte uppmärksamma Lasse när han stör. Lasse kommer då sannolikt att öka sitt störande helt omedvetet, för att få den effekt han brukar få och vill ha. Läraren kan då bli tvungen att hänvisa Lasse till korridoren under fem minuter för att klara av att nonchalera Lasses störande.

För att få uppmärksamhet krävs istället att Lasse inte stör för tillfället.

Här sätts förmågan till konsekvens på verkliga prov. Få saker kan vara så provocerande, som att ignorera Lasse när han ökar sitt störande. Har läraren gjort vad han kan för att tillgodose och tillfredsställa behov och önskningar hos Lasse, i enlighet med väg 1, är det kanske lättare att vara konsekvent i enlighet med väg 2. Det är heller inte fel att upplysa Lasse om vilka nya "regler" som gäller, så att Lasse inte behöver pröva så länge för att komma underfund med hur han ska få hjälp snabbt.

> Väg 2 innebär att man minskar förstärkningarna för att få beteendet att minska.

Det vanliga är att problembeteendet ökar både i styrka och frekvens, när man går på väg 2. Det är klart att Lasse slamrar högre och mera med sitt bänklock, om läraren inte reagerar som han brukar göra. Denna stegring beror på att de förväntade förstärkningarna uteblir (utsläckning, se sidan 44). Lasse har alltjämt ett behov av hjälp och börjar därför, när slamrandet visat sig meningslöst, pröva andra sätt att fånga lärarens uppmärksamhet. Detta sker vanligen helt automatiskt och omedvetet. En försök-och-misslyckande-inlärning startar, där Lasse prövar olika sätt att få den snabba hjälpen, om han inte fått information (instruktionsinlärning) om vad som gäller.

I sin iver att få snabb hjälp kan han börja pröva andra helt nya beteenden. Kanske börjar han störa och irritera kamraten intill. Skulle läraren att ingripa efter detta, lär sig Lasse ett nytt och effektivare sätt att uppnå det förväntade. Många gånger kan detta nya sätt bli värre än det förra beteendet, som håller på att utsläckas.

Det är just detta fenomen som driver fram nya beteenden hos människan och som får henne att anpassa sitt beteende till förändrade betingelser. Det gör oss till unika, anpassningsbara varelser. Lasse kommer att pröva så länge motivationen håller i sig och tills han fått hjälp.

När man tar bort förstärkning ger det vanligen en tillfällig stegring av problembeteendet. Denna kallas i detta fall "utsläckningsstegring"och kan göra, att man som medmänniska känner sig onödigt provocerande eller till och med hjärtlös. Väg 2 måste dock alltid beträdas för att man ska kunna minska ett beteende.

För att undvika utveckling av nya än värre och svårare beteendeproblem, måste vi beträda väg 3.

Väg 3

Den tredje vägen för effektiv beteendepåverkan innebär att Lasse får lära sig ett effektivt ersättningsbeteende (R) istället för sitt störande slammer. Om man missar att gå på väg 3, kommer slumpen och tillfälligheter att lösa den. En försök-och-misslyckande-inlärning kommer då att starta på det sätt som jag beskrev ovan och ett svårare problem kan uppstå.

Väg 3 innebär att läraren väljer ut ett lämpligt beteende som han försöker få Lasse att använda istället, exempelvis "att räcka upp handen" för att påkalla lärarens uppmärksamhet. Lasse måste lära sig att be om hjälp på nytt sätt. Man upplyser honom om, att han ska räcka upp handen och eventuellt knäppa med fingrarna, för att läraren ska komma till honom.

När läraren berättat om detta nya för Lasse har han givit honom en ny regel, som han vill ska styra Lasses beteende. Regelstyrningen måste snabbt ersättas av förstärkningsstyrning. Det nya sättet måste snabbt visa sig vara minst lika effektivt som det gamla.

I början måste Lasse därför omedelbart få hjälp (förstärkning) på sitt nya beteende. Lasse måste få uppleva att handuppräckning är minst lika effektivt och fungerar på samma vis som "störandet" tidigare gjorde.

Väg 3 innebär alltså att Lasse ska lära sig att följande gäller:

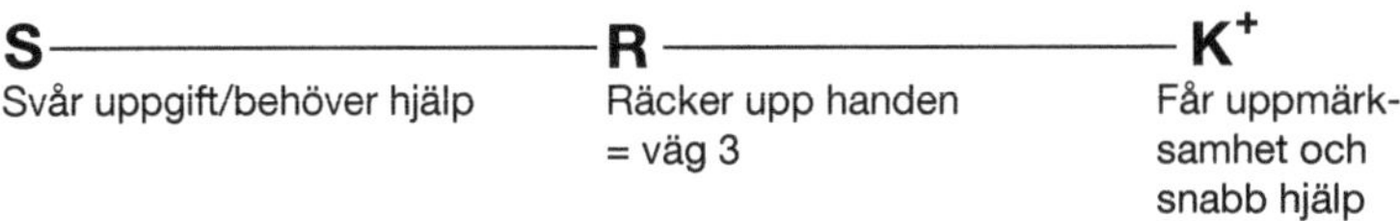

Väg 3 betyder i detta fall att Lasse får lära sig ett nytt sätt att påkalla lärarens uppmärksamhet och få snabb hjälp.

Vanligen glömmer man bort väg 3 i behandlingsarbetet, sannolikt för att det krävs både kunnande och uppfinningsrikedom för att använda den vägen. Det kan vara svårt att finna någon lämplig ersättningshandling, eftersom speciella krav måste ställas på den. Den måste i detta fall väcka uppmärksamheten på ett naturligt sätt och den måste märkas utan att bli störande. Ersättningshandlingen måste ha naturliga förutsättningar att även efter behandlingsperioden förbli minst lika effektiv som problemhandlingen. I Lasses fall kan det därför vara klokt att tillåta honom att knäppa med fingrarna, när han räcker upp handen. Utan denna hörbara del är handuppräckningen klart mindre effektiv än "slamrandet".

Om det nya beteendet inte behärskas måste man även planera för hur inlärning av det ska ske. Detta behövs inte med handuppräckningen och Lasse.

Sammanfattning av Lasses analys

När vi har den "korrekta" beteendeanalysen framför oss, måste vi följa de tre vägarna vid vår behandlingsuppläggning:

1. Tillfredsställ behov och önskningar, som utlöser beteendet inom rimliga och möjliga gränser. Om det lyckas fullt ut finns inte längre något behov av problemhandlingen (väg 1).

2. gör problembeteendet ofunktionellt eller värdelöst, genom att se till att det inte längre leder till förstärkningar (väg 2).

3. Skapa förutsättningar för personen att lära sig en effektiv ersättningshandling som leder till den sökta förstärkningen (väg 3).

Sammanställning av alla åtgärder vägarna 1, 2 och 3 kommer att se ut på följande vis:

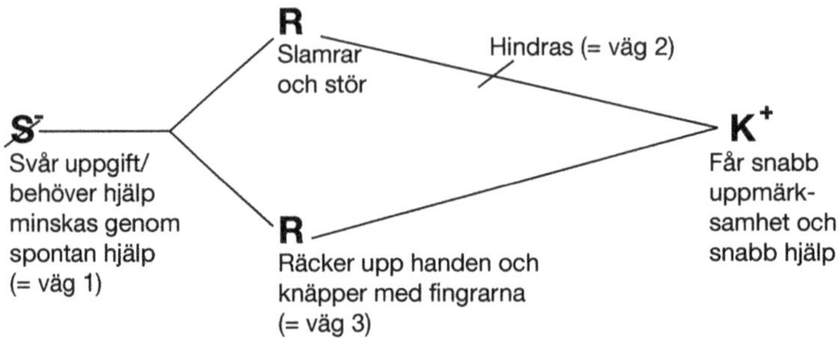

Ett utskrivet behandlingsprogram för lärarna gällande Lasse kan ha följande lydelse:

Behandlingsprogram för Lasse från behandlingskonferens 200X-10-05.

1. Försök att se till att Lasse inte onödigtvis ska tvingas vänta på uppmärksamhet och hjälp. Var noga med att ge honom uppmärksamhet då han visar tendens till att behöva hjälp. Uppmärksamma honom spontant då och då, utan att han påkallat det. [Motsvarar väg 1]

2. Om Lasse slamrar och slår med bänklock eller stör på annat oacceptabelt sätt – ge honom då inte uppmärksamhet. Om störandet blir oacceptabelt – låt honom lämna skolsalen i 5 minuter, utan förebråelser eller motiveringar. (Motivering ges bara första gången.)[Motsvarar väg 2]

3. Det är nödvändigt att Lasse får lära sig ett alternativt sätt att be om hjälp och uppmärksamhet. Vi har beslutat att lära Lasse att räcka upp handen, för att påkalla uppmärksamhet från läraren. Under första veckan säger läraren i början av varje lektion, tyst och lite privat: "Vill du något så räck upp handen. Jag kommer då så fort jag kan." När Lasse spontant räcker upp handen – gå genast till honom. Det är viktigt att han märker att handuppräckning är minst lika effektivt som att slamra och slå. [Motsvarar väg 3]

Väg 3 innebär, att man försöker lära ut en alternativ handling till problemet, så att personen inte skall behöva lida brist på något som han tidigare vunnit genom sitt problembeteende. genom den alternativa handlingen får han samma förstärkningar, men han får dem som förstärkning på ett acceptabelt beteende.

Det finns en möjlighet att göra väg 3 än mera effektiv. Det kan göras genom att söka ett ersättningsbeteende som inte kan utföras tillsammans med det ursprungliga problembeteendet. Man söker ett alternativt beteende som är oförenligt med problemhandlingen. Oförenlig betyder att det helt enkelt inte går att göra båda beteendena samtidigt.

Det innebär att personen måste välja mellan problemhandlingen och den alternativa handlingen. Här följer några exempel på oförenliga handlingar:

- Man kan inte samtidigt vara rökare och träna elitidrott.
- Man kan inte samtidigt sticka strumpor och bita på naglarna.
- Man kan inte samtidigt titta på våldsvideo och läsa böcker.
- Man kan inte samtidigt vara bästa vän med en pojke och mobba honom.
- Man kan inte samtidigt spela fotboll och ägna sig åt datorn.

Detta med oförenliga beteenden har praktiserats i alla tider. När klassens buse blir vald till ordningsman. Banditen i vilda västern blir vald till sheriff och hackern, den unga dataintresserade pojken som skapar datavirus, får anställning i det företag som gör antivirusprogram är sådana exempel. Sedelförfalskaren som får anställning som expert hos ekonomiroteln hos polisen är ytterligare exempel.

Väljer man ett oförenligt alternativbeteende och gör detta attraktivt genom starka förstärkningar, kan man vara tämligen säker på att det konkurrerar ut problemhandlingen. Då finns ju ingen anledning att ägna sig åt ett mindre effektivt beteende när mer effektiva finns.

Hur gör man det alternativa beteendet attraktivt? Det vanliga är att man ger beteendet starka (ibland konstlade) förstärkare. Beteendet måste bli mödan värt. Men man bör alltid försöka se till att beteendet får naturliga förstärkare. Det betyder att beteendet inte ska behöva understödjas med konstlade förstärkningar.

Vilket oförenligt alternativt beteende kan vi finna till Lasses slamrande?

Att lägga ner pennor och linjal i bänken varje gång ökar risken för slamrande, men skulle uppfylla kraven på oförenlighet. Det vore dock olämpligt eftersom han strax behöver både penna och linjal igen. Dessutom ligger det nära till hands att börja slamra med bänklocket, då man lyfter det.

Enligt analysen är det när Lasse "kör fast" och behöver hjälp som han slamrar. Vi är intresserade av att han ska påkalla hjälp på ett acceptabelt sätt.

Om vi kunde få Lasse att som rutin hålla linjal och penna i den hand han sträcker upp skulle han inte kunna slamra med dem. Det skulle kunna vara en lämplig oförenlig handling.

Hur ska vi då förstärka detta beteende? Det kommer inte att räcka att endast be honom göra det. Det avgörande enligt analysen är att Lasse omedelbart får hjälp av läraren, som förstärkning på det nya beteendet.

Läraren träffar en överenskommelse med Lasse efter det att de tillsammans diskuterat problemet med slamrandet och klargjort syftet med en sådan överenskommelse. Överenskommelsen innehåller två punkter:

Lasse lovar att försöka komma ihåg att räcka upp handen, när han kört fast. Han ska då hålla linjal och penna i den uppsträckta handen.

Läraren lovar att komma så snabbt han kan då linjal och penna finns i den uppsträckta handen.

Om en sådan överenskommelse inte skulle vara tillräcklig för att motivera Lasse, kan man bli tvungen att arrangera en konstlad förstärkning på beteendet. Det kan vara svårt att finna en lämplig sådan, men denna gång väljer läraren att slå vad med Lasse.

Läraren lovar att notera varje gång Lasse räcker upp handen. Om handen är tom det vill säga om linjal och penna ligger på bänken, då skriver läraren ett minus i protokollet. Om penna och linjal inte ligger på bänken, utan antingen är i handen eller i bänken, då noteras ett plus. Läraren lovar vidare att Lasse ska få 10 kronor om antalet minus inte överstiger en procent efter två veckor.

Sammanfattning av åtgärder som påverkar beteendet hos en person.

Väg 1 innebär att behovet eller provokationen att bete sig på visst sätt fjärmas exempelvis genom att man ligger före, så att utlösande faktorer i situationen undanröjs. Beteendet "väcks" inte.

Väg 2 innebär att man gör handlingen ofunktionell. Det vill säga att beteendets alla förstärkningar försvinner. Det lönar sig inte längre att bete sig på det viset, eftersom handlingen inte längre leder till det önskade resultatet.

Väg 3 innebär att man ser till att personen får ett nytt beteende för att uppnå det han vill. Han är inte längre nödd till att bete sig på det gamla viset för att vinna det han önskar.

Det är smart att välja ett ersättningsbeteende (väg 3) som inte går att utföra samtidigt som det gamla problembeteendet. Därefter ska man göra ersättningsbeteendet extra attraktivt så att det effektivt blockerar det ursprungliga problembeteendet. De tre vägarna använder man, då orsaken till problemen i huvudsak beror på motivationen. De används då man vill "avmotivera" oönskat beteende och samtidigt motivera till annat beteende.

Beteendepåverkan, prestige och människokärlek

Att i särskilt hög grad tillfredsställa en bråkstakes behov, för att han inte ska bråka eller en aggressiv utvecklingsstörds behov att få bestämma, kan kännas fel. Detta motsvarar väg 1 och det kan ibland kännas helt tokigt att göra på det viset. Det kan kännas som att fjäska för den som bär sig illa åt och förstör för andra. "Ska man behöva fjäska för den som förstör för oss" är en kommentar som man ibland kan höra. Även väg tre kan kännas fel då man i början måste vara mycket aktiv och förstärka det nya beteendet. Det kan kännas som om man går den med problemet lite väl mycket till mötes.

Vill man vara effektiv i sin beteendepåverkan måste sådana personliga känslor lämnas därhän.

Bråkar en elev för att få uppmärksamhet, finns ingen annan möjlighet än att försöka tillfredsställa behovet inom rimliga gränser, dock utan att han ska bråka sig till det. Gör man inte det, kommer hans problem att kvarstå. För att han snabbt ska lära sig, måste vi kanske bjuda på "det lilla extra" när han gör rätt. Ingen småaktig prestige eller långsinthet får hindra oss från att göra det, som är mest gynnsamt för att påverka.

Prestige, liksom missriktad människokärlek, har förhindrat många effektiva behandlingsinsatser.

Att av människokärlek avstå från att ställa rättmätiga krav, har motarbetat behandlingsinsatser. Självskadande beteende kan i vissa fall ha funktionen att få omkringpersonerna att släppa på krav. Självskadandet kan alltså fungera som ett flyktbeteende. Att sätta gränser och göra så att ett problembeteende inte blir förstärkt enligt väg 2 kan verka hjärtlöst.

Vill man komma tillrätta med exempelvis bråk i skolsalen eller självskadande beteende hos en utvecklingsstörd person, måste man i sin behandlingsuppläggning följa beteendeanalysen även om lärarprestigen får sig en törn eller människokärleken provoceras – i det korta perspektivet.

Påverkan av beteende syftar till att hjälpa på längre sikt. Kortsiktig känslomässig motvilja får inte tillåtas spoliera de långsiktiga vinsterna. Detta måste man hålla i minnet vare sig det handlar om fostran av egna barn eller om man är lärare, chef eller bara medmänniska.

> Långsinthet och småaktighet är hinder som kan få våra försök att påverka en annan persons beteende att fullständigt misslyckas.

Det gäller också alltför stor känslighet för att våga ställa krav.

Att undervisa i beteenden

Att inte behärska de nödvändiga färdigheterna i en viss situation kan få en person att agera på ett sätt, som irriterar eller som av andra uppfattas som problematiskt.

En person med beteendeproblem kan ha en beteendebrist (se sid 122) och det beror då på att han inte behärskar det beteende som han borde använda. Hans problematiska beteende beror således inte i första hand på motivationen och att förstärkningar saknas, utan på att han inte vet hur han ska göra. Den som inte har tillräckliga kunskaper och sociala färdigheter för att exempelvis göra en lyckad anställningsintervju, kan ju inte lyckas hur gärna han än vill. Han måste först lära sig de beteenden som krävs, för att göra ett gott intryck. Hans beteendebrister måste täckas.

Sara saknar färdigheter i att på ett sakligt och icke kränkande sätt kunna hävda sin åsikt eller opponera sig mot sådant, som hon inte kan acceptera. Hon saknar färdigheter att agera sunt självhävdande. Själv säger hon att hon saknar självförtroende. Istället för att rakt på sak och ärligt uttrycka sin åsikt, tiger hon och biter ihop, mår dåligt. Någon gång då hon blivit tillräckligt uppretad och dämt upp mycket ilska, då släpper alla fördämningar. Hon får ett okontrollerat utbrott. Efter sådana utbrott får hon dåligt samvete och stor ånger. Ångern gör henne ännu mer hämmad tiden efter, på grund av rädslan för att åter göra bort sig och falla "ur ramen". Såväl hennes undfallande sätt som hennes okontrollerade aggressionsutbrott bottnar i en beteendebrist. Sara vet inte hur hon skall bete sig i situationer, då hon har en avvikande uppfattning eller känner sig trampad på, förbigången eller orättvist behandlad.

Om Sara hade lärt sig ett sunt självhävdande beteende och vågat använda det istället för att tiga och svälja, då skulle det inte vara något problem för henne.

Frågan blir då: "Hur lär man sig beteenden som speciella sociala färdigheter? Hur lär man sig beteenden över huvud taget?"

I kapitel 3 "Hur vi lär oss handla och agera" presenteras fyra sätt att lära viljemässigt kontrollerbart beteende, av vilka imitation är det vanligaste.

Att lära ut beteenden och handlingar är inte annorlunda än att lära ut teoretiskt stoff. Om inlärningen ska bli effektiv, måste den alltid innehålla praktiska övningsmoment. Detta gäller särskilt om handlingen eller stoffet är komplicerad eller omfattande.

Lika lite som man kan lära sig cykla genom att läsa en bok om cykling, kan man lära sig ögonkontakt enbart genom att få instruktioner. En effektiv uppläggning av det pedagogiska förloppet är att följa mönstret VISA – INSTRUERA – ÖVA och åter ÖVA.

Man börjar med att erbjuda en modell att imitera – modellinlärning. Den fullständiga och sammanhängande handlingen visas. Därefter instruerar man med ord hur handlingens delar går till och beskriver enskilda detaljer i handlingen – instruktionsinlärning. Slutligen övas handlingen. Under övningsmomentet ges återkoppling. Återkoppling och feedback innebär att bekräftelse ges på vad som går bra och vad som går sämre. Detta är formning. Vid formning finns hela tiden goda möjligheter att korrigera och förbättra prestationerna. Handlingen kan förbättras stegvis genom att misstagen blir uppenbara och rättas till, samtidigt som det korrekta ges positiv förstärkning i forma av uppmuntran och erkännanden.

Rent teoretiska kunskaper i skolan lärs ofta ut på ett mindre konkret vis, men även här är övningsmomentet – att själv göra – ofta det viktigaste. Man lär sig en så abstrakt handling som att räkna division genom att praktisera eller öva.

Låt oss ta ett exempel. Vi ska lära in och öva ett sunt självhävdande beteende eller självförtroendebeteende.

Beteendet sunt självhävdande har valts med avsikt. För det första är det svårt att lära och för det andra är det ett beteende som varje lärare själv borde behärska, liksom alla människor över huvud taget. Kan man som lärare, som chef eller som medmänniska bete sig sunt självhävdande i provocerande situationer, så känner man sig mindre hotad och mer nöjd med sig själv. Det skapar förutsättningar för mer avspända konfrontationer.

För enkelhetens skull förutsätts att det är läsaren själv som ska lära sig detta beteende. Metodiken är dock allmängiltig och kan föras över på andra beteenden och situationer. Metoden kan efter små anpassningar användas när en lärare ska lära en elev att exempelvis stå emot påtryckningar från kamrater eller för att lära en utvecklingsstörd person mer tilltalande beteende för anställningsintervju.

De olika stegen i metodiken kan anpassas till vilken person som helst och till vilket åsyftat beteende som helst.

När man ska lära ett sammansatt socialt beteende är det omöjligt att lära sig det hela direkt och allt på en gång. Det är alldeles för många detaljer att tänka på och allt för många svårigheter. Man kan då dela upp inlärningen i steg. På så vis kan inlärningen bli mer gripbar.

- Välj en konkret situation där du önskar att du kunde bete dig på ett mer självsäkert sätt och där du är missnöjd med ditt agerande. Beskriv i allmänna termer hur denna situation ser ut: Vilka personer är med? Var utspelas situationen? Vad säger och gör de inblandade?
- Beskriv hur du skulle vilja bete dig i denna situation. Detta kallas ditt målbeteende.
- Dela upp beteendena i delar som kan övas var för sig.
- Lär in detaljerna, öva framför spegeln.
- Öva med "ofarlig" motspelare (vän, lärare).
- Pröva dina färdigheter i en verklig situation.
- Utvärdera dina ansträngningar.

Låt oss anta att du vill lära dig att uppträda med en större säkerhet gentemot din chef, när han kritiserar dig orättvist. Du tänker på en speciell situation, där du känner att du framstått som mycket osäker och "gjort en ynklig figur" vid tidigare möten. Du kunde inte hävda att det som inträffat berodde på din arbetsbörda, trots att det verkligen var så.

När man blir anklagad, angripen eller hotad finns i princip tre sätt att handla, men vanligen använder vi bara två av dem om vi blir upprörda. När upprördheten, den sympaticusreaktionen går igång, brukar vi välja mellan att "falla undan" (fly) eller "gå till angrepp" (anfalla). Stenåldersmänniskan i oss väljer antingen strid eller flykt, vilka båda har samma "känsla" eller fysiologiska reaktion i kroppen som drivkraft. Både den aggressive och den rädde har sympaticusreaktion i kroppen.

Det finns ett tredje alternativ, som inte alls är lika känslostyrt som att falla undan eller att gå till angrepp. Alternativet är att bete sig "sunt självhävdande".

Sunt självhävdande

Att vara sunt självhävdande är ett beteendemönster som man kan tillägna sig genom inlärning och träning. Avsikten med att lära sig ett sunt självhävdande är, att man ska kunna bete sig sunt självhävdande istället för att ängsligt falla undan och alltid undvika konflikter. Man ska heller inte huvudlöst gå till attack och bete sig så att man får skämmas och lida för det senare. Båda dessa beteendemönster såväl undfallande som aggressivt beteende är irriterande eller kränkande för motparten.

Sunt självhävdande däremot är inte drivet av ångest eller ilska. Det kännetecknas av att man är lika uttrycksfull och säger sin mening eller åsikt, som den aggressive. Skillnaden är att man säger det på vänligt och bestämt sätt – tveklöst men utan hotfullhet eller ilska. Den sunt självhävdande vågar se sin motpart i ögonen, men stirrar inte som den aggressive och flackar inte med blicken som den undfallande. Hela personen utstrålar trygghet och lugn, utan att för den skull verka svag eller frågande. Självklarhet beteendet präglar hos den som är sunt självhävdande.

För att visa på vilka beteenden man kan och bör eftersträva i situationer där känslorna allt för lätt styr oss, redovisas kännetecknen för de olika beteendemönstren.

Det som rekommenderas är naturligtvis det sunt självhävdande beteendet.

I första tabellen visas de utmärkande dragen i de tre beteendemönstren. Därefter redovisas hur motparten uppfattar och reagerar på den som är undfallande, aggressiv respektive den sunt självhävdande.

I den tredje tabellen klargörs vilka enskilda beteenden som utmärker de tre beteendemönstren.

Hur "drabbas" motparten, den som hamnar i konflikt med någon av de tre? Tvärtemot vad man skulle kunna tro, så blir inte den undfallande allas vän. Att ständigt stå tillbaka och inte klargöra vad man egentligen vill är inte ett bra sätt att vinna vänner. Många av oss tänker och handlar också efter föreställningen att om man klart säger vad man tycker så får man ovänner.

Undfallande i sin yttersta form	Aggressiv i sin yttersta form	Sunt självhävdande i sin yppersta form
Förnekar den egna förmågan.	Upphöjer den egna förmågan på andras bekostnad.	Upphöjer den egna förmågan utan att sänka andras.
Försiktig, håller tillbaka sina åsikter.	Uttrycksfull - framhåller alltid de egna åsikterna.	Uttrycksfull.
Tillåter andra att välja åt sig.	Väljer åt andra.	Väljer åt sig själv.
Lättsårad, ängslig, "försiktig".	Ängslig, lätthotad och lättprovocerad, men nedvärderar samtidigt andra.	Tror på sig själv, låter sig inte lätt provoceras.
Påverkar inte i sin riktning.	Vill ha det på sitt vis i alla lägen och till varje pris.	Lyssnar och argumenterar för att påverka och övertyga.
Uppnår inte önskat mål.	Uppnår önskat mål ofta genom att såra andra.	Kan uppnå önskat mål.

Att vara sunt självhävdande känns för många av oss som farligt. Tabellen nedan säger oss dock att det är precis tvärtom. Den som möter någon av de tre känner vanligen:

Möter den undfallande	Möter den aggressive	Möter den självhävdande
Känner ilska, skuld och dåligt samvete.	Förnekar sig själv, känner rädsla och förbittring.	Känsla av personligt värde – känner sig respekterad.
Ser ner på den undfallande, ser honom som en "mes" eller "krake".	Blir sårad, försvarsinställd och förödmjukad.	Känner att deras åsikter tas på allvar.
Uppnår sina mål på den undfallandes bekostnad.	Uppnår inte sina mål.	Kan uppnå sina mål i "ärlig" kamp.

Av tabellen framgår att man har mycket att vinna på att på ett icke kränkande sätt våga uttala vad man tycker och anser. Detta är viktigt i privatlivet – mot familjemedlemmar och vänner, men också i arbetslivet mot arbetskamrater och chefer.

Ett av den undfallandes argument och försvar för sitt beteende, är att han vill undvika bråk. Tyvärr väcker hans beteende både ilska och dåligt samvete. Den som däremot möter en sunt självhävdande person, känner sig däremot respekterad och tagen på allvar. Något att tänka på för alla som inte vill ha bråk eller som är rädda för aggressioner.

Genom praktiska övningar kan ett sunt självhävdande beteende läras in och tränas upp. Nedan följer vad som utmärker de tre olika beteendemönstren vid självhävdande.

Den undfallande	Den aggressive	Den sunt självhävdande
Rösten		
Svag	Högre än nödvändigt	Lagom röstnivå
Ofta tvekande pauser	Snabbt tal	Jämnt tal
Utfyllnadsord	Stammande/stötigt	Flytande
Frågor	Utrop	Förklarande meningar
Ansiktet		
För lite ögonkontakt (flackande blick).	För mycket ögonkontakt (stirrande/stel blick).	Öppen/lagom ögonkontakt (avspänd blick).
Spänt och ängsligt ansiktsutryck.	Spänt och ilsket ansiktsutryck.	Avspänt ansiktsutryck.
Bedjande, blygt uttryck och deltagande	Hårt, osympatiskt uttryck.	Säker och deltagande.
Kroppshållning		
Rastlösa, nervösa händer.	Knutna nävar.	Öppna händer.
Händer i fickorna eller bakom ryggen.	Pekande fingrar.	Händer vid sidorna.
Nervöst ändrande av kroppshållning.	Stel kroppshållning.	Avslappnad kroppshållning.
Stort avstånd.	Nära.	Respektfull distans.

Den undfallande	Den aggressive	Den sunt självhävdande
Tystnad		
Förvirrande/rädd tystnad.	Tystnad för att skrämmas, "behandla".	Tystnad för att lugna.
"Tjurande" tystnad.	Missnöjestystnad.	Tystnad i samband med agerande.
Tyst fruktan.	Tyst ointresse. Hotande.	Tyst uppmuntran.
Språkliga kännetecken		
Bedjande/vädjande.	"Du måste! Du ska! Jag förbjuder! Gör som jag säger."	Modig, öppen, sanningsenlig.
"Tycker inte du? Varför gör inte du? Skulle du inte vilja? Vad tycker du?"	Ljuger för att genomdriva.	"Jag vill... Jag anser... Jag hävdar...
Ljuger eller svävar på målet, för att undvika konflikt.	"Jag kräver..."	Låt mig förklara. Det är min fasta övertygelse... Bestämmelserna är sådana."
"Kunde vi inte...?"	"Nej!" "Otänkbart."	"Låt oss diskutera..."
"Jaså, jaha."	"Det här bestämmer jag. Jag förbjuder..."	"Nej, jag har en annan åsikt..."
"Du/vi får bestämma. Inte vet jag."	"Så här är det. Det vet jag."	"Jag hör vad du säger men..."
"Vad tycker du? Inte vet jag".		"Förklara hur du menar. Jag tror, vad anser du?"

Ögonen

Ögonens beteende är alltid särskilt betydelsefullt, inte minst vid sunt självhävdande. Vad betyder öppen och lagom ögonkontakt? Och vad är avspänd blick? Många tror, trots att de ser hur människor gör med sin blick varje dag, att en självsäker person hela tiden tittar på den han talar med. Det är fel. Först måste vi konstatera att vi gör olika med ögonen när vi lyssnar och när vi talar.

När den sunt självhävdande personen lyssnar tittar han 98 till 100 procent i ansiktet och ögonen på den som talar. Det är ett sätt att visa "Nu lyssnar jag på dig". Det bör man hela tiden sträva efter att göra. Med sin blick visar man respekt för den som talar. Ögonen säger hela tiden: "Jag lyssnar på dina åsikter, jag respekterar det du säger."

När man själv talar tittar man mellan 50 och 80 procent på den som lyssnar. Medan man talar låter man blicken lugnt vandra från den lyssnandes ögon och ut mot sidan, liksom för att tänka efter, och åter till den lyssnande för att kontrollera om denne fortfarande lyssnar. Den som talar låter blicken vandra fram och tillbaka på sin lyssnare men stirrar inte. Korta repliker eller meningar hinner man säga under en och samma blick på den som lyssnar, utan att det känns konstigt för någondera parten.

Talar man längre (längre än cirka 15 sekunder) och samtidigt oavbrutet tittar på den som lyssnar, upplevs detta som stirrande och känns mycket obehagligt och aggressivt för lyssnaren. Det bör därför undvikas.

Studera högerspalten under "sunt självhävdande" noga och välj beteenden, som du vet är svaga eller saknas hos dig och som du behöver träna.

Åter till situationen med chefen

Nu beskriver du det beteende som du önskar att du hade och som du vill träna. Hämta uppslag från listan ovan. Beskriv vilken kroppshållning du skulle vilja ha: Står du eller sitter du? Hur gör du med din blick? Vart tittar du när du lyssnar och vart tittar du när du svarar? Det viktiga är att på förhand göra klart allt som du inte brukar klara av i den verkliga situationen. Dela upp det önskade handlingsmönstret i delar. Beskriv i detalj vad du ska säga som svar på de andra personernas tilltal. Beskrivningarna ska senare användas som mall för övningarna – de övningar du gör ensam och även med medagerande personer.

1. Du reser dig och ställer dig framför chefen (att sitta är ett underläge som kan uppfattas som undfallande) och har ett avstånd på cirka 1,5 meter framför honom.

2. Du står framför honom och tittar honom hela tiden i ögonen (eller på näsroten) så länge han talar. Blicken viker inte undan hos den som lyssnar (se sunt självhävdande). Du ser lugn och oprovocerad ut, som om det han säger är ovidkommande eller neutralt.

3. Du lyssnar och ser uppmärksam ut utan att instämma i det han säger – inte nicka eller "hmma" till bifall, om du anser att hans kritik är obefogad. Du är inte oärlig mot dig själv, för att vara chefen till lags. Du tar kritiken neutralt och beter dig som om du inte blir särskilt orolig, som om du tänkte "detta måste bero på en missuppfattning."

4. När han har talat färdigt är det din tur att tala. Börja då tala och titta i hans ögon de första sekunderna du talar. Därefter kan du tillåta dig att titta vid sidan av hans ansikte då och då medan du talar. Du måste hela tiden komma tillbaka för ögonkontakt med honom.

   Lugnt och avspänt säger du: "Det var du som ville att jag skulle prioritera utskicken, i samband med att du dikterade breven. Om någon omprioritering skett så måste jag få veta det."

   Han säger: "Jag kunde väl inte veta att allt här tar sån tid och att inget händer."

   Du säger: "Vi har verkligen arbetat hårt för att få iväg alla brev och vi gjorde det just när du kom in och avbröt oss. Vi har inte latat oss, utan gjort vårt allra bästa, för att få ut allt i tid. Uppenbarligen är det för lite folk här på kontoret."

   Han fortsätter vara orättvis och oförskämd. Varje gång svarar du med någon variant med samma innehåll (skriv ut dem och öva in dem i förväg). Innehållet i alla dina svar: Du jobbar hårt, han prioriterar, för lite folk på kontoret i förhållande till arbetsuppgifterna. Budskapet upprepas gång på gång lugnt, oprovocerat och sakligt.

5. Om chefen fortsätter att kritisera ska du lyssna och titta 100 procent på honom och på hans ögon och mun. gör så hela tiden han talar. Se lugn, orubblig och oprovocerad ut. När det åter blir din tur att tala säger du: "Om du ger mig förutsättningarna för att göra ett bättre jobb, så får du ett bättre jobb gjort." Du kan också säga: "Tiden räcker inte till allt jag ska göra. Kan du hjälpa mig och säga vilka av mina andra arbetsuppgifter som är oviktiga och som ska prioriteras bort?" Upprepa ditt budskap men variera ordvalet något om han fortsätter att kritisera dig på ett orättvist sätt.

6. Gå inte in och försvara dig i detalj, utan upprepa lugnt ditt allmänna budskap: "mer tid behövs, vad är oviktigt och kan slopas, du gör ditt bästa och har alltid gjort det, vem tar ansvar för att mer tid finns för det viktiga?" och så vidare. Inte någon gång antyder du att kritiken är berättigad om det är din uppfattning. Du tillstår inte något som du anser oriktigt, men kan tillstå det om kritiken är vederhäftig. Om du anser att felet ligger i tidsbristen, så ska chefen ha klart för sig att mer tid behövs för ett bättre resultat. "Du får ett bättre jobb gjort om du ger mig förutsättningarna för det. Jag har för lite tid, för att göra jobbet så att jag blir nöjd med det."

Ha hela tiden uppmärksamheten på det som utmärker ett sunt självhävdande – tänk framför allt på ögonen, rösten och hur du formulerar dina synpunkter.

Gå igenom det påhittade händelseförloppet i fantasin.

Det kan verka överarbetat att beskriva i detalj vad som ska utmärka ditt beteende, men det är nödvändigt. Det räcker inte att bara säga: "Ha mera självförtroende när chefen anmärker på det arbete du gjort." Man måste veta hur en person med självförtroende beter sig.

Lär in detaljerna och öva

1. Gå igenom i fantasin och lär dig hur hela händelseförloppet kan gå till.

2. Spela upp episoden i din fantasi. Det har visat sig mycket värdefullt att i fantasin föreställa sig hur man ska agera. När man väl befinner sig i den verkliga situationen känner man igen sig och det känns naturligt att bete sig på det övade sättet. Att flera gånger i förväg fantisera sig genom situationen kallas beteenderepetition (behavior rehearsal) och gör så att det verkliga genomförandet blir mindre nervöst. Ju mer levande man kan föreställa sig att man står i situationen och beter sig på det nya sättet, desto vanare känner man sig när det är dags för det verkliga läget. Din motpart i fantasin ska ge realistiska svar på dina tänkta repliker. Det är också viktigt att du tänker på hur bra det går och att du lyckas.

3. Nästa steg blir uppspelning i verkliga livet. Du plockar ut de olika delarna och övar framför spegeln och gärna med hjälp av bandspe-

lare eller ännu hellre videokamera. Då kan du verkligen höra och se var dina svagheter finns och vad som bör övas ytterligare.

För en pianist är det sällan tillräckligt att lära sig noterna utantill till ett nytt stycke, för att han ska kunna spela det på ett framgångsrikt sätt. Han måste öva och praktisera på ett piano. De svåra passagerna måste han intensivträna, medan det kan räcka att bara spela igenom de enklaste delarna några gånger. Detaljer måste finslipas och övas till beteendemönstret sitter som en kedja av beteenden. Bara han väl börjar spela så följer resten på ett naturligt och självklart sätt. Samma sak gäller dig. Du måste öva alla svåra detaljer om och om igen. Du måste, likt pianisten, finslipa detaljer som du tycker är särskilt svåra. Det går aldrig att få "flyt" i ett pianostycke eller i sitt sociala beteende, om man inte finslipar det. Pianisten hör när det låter bra eller dåligt, men du ser inte när det ser bra eller dåligt ut, om du inte praktiserar framför en spegel eller har tillgång till videokamera. Det som brukar vara särskilt svårt är ögonens agerande, rösten och att få flyt i talet. Följaktligen är det sådant man måste öva mycket.

För att få ditt beteende till en helhet måste du foga samman de övade delarna. Detta kan man lättare åstadkomma om man arbetar på det här sättet.

4. Nu är det dags att pröva om vingarna bär tillsammans med en motspelare. Välj någon du litar på som motspelare. Det ger dig möjlighet att uppleva hur det känns att ha någon som "svarar" på ditt agerande. Dessutom kan du få tips om och synpunkter på ditt agerande, som gör att du kan förbättra det ytterligare. För att få ut det mesta av denna situation med motspelare är det nödvändigt att;

– du informerar din motspelare om vad du försöker lära dig.

– du ber motspelaren att agera mot dig på ett naturligt sätt – försök att beskriva din verkliga motpart, så att du får ett så verklighetstroget motspel som möjligt.

Pröva din nya färdighet i verkligheten. Om det du övat är något som du kan använda i flera situationer och mot flera olika personer, välj då att praktisera det med de "mindre svåra" motparterna till en början. Självhävdande kan vara lättare att visa mot arbetskamrater än mot chefen. Börja i så fall med att vara på det nya viset mot arbetskamraterna.

Eftersom du lagt ner sådan möda på att förvärva ett nytt och effektivt beteende i en situation, där du anser att du tidigare kommit till korta, blir det viktigt att utvärdera. Lyckades du? Blir du respekterad på ett annat sätt än tidigare? Det är viktigt att i detta skede lägga märke till även mycket små förändringar, för att du inte skall tappa modet. Lyssnar chefen till dina argument? Är arbetskamraterna mera lyhörda för dina synpunkter?

Om du tycker att det hela inte har lyckats i den utsträckning du hoppats, bör du gå tillbaka och börja om på en lättare nivå. Men kom ihåg att vara självhävdande betyder inte att man alltid får sin vilja fram eller att man "styr världen". Det betyder att man blir respekterad trots att man kanske har en avvikande uppfattning. I bästa fall betyder det att man lyckas påverka motparten. Att hävda en ståndpunkt eller åsikt är bara en frimodighet att våga uttrycka vad man anser – ingenting annat. Ibland lyckas man påverka. Det är emellertid inte det viktigaste. Den känsla man får, då man känner att man vågar, är viktig för min syn på mig själv. Därtill kommer att man blir bemött på ett nytt vis – med respekt – som skapar förutsättningar för ett gott självförtroende på sikt.

Förbättrat självförtroende

Vad ger oss gott självförtroende? När vi bildar oss en uppfattning om vårt utseende, tittar vi oss i spegeln. Om vi är trevliga, omtyckta eller populära syns inte i någon spegel. Den "spegel" vi då får förlita oss på, är andra personers bemötande av oss.

Robinson Crusoe som var ensam på sin ö kunde inte ha någon aning om han var en trevlig eller älskvärd person. Han hade inga personer omkring sig som kunde visa om de tyckte han var värd att lyssna på och om han hade kloka åsikter. Det enda Robinson kunde ha var självtillit. Han kunde se att han klarade svårigheterna med sina färdigheter och kunskaper. Om han var en trevlig och respekterad man kunde han inte veta, eftersom det till en början inte fanns någon som kunde visa respekt för honom.

Vår bild av oss själva är beroende av hur andra beter sig mot oss. Är andra personer genomgående nonchalanta mot oss, börjar vi se oss som inte särskilt mycket värda. Om vi genomgående bemöts med vördnad, får det oss att tro att vi är mycket betydelsefulla. Om man respekterar det vi säger och lyssnar på våra argument, känner vi oss smarta, kloka och respekterade.

Knepet att få gott självförtroende är alltså att få andra människor att bete sig som om de respekterar dig. Det får dig att känna dig betydelsefull och intressant. Om du för det mesta bemöts så, blir du med tiden övertygad om, att du verkligen är värd att respektera. Ditt självförtroende växer.

För att få människor att bemöta oss med respekt, måste vi själva bemöta dem med respekt – nämligen sunt självhävdande. Sunt självhävdande är en mycket viktig komponent i en respekterande persons beteende. Du visar att du är värd att tala med och lyssna på, genom att du själv beter dig sunt självhävdande. Den undfallande signalerar att han inte vill, vågar eller orkar berätta för dig vad han anser. Hela hans beteende signalerar att han inte har något att komma med. Den aggressive säger att han vet bäst och att du vet mindre, vad som är rätt.

Kan det vara så enkelt att få gott självförtroende? Är det bara att börja bete sig sunt självhävdande? Naturligtvis kan det ta lång tid innan vi blir övertygade om, att vi är trevliga och att folk tycker om oss, särskilt om våra tidigare erfarenheter huvudsakligen har bestått av nonchalans eller ännu värre nedlåtande bemötande. Men att spegla sig i andra människors beteende är det sätt som gäller, för att få en förändrad syn på sig själv. Om vi har föräldrar som säger att vi är duktiga och söta och att alla tycker om oss, så hjälper det inte, om verkligheten i mötet med andra människor visar på motsatsen. Vi tror det vi ser, inte det man säger om oss. Att berömma ett barn för egenskaper som det känner att det inte har och som verkligheten visar inte stämmer, känns inte sant för barnet. Det gör bara att berömmet klingar falskt och kan ignoreras.

När du börjar praktisera sunt självhävdande, lägg då märke till alla små positiva tecken i dina motparters beteende, som kan komma ut av ditt nya beteende. Det är viktigt att du blir uppmuntrad (förstärkt) att fortsätta dina ansträngningar.

> Bete dig så att man visar respekt för dig. När du märker att andra respekterar dig får du respekt för dig själv.

Kan det vara så att många mobbade personer skulle kunna undgå att bli kränkta, om de hade ett mera sunt självhävdande beteende? Jag tror det. Sunt självhävdande borde ingå som en del av många flera insatser mot mobbning. Det kan och ska inte vara den enda insatsen, men ett sunt självhävdande kan säkert försvåra att mobbning uppstår.

Som lärare kan man framgångsrikt försöka lära eleven ett nytt handlingsmönster, såsom de beteenden som kännetecknar självhävdande. Det är svårare för att inte säga hopplöst svårt för eleven själv, att lära sig detta. Han är varken klar över hur han beter sig och hur beteendet uppfattas av andra. Än mindre vet han, hur han borde göra för att bli respekterad.

När du som vuxen tränar en person i ett nytt beteende – följ mallen VISA, INSTRUERA och ÖVA. glöm inte uppmuntra även misslyckade försök. Du visar genom att vara en modell. Du ger återkoppling och instruerar. Tillsammans kan ni sedan öva. Det är bra att öva med flera personer och i många sammanhang för att få färdigheten att bli mera spridd till flera situationer.

Lär in och öva genom att forma (shaping)

Vid undervisning av beteenden hos utvecklingsstörda personer eller små barn, kan man inte alltid följa ordningen "Visa – instruera – öva". De intellektuella begränsningarna kan göra instruktionen och även själva visa-momentet svåra eller omöjliga att använda.

När man visar fordras att den som observerar är intresserad av det som visas, att han/hon ser och hör samt förstår det som visas. De gravt utvecklingsstörda klarar sällan allt detta.

Momentet "Instruera" ställer ännu högre krav på förståelse. Det förutsätter att personen har ett språk, som är tillräckligt utvecklad.

Öva-momentet står öppet för alla, men för att det skall bli effektivt, måste det ordnas till en väl kontrollerad formning.

Ett välkänt exempel på kontrollerad formning är då man lär språklösa autistiska barn att uttala och använda ord.

Terapeuten uttalar exempelvis ordet "mamma" många gånger, som en modell för barnet att imitera. Barnet rör kanske läpparna och terapeuten ger då detta beteende en konstlad förstärkning som ett russin, en bit av ett chips eller liknande. Detta motiverar barnet att åter röra på sina läppar. Barnet får åter förstärkning. Efter hand kräver terapeuten att beteendet ska bli något mera likt det fullständiga ordet "mamma". Ett svagt ljud tillsammans med läpprörelserna krävs, för att russin ska ges. Därefter krävs ett "a-ljud" och så småningom "ma" för förstärkning och så formas beteendet vidare.

I steg för steg formas ordet i barnets mun genom att kraven för förstärkning hela tiden sakta höjs. Vanligtvis går det mycket långsamt. Formning är en tålamodskrävande och mycket svår undervisningsform.

En av svårigheterna i metoden är, att försiktigt öka kraven så att de varje gång leder till förstärkning (russin i vårt exempel). Samtidigt måste förstärkningen ges snabbt (timing) för att inlärningen ska gå framåt.

BETEENDEPÅVERKAN FRÅN BÖRJAN TILL SLUT

Att arbeta systematiskt

Att påverka mänskligt beteende kräver inte bara en god analys utan också ett systematiskt arbetssätt. Eftersom beteendeanalysen bara är en gissning eller en hypotes måste den prövas. Vi vet ju inte om vår hypotes är korrekt. Men en prövning förutsätter bland annat också att vi kan mäta eventuella förändringar och resultat. Den behandling som bygger på beteendeanalysen, blir prövningen av analysen. Om beteendet förändras i den tänkta riktningen, då blir det ett bevis eller tecken på att analysen var korrekt.

När vi till vardags stöter på en person som beter sig störande eller avvikande funderar vi ofta över orsakerna, men någon regelrätt beteendeanalys görs inte. Varför är Karlsson så vresig? Varför verkar Nina alltid så ledsen, tyst och tillbakadragen? Vi nöjer oss vanligen med dåligt underbyggda förklaringar som att Karlsson har problem och Ninas föräldrar har skilt sig. Sådana förklaringar accepterar vi, trots att det inte finns något säkert samband mellan problem och vresighet eller mellan skilsmässor och tillbakadragna barn.

Det är inte ens alltid självklart att det görs en riktig beteendeanalys av psykologer i den kliniska verksamheten vid psykiska problem som ångestsyndrom, alkoholproblem, missbruk och kriminalitet. Inte bara lärare utan även föräldrar borde göra mer ambitiösa beteendeanalyser, för att bättre förstå varför deras barn reagerar på det ena eller andra viset. Beteendeanalys är ett effektivt medel att förklara varför en person agerar som han gör. Men för att det ska bli det effektiva medel som det kan vara, måste man arbeta systematiskt från början till slut.

Låt oss börja från början. Vi står inför problemet med Emma som är en elev i träningsskolan. Emma drar folk i håret.

Emma är 14 år och har blivit allt värre på att dra kamrater och vuxna i håret de senaste två åren. Under en enda vecka har det hänt 53 gånger. Assistenten i träningsklassen är tvungen att bära schalett. Taxichauffören vägrar att köra henne till skolan, då Emma flera gånger dragit chauffören eller andra barn i håret under resan. På grund av detta har Emmas mamma själv tvingats skjutsa Emma till skolan. Nu har Emma placerats på ett behandlingsinriktat elevhem på grund av hårdragningarna.

När Emma drar någon i håret gör hon det så rejält, att tre personer i elevhemmets personalgrupp på kort tid har fått skador i nacken och blivit sjukskrivna. Speciellt drabbas personer med stort och yvigt hår, som hon snor in sina händer i för att sedan kasta sig ner mot golvet.

Beteendeanalysen visar att Emma, en måttligt utvecklingsstörd flicka, är mycket osäker, ängslig och blyg. I okända situationer handsvettas hon, får fladdrig blick och ofta kastar hon sig i håret på någon, bara man tittar på henne.

Vanligen väljer hon att sitta vid eget matbord på elevhemmet och i skolan. Det är särskilt vanligt att hon gör det, när "viss personal" arbetar. Ofta avstår hon från att vara med och fika om "vissa" personer arbetar och hon deltar lättare om andra är i tjänst.

Under ett helt läsår var det omöjligt att få henne att delta i trä- och metallslöjden. Hon kröp hela tiden under bänken och satt där. Så snart slöjdläraren närmade sig henne, drog hon upp tröjan över huvudet, kröp undan eller drog något annat barn i håret.

Det har kunnat konstateras att "hårdragandet" blir mindre då hon fått en lugnande tablett. Detta har systematiskt prövats inför "svåra" situationer.

Innan man påbörjar analysen bör ett första villkor vara uppfyllt. Alla som är berörda av problembeteendet och ska delta i arbetet, måste vara eniga om att beteendet verkligen är det problem. Det kan ibland vara svårt för föräldrar till ett "ouppfostrat" barn att enas om att deras barn är ouppfostrat. De kan även vara känsliga mot kritik av deras barnuppfostran och av den anledningen inte vilja enas med exempelvis skolpersonalen. Svårigheten att enas omkring problemet minskar inte om en stor personalgrupp eller lärarkollegium ska enas.

Saknas enighet bland de berörda kan en i och för sig korrekt analys ändå sällan ge upphov till några effektiva behandlingsinsatser, eftersom oenighet bäddar för inkonsekvens. Få saker kan vara mer förödande för behandlingsarbete än inkonsekvens. Dessutom spolierar den möjligheten att utvärdera de insatser som gjorts – oenigheten som sådan innebär ju att flera olika och kanske helt motstridiga behandlingsåtgärder genomförs samtidigt. Följaktligen kan man inte veta vilken åtgärd som påverkar beteendet, om det över huvud taget blir någon förändring.

I Emmas fall var det inte svårt att nå enighet mellan föräldrar, lärare, elevhemspersonal och assistent i klassen om att hårdragandet var ett mycket stort problem.

När samtliga berörda är eniga om ett problembeteende och säger sig vara villiga att arbeta med det, är tiden mogen för att göra beteendeanalys.

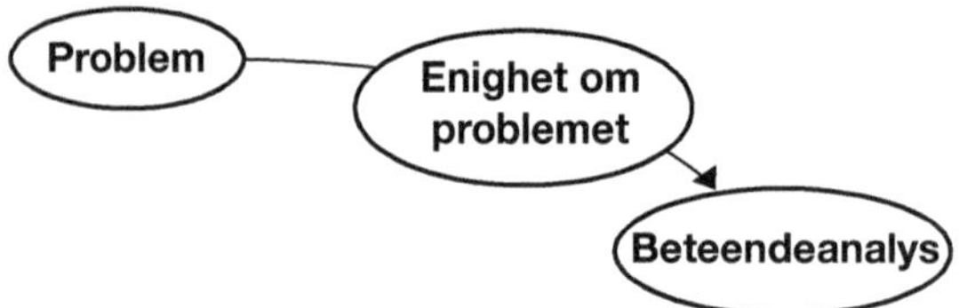

Beteendeanalysen syftar till att förklara beteendet, genom att visa vad och hur personen motiveras till att bete sig som hon gör. För att kunna göra det måste man se beteendet i sitt sammanhang.

I beteendeanalysen som rör Emmas hårdragande kan en intressant detalj ses. Emma är mycket blyg och osäker samtidigt som hon är aktiv och nyfiken och absolut inte vill missa något. Det är mycket konfliktfyllt för henne, hur hon ska agera när hon kommer i nya situationer. Vore hon bara osäker kunde hon hålla sig helt undan, men nu vill hon också vara med. Det innebär att hon ibland kommer i situationer som innebär att blickarna riktas mot henne mer än hon kanske önskar.

Emma tycks vara särskilt känslig för vissa personers blickar. Dessa personer är ofta unga män i personalgruppen, som hon hunnit bli lätt förälskad i, liksom lärare med skarpa ögon. När dessa personer tittar på henne och eventuellt ställer något litet krav på henne upplever hon ett starkt behov av att fly undan blickarna. Ett snabbt sätt att tillfälligt komma undan blickarna är att dra upp tröjan över huvudet, ett annat sätt är att dra en person i håret, förutsatt att det finns någon person i närheten. Då riktas alla blickar mot hennes händer, som sitter i håret och hon slipper dem alltså riktade mot sitt ansikte.

Beteendeanalysen kan skrivas:

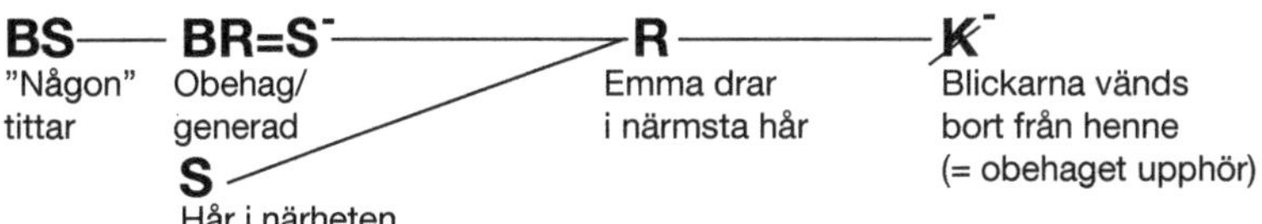

Hårdragandet är ett flyktbeteende. Den direkta effekten av Emmas hårdragande blir att hon omedelbart befrias från de pinsamma blickarna. Att hon sedan får kanske än större problem med alla förebråelser för att hon dragit någon i håret, förmår inte att avhålla henne från att på nytt dra i närmsta tillgängliga hår. Det är en negativ förstärkning för henne att befrias från de generande blickarna. Det gör hårdragandet till ett funktionellt beteende.

Som en direkt följd av beteendeanalysen brukar man kunna se naturliga lösningar eller behandlingsförslag.

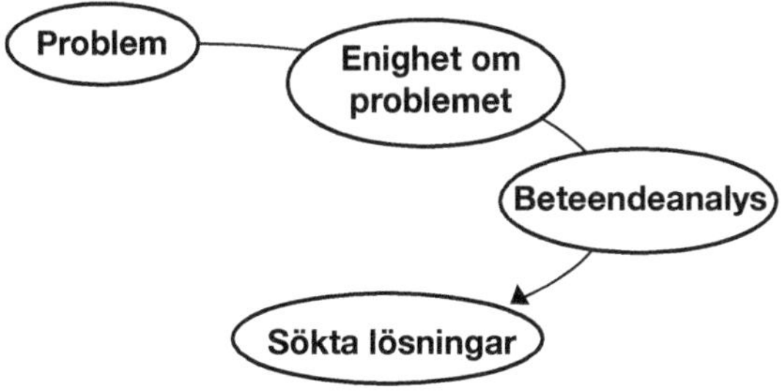

Med utgångspunkt från beteendeanalysen hade personalen följande förslag till lösningar eller behandlingsinsatser för Emma.

1. Gör Emma lugn, ge henne självförtroende. Hon ska slippa uppleva den genans/osäkerhet, som utlöser hennes flyktbeteende

2. Härda henne mot "blickar".

3. Sätt mössor eller hjälmar på all personal.

4. Dra henne själv i håret, så hon får känna hur det känns.

5. Ge henne enskild undervisning.

6. Låt Emma byta klass.

7. Byt ut all personal som har "skarpa ögon" och som hon är förälskad i. Undvik manlig personal.

8. Se till att hon inte lyckas fly undan genom sitt hårdragande, för då blir hon ju uppmuntrad att fortsätta.

Alla förslag noteras utan någon kritisk granskning. Den kritiska granskningen kommer först, när man ska välja behandlingsåtgärder eller lösningar.

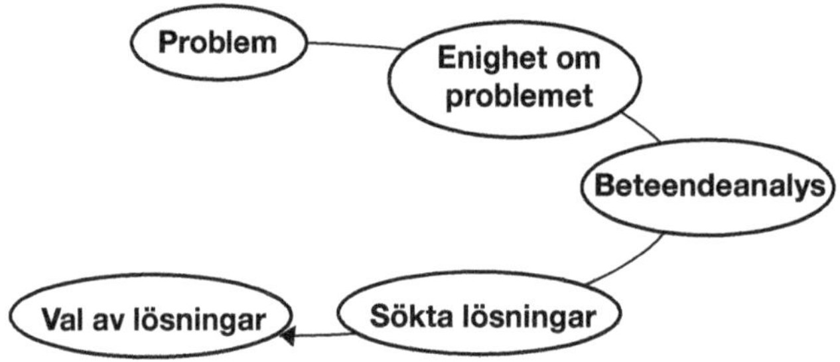

Vid valet av lösningar bör man alltid välja sådana åtgärder, som uppfyller två krav:

- Dels bör det tillfredsställa de inlärningspsykologiska kraven och alltså kunna tänkas få Emma att upphöra med sitt hårdragande. Det är knappast meningsfullt att välja en lösning, som man inte förväntar sig ska vara till någon hjälp. Med andra ord bör åtgärderna vara "korrekta" utifrån analysen och följaktligen ha en chans att påverka beteendet på det tänkta viset.

- Dels bör åtgärderna kunna accepteras och utföras av alla berörda personer. Det är knappast vettigt att starta något som endast kommer att fullföljas av vissa av de viktiga personerna runt "problemet". Föräldrar, lärare, vårdpersonal och andra som finns i kretsen kring den som har "beteendeproblemet" måste vara överens om att de är beredda att utföra de valda åtgärderna. De måste även vara i stånd att genomföra dem både fysiskt och psykiskt.

Dessa båda krav är grundförutsättningarna för framgång. Vad ska man välja för att hjälpa Emma att sluta dra folk i håret?

Vi ser på förslagen som givits av personalen. Det första förslaget: "gör Emma lugn, ge henne självförtroende" är rätt tänkt, men är lättare sagt än gjort. Kan man vara säker på, att Emma kommer att vara lugn när hon har fått bättre självförtroende och inte kommer att generas när skarpa ögon riktas mot henne?

Att ge sina elever självförtroende är en generell ambition, som bör gälla alla elever. I detta fall skulle det bli en insats på väg 1. Att bygga upp självförtroende hos en människa är en mycket stor uppgift som tar lång tid, även om man vet hur man ska göra. Föräldrarna till Emmas klasskamrater kräver dock omedelbar förändring, för sina barns skull. De kräver att deras barn ska slippa bli dragna i håret nu.

Tanken bakom förslag 1 är utan tvivel riktig och riktigheten kan man anse bevisad, då man kan konstatera, att Emma behärskar sitt hårdragande om hon får en lugnande tablett. En lugnande tablett är detsamma som att tillfälligt befria henne från det obehag (genans eller ångest) som utlöser hennes hårdragande. Det är en olämplig åtgärd och är ett känslomål. Att bli lugn och trygg är ett långsiktigt mål för alla barn. Omständigheterna kring Emma kräver snabbare resultat.

Förslag nummer 2 "Härda henne mot blickar" ligger i linje med analysen och kan ses som en mindre del av det första förslaget, men det är mera precist och därmed lättare att genomföra. Det är också lättare om man vill nå snabba resultat. Tanken bakom detta förslag är att göra Emma mindre känslig för ögon och blickar. Emma ska göras mindre känslig (desensibiliseras) för blickar, så att hon inte får en stressreaktion, då någon tittar på henne. Exponering är den teknik man använder för att vänja någon vid något stressande.

Personalgruppen enas om att gå på förslaget. Man spelar in en videofilm, där varje vuxen – en i taget – av personalen och lärarna stirrar in i kameran under två minuter. Emma får därefter titta på denna film en gång per dag, vilket hon gärna gör – med skräckfylld förtjusning. På detta vis förväntas hon vänja sig vid att ögon tittar på henne, samtidigt som hon får uppleva att det är "ofarligt".

Förslag 3 "Mössor eller hjälmar på all personal" har delvis redan prövats. Assistenten i klassen har tidvis använt schalett och därigenom undvikit att bli dragen i håret. Förslaget innebär att hårdragandet blir omöjligt och är en åtgärd på väg 1, men innebär emellertid inte att Emma lär sig något. Hon blir inte bättre rustad att klara "skarpa ögon" i framtiden då mössor inte finns. Dessutom skulle i så fall även alla klasskamrater också ha något på huvudet. Förslaget är knappast allvarligt menat.

Förslag 4 "Dra henne själv i håret" har också delvis prövats, då personal vid några tillfällen i vredesmod dragit Emma i håret. Förslaget har inget med vår analys att göra. Emmas behov att fly från blickar eller krav kan aldrig elimineras, genom att man drar henne i håret. Förslaget är bestraffning och man kan aldrig skrämma bort "behovet" av att slippa ifrån skarpa ögon.

Förslagen 5, 6 och 7 har heller ingen direkt koppling till vår analys. De kan bara tillfälligt undanröja personer med skarpa ögon och andra stressande situationer. Någon behandlingseffekt kan man inte få på något av dessa förslag, som i princip bara innebär att man tillfälligt sopar problemet under mattan.

Förslag 8 "att hon inte lyckas fly undan genom sitt hårdragande" har däremot en klar koppling till vår beteendeanalys. Det riktar in sig mot att göra hårdragandet utan förstärkning det vill säga funktionslöst. Detta är det enda av personalens förslag som går på väg 2. Alla de övriga förslagen på insatser går antingen på väg 1 eller ansluter inte alls till beteendeanalysen. Detta förslag är alltså av största vikt för att inte säga nödvändigt. Om man kunde lyckas genomföra det konsekvent, skulle Emma snabbt förlora motivation, att dra i håret. Men hur kan detta genomföras?

Efter det att hårdragandets funktion har blivit avslöjat, kan personalen snabbt se vilka personer Emma är "känslig" för. (Hon drar oftare i närmaste persons hår när dessa speciella personer närmar sig eller tittar på henne.) Personalen beslutar, att varje gång hon drar i håret, så ska den person, som med sin blick utlöst hårdragandet, gå fram till Emma och fortsätta att stirra på henne. Personen ska således inte ägna sig åt att få loss Emmas händer från håret. Det får andra göra, då hon inte ska slippa de "skarpa" ögonen. När Emma är loss går personen med de skarpa ögonen in i ett eget rum tillsammans med Emma. Det innebär att Emma får mera skarpa ögon som konsekvens på sitt hårdragande, vilket kommer att göra det ointressant för henne att upprepa sitt beteende. Detta är verkligen att gå väg 2.

Emmas personal valde således att välja två av de föreslagna åtgärderna, nämligen att försöka att vänja henne vid skarpa ögon (väg 1) genom exponering samt att se till att hårdragandet inte fungerar som flykt från skarpa ögon (väg 2).

Vi har inga insatser på väg 3 på förslag. I detta fall behöver vi inte tänka på att lära Emma några alternativa beteenden med samma funktion (det vill säga att fly undan blickar), eftersom hon redan har några alternativ inlärda. Exempelvis drar hon upp tröjan över ansiktet, gömmer sig under slöjdbänken eller bakom kuddar och så vidare. Alla dessa beteenden har sin negativa förstärkning, dvs. att de obehagliga ögonen omedelbart försvinner ur hennes synfält.

När valet av lösningar eller insatser är gjort, kommer tidpunkten för att tillämpa de beslutade behandlingsinsatserna.

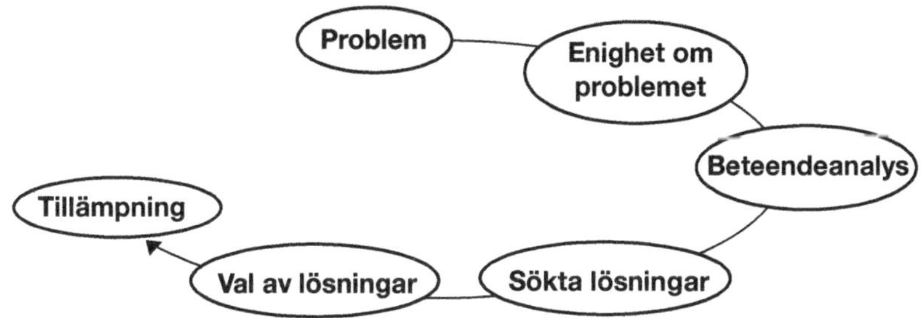

Att börja behandlingsarbetet enligt beslutade åtgärder erbjuder många problem. En del av dem kan man ha förutsett och de är därmed lättare att möta, medan andra kommer mycket överraskande och kan ställa stora krav på förståelse av beteendeanalysen hos "behandlarna". Det är en ovärderlig fördel om" behandlarna" förstår tanken bakom de beslutade åtgärderna och har insikter och kunskaper nog att själva förstå mekanismerna vid inlärning och förstärkning.

Tillämpningen är det moment då det snabbt kan visa sig om man valt fel insatser. Kanske har man spänt bågen för hårt, så att ett konsekvent bemötande är svårt att åstadkomma. Man kan som behandlare ha trott sig om för mycket och att det sedan visar sig att man inte klarar det. Risken är då stor att de olika "behandlarna" börjar agera efter eget huvud och göra på sitt eget vis. Och när bemötandet inte blir konsekvent blir strax det förväntade resultatet spolierat.

Vid tillämpningen av Emmas behandlingsprogram uppstod vissa svårigheter för personerna med "skarpa" ögon: det var svårt att inte vända bort blicken och titta på Emmas händer. Det krävdes viljestyrka att hålla sina ögon riktade mot hennes ansikte, i stället för att hjälpa till att lossa hennes händer från en annan persons hår.

Under hela processen från det att man fattat beslut om att något måste göras – genom och efter tillämpningen – måste mätning av problemet göras. Det har gjorts av Emmas hårdragande. Varje gång hon dragit någon i håret har det registrerats på en lista. Hade man saknat denna mätning, skulle inga slutsatser kunna dras om de beslutade åtgärderna påverkar problemet.

På samma vis som läkaren mäter blodtrycket före och efter det att han satt in blodtryckssänkande medicin, måste man mäta nivån på Emmas problem före, under och efter insatsen, för att se hur problemet utvecklas.

Utan att mäta/registrera kan man aldrig få en någorlunda objektiv uppfattning om hur en människa utvecklas i en "behandling". Om man lyckats registrera på ett sådant vis att förändringar blir tydliga, då har man ett gott instrument för att utvärdera sina insatser.

Registreringen är en mycket viktig del i allt behandlingsarbete.

Redan då enighet om problemet finns, bör en enkel registrering eller mätning påbörjas. Den bör sedan fortgå så länge problemet existerar och en tid därefter.

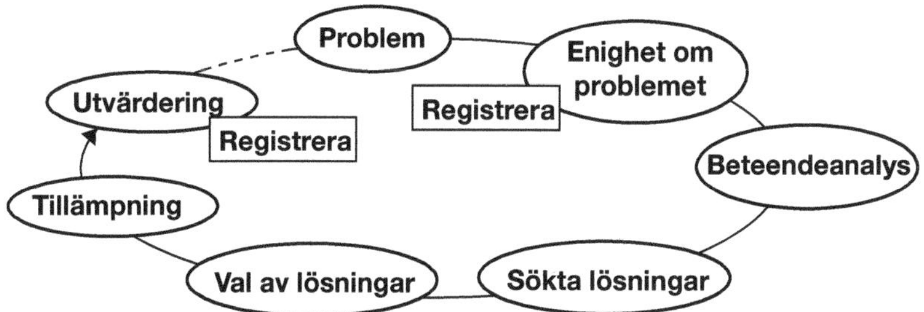

Om utvärderingen visar att Emma efter en tid fortsätter att dra i hår i ungefär samma omfattning, då har man problemet kvar och är därmed tillbaka vid utgångspunkten.

Det är tyvärr alltför vanligt att denna cirkel till arbetsordning inte följs. Många gånger tillämpas en "mindre" cirkel vid försök att bearbeta beteendeproblem i skolor och i annan verksamhet. När man gör fel brukar man vara klar över att man har ett problem och man är också klar över att något måste göras. Men istället för att analysera orsakerna till problemet väljer man en standardlösning, vilken ofta är detsamma som att flytta personen med problemet. Man hävdar att eleven "inte passar" i klassen eller att den utvecklingsstörde måste flytta till ett annat boende. Den förminskade cirkeln får då följande utseende:

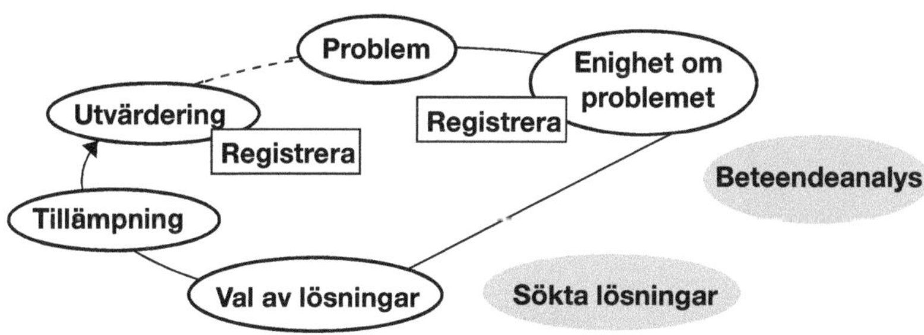

Genom att ingen analys görs, kan heller inga välriktade insatser göras för att angripa problemet. Insatsen att flytta personen till annan klass eller annat boende blir endast ämnade att undanröja problemen där de för tillfället finns. Behandlingsmässigt är det bara ett famlande eller en chanstagning. Resultatet blir oftast att problemet exporteras. Någon utvärdering kan heller inte göras. Om problemet påverkas i och med flyttningen har man ändå inte lärt sig något om problemet.

Att använda tillämpad beteendeanalys har många fördelar:

Man tvingas att försöka förstå orsakerna till problemet.

Man tvingas utforma en hypotes (ett trevande antagande) om orsakerna, vilken blir utgångspunkt för ett åtgärdsprogram.

Åtgärderna blir inte godtyckliga utan är alltid grundade på en logisk hypotes om orsaken.

Man tvingas att observera, mäta eller registrera problemet.

Man kan genom mätning utvärdera om de gjorda insatserna haft någon effekt eller om problemet kvarstår.

genom att man registrerar och mäter problemet, kan man med gott samvete avsluta en misslyckad behandlingsuppläggning och man behöver heller inte upprepa den misslyckade behandlingen. Man kan också inspireras till fortsatta ansträngningar även om framgången är så liten att den endast märks i registrerade data.

Även om analysen visar sig vara felaktig och åtgärderna därmed inte framgångsrika, så vet man åtminstone det och får då försöka göra en mer riktig beteendeanalys. En upprepning av samma fel kan undvikas.

BETEENDEANALYS I SKOLAN

Så gott som dagligen ställs lärare i situationer då de förundrar sig över enskilda elevers beteende. Oförklarliga saker händer som en till synes omotiverad elakhet eller provokation eller en plötslig ovilja mot något som tidigare har varit populärt. Även mer ihållande problem som pennalism, mobbning och skolk kan vara svåra att förstå och därmed vet man heller inte hur man bäst ska bemöta dem. Låt oss ta beteendeanalys till vår hjälp för att se på olika företeelser i elevernas beteende.

Skolk

Jan 14 år har hållit sig borta från skolan under enstaka dagar under hösten. Frånvaron har oftast skett på måndagar och onsdagar.

En titt på schemat visar att både måndagen och onsdagen innehåller ett gemensamt ämne nämligen gymnastik. Jan är en mycket intresserad och duktig gymnast om än lite lat, såvida det inte gäller bollspel. Det är därför svårt att tro att det kan vara gymnastiken som Jan vill undvika.

Skolk ses av skolan som ett D-typ problem. Det innebär att beteendet att "gå till skolan" inte förekommer i önskad omfattning. Därmed har vi konstaterat att motivationen att gå till skolan brister. Vi måste därför leta efter faktorer som minskar motivationen att gå till skolan eller motivationsfaktorer utanför skolan som konkurrerar ut skolan.

Det är naturligt att tänka sig att skolk är ett undvikandebeteende. Men vad undviks i så fall?

Beteendeanalysen visade att Jans skolk har tre funktioner eller förstärkningar. En förstärkning är att Jan undviker pinsamma läxförhör.

Denna förklaring kan inte gälla för måndagar, eftersom dessa dagar är läxfria. Det måste finnas andra förstärkningar på att skolka.

Den andra förklaringen är att Jan på måndagarna är trött efter helgens "utsvävningar". Att ligga kvar i sängen och sova färdigt, utövar en stark lockelse på honom. Att gå upp är oerhört obehagligt.

Även detta skäl till att skolka är ett undvikande. Det är möjligt för Jan att skolka då båda hans föräldrar vare sig kan kontrollera om han går till skolan eller har intresse av det. Denna orsak till skolkandet kan förklara Jans skolfrånvaro vilken dag i veckan som helst.

Det finns ytterligare en orsak till Jans skolk och det är att föräldrarna ibland på söndagarna brukar hyra en videofilm, som de själva ser på söndagskvällen. Om Jan inte har varit med och sett filmen, så är hans enda chans att se den på måndagen. Det händer även att han vill se filmen en andra gång. Då är enda chansen att skolka, för klockan 17 på måndagens eftermiddag måste den återlämnas.

Den fullständiga analysen redovisar tre skäl för Jan att skolka, men endast ett härrör från skolan, nämligen de pinsamma läxförhören. Läraren kan inte arrangera skolsituationen så att Jans samtliga motiv för skolk upphör. Det enda som läraren möjligen skulle kunna påverka, är att undanröja de obehagliga läxförhören. Men det låter sig sannolikt inte göras, eftersom det är en av skolans uppgifter att ge och förhöra läxor.

Hur kan man då som lärare angripa problemet med läxorna? Det kan vara värt ett försök att diskutera problemet med Jan. Beteendeanalysen kan vara en bra utgångspunkt för samtalet. Man kan därvid också lova Jan att om han kommer till skolan, behöver han inte riskera att bli "satt på pottkanten" vid läxförhören. Man lovar honom helt enkelt att han tillfälligt slipper frågor, om han inte själv räcker upp handen. Därmed försvinner motiv nummer 1.

Motiv nr 2 till skolket är svårare att komma åt från skolan, eftersom det beror på de sena kvällsvanorna. Om Jan såg fram mot något spännande och intressant i skolan, skulle han vara motiverad att gå till skolan. Kanske skulle han då gå och lägga sig tidigare, för att orka gå upp i tid. Problemet att hitta tillräckligt många och tillräckligt intressanta aktiviteter är dock så svårt, att detta är en väg som endast kan utnyttjas någon enstaka gång. Närmast till hands ligger kanske i stället att gå behandlingsväg 2 och sätta upp den i och för sig naturliga regeln:

- Om Jan uteblir från skolan utan giltigt förfall, måste han ta igen den förlorade tiden med kvarsittning. (Åtgärden motsvarar väg 2, eftersom skolkandet blir funktionslöst, då han måste ta igen förlorad tid. Visserligen får han omedelbar förstärkning på skolket, men han förlorar det åter i slutändan. Åtgärden är inte helt lyckad, men bättre går den inte att genomföra.)

- Orsak nr 3 "att titta på filmen" kan förhoppningsvis lösas i samarbete med föräldrarna. Om föräldrarna kan förmås att se till, att inga videofilmer finns kvar hemma på måndagarna, så skulle även motiv 3 undanröjas. (Ingen förstärkning finns att hämta, vilket motsvarar väg 2).

Oavsett om de direkta orsakerna till skolkandet finns inom skolans område eller ej, så kan ändå en korrekt beteendeanalys medverka till att blickarna riktas åt rätt håll. Det kan göra, att man indirekt kan påverka problemet. Dessutom kan man undvika att vidta onödiga och meningslösa åtgärder. Det finns flera meningslösa åtgärder som bör undvikas i Jans fall. Några skulle sannolikt göra problemen värre. Att ge Jan extra läxförhör, anmärkning eller skälla ut honom skulle säkert bara göra honom än mer negativ till skolan och ge honom ytterligare orsaker att skolka.

Effektiva medel mot skolk kan ofta vara att göra skolan mindre fylld av obehag. Att exempelvis försöka undanröja risken för misslyckanden på lektioner eller raster och i stället göra skolan "lockande" och intressant, kan vara ett sätt. Detta behöver inte innebära att skolan görs kravlös och eftergiven, snarare det motsatta. Det bör dock vara roligare att gå till skolan än att stanna borta från den.

Man kan spekulera över hur Jan förvärvat sitt skolkbeteende. gissningsvis har det skett av en slump. Man kan tänka sig att han försov sig och då fick möjlighet att upptäcka, att han fick många fördelar och få nackdelar av det. Han fick sova ut, vilket var skönt. Han fick möjlighet att se videofilmen, en möjlighet som han tidigare inte tänkt på. Några nackdelar hade han inte av det hela de första gångerna.

Här följer några exempel på anledningar till skolk.

Eleven skolkar

- *för att* han/hon inte har några kompisar i klassen. Skolket blir ett sätt att undvika att se sin isolering och ensamhet (problemet kan i sin tur bero på en rad faktorer exempelvis brister i den sociala förmågan) [negativ förstärkning].

- *för att* andra aktiviteter utanför skolan lockar mera, t ex att sporta, titta på video, sova, driva omkring, spela kort, äta godis, röka hasch mm [positiv förstärkning].

- *för att* undvika att visa sin "svaghet" och för att undvika att känna sig dum [negativ förstärkning].

- *för att* undvika pinsamma läxförhör [negativ förstärkning].

- *för att* undvika ovett, ironi, spydigheter, att bli mobbad etc. [negativ förstärkning].

- *för att* undvika tristessen i skolan [negativ förstärkning].

- *för att* kompisarna skolkar och det gäller att vara en i gruppen (socialt tryck) [positiv och negativ förstärkning].

- *för att* han/hon är rädd för skolan eller något i den (skolfobi) [negativ förstärkning].

- *för att* ta hand om mamma, som inte sköter sig utan missbrukar [negativ förstärkning].

- *för att* ta hand om och skydda mamma. (Tvångstanke beroende på tvångssyndrom).

Vid beteendeanalys av skolk måste man ha tillgång till information om viktiga faktorer på fritiden och utanför skolan. Dessutom måste man ha en god portion fantasi och inlevelseförmåga för att se sambanden.

Skolfobi

Carina i tredje klass har skolfobi. Varje vardagsmorgon har hon en rad obehag som gör att hon inte kan gå till skolan. Ibland mår hon illa och kräks eller har magont med diarré. Bara hon tänker på skolan får hon hjärtklappning och känner sig svimfärdig.

Det hela började i samband med att familjen flyttade och hon fick byta skola. Carina var mycket spänd inför detta byte, som skedde i slutet av vårterminen i andra klass. Föräldrarna var tvungna att följa henne till den nya skolan under hela slutet av vårterminen.

Själv kan hon inte redogöra för något, som skulle kunna förklara hur hennes skräck för att gå till skolan uppkommit.

Vid höstterminens början vägrade hon totalt att gå. Efter mycket övertalning och med lock och pock har man dock förmått henne att gå till skolan. Stora insatser krävs från föräldrarna. Det är särskilt besvärligt på måndagar och efter lov. Man följer henne så gott som dagligen. Vissa dagar måste en förälder stanna kvar för att hon ska stanna och inte gå hem. Många dagar kommer hon inte alls till skolan.

Föräldrarna har hoppats att problemen skulle försvinna av sig själva och har därför inte velat eller vågat pressa henne alltför mycket.

Carinas problem kan skrivas:

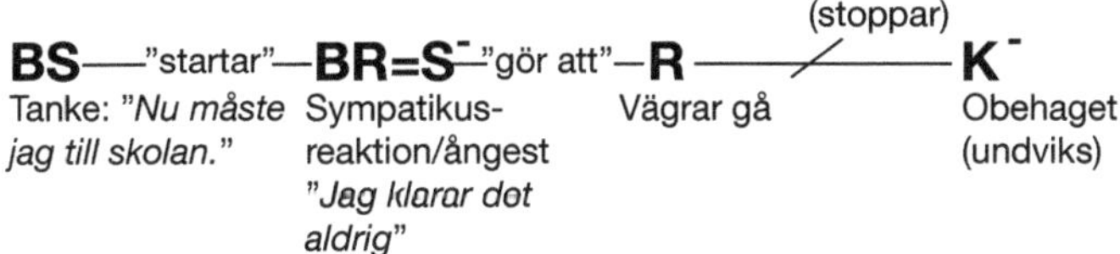

Genom att Carina har tillåtits att stanna hemma, har hon lärt sig att hemmet är lika med "inget obehag och ångest". Att vägra gå till skolan är ett flykt- och undvikandebeteende. Hennes skolkande beteende förstärks genom negativ förstärkning.

Hur har skolfobin utvecklats?

Flyttningen till nytt bostadsområde och ny skola var påfrestande för Carina. Hon gick under hela den första tiden i ett upphissat stressläge (sympaticusreaktion). genom att flyttningen skedde sent på våren hann hon inte bli trygg och lugn i den nya klassen. När hon gick på sommarlov gjorde hon det med en sista erfarenhet att det var obehagligt att vara i skolan. Under hela sommarlovet hade hon sedan tid att gång efter annan tänka på "hur hemskt det känns när man är i skolan". För varje gång hon tänkte dessa tankar knöt hon ihop sympaticusreaktionen med tanken på skolan. Blotta tanken på skolan ger henne obehag (sympaticusreaktion). När hon skulle börja skolan på hösten, hade hon en fullt utbildad skolfobi. Obehaget vällde automatiskt över henne, då det var dags att gå. Hon hade dessförinnan varit stressad och mått dåligt i flera veckor.

Om lovet istället hade kommit när hon hade hunnit finna sig tillrätta i skolan och hunnit bli trygg och kanske fått en kompis, då hade utvecklingen blivit helt annorlunda. Hon hade då under hela sommarlovet gått med positiva och kanske till och med förväntansfulla tankar. Någon betingning mellan sympaticusreaktion och skola hade inte skett.

Vad kan man göra nu?

Det som inte skedde före lovet måste ske efter. Carina måste förmås att komma till skolan varje dag, för att få tillfälle att uppleva att det inte är så obehagligt och farligt som obehagsreaktionen förutskickar. Detta innebär att hon måste exponeras för det som väcker hennes ångest, nämligen skolan. Till en början ska hon få mycket stöd från föräldrar, lärare och kamrater. Stödet kan sedan sakta och successivt trappas ner. Om stödet de första dagarna innebär att en förälder stannar hela dagen i skolan, så kan det sedan dras ner till sällskap på förmiddagar plus hämtning från skolan. Nästa steg kan bli att hon bara följs till skolan osv.

Takten i nedtrappningen bestäms av hur snabbt barnet vinner säkerhet i skolsituationen. Besluten om nedtrappning bör dock aldrig läggas i händerna på barnet, för då kommer den aldrig till stånd. Den vuxne måste hela tiden försiktigt pressa på, för att barnet ska våga pröva med allt mindre stöd. Carina får inte på något annat sätt finna säkerhetsbeteenden, som gör exponeringen utan effekt.

Redan första dagen mamma var med i skolan började hon gå ut i korridoren under korta perioder. Detta för att snabbt vänja Carina av med "mammastödet" och inte fastna på det. Redan andra dagen kom Carina och mamma överens om att mamma kunde sitta ute i korridoren och läsa, medan Carina satt inne klassrummet. Carina ville då att hon skulle få gå ut till mamma så snart hon kände oro, för att förvissa sig om att hon fanns där. Detta kunde dock inte tillåtas, för då hade Carina fått ett nytt säkerhetsbeteende att ta till vid minsta oro. Detta säkerhetsbeteende skulle hålla liv i hennes oro och hon skulle inte tränas att stå ut med oron. Däremot skulle mamman gå in med mer eller mindre oregelbundna intervall. Det avgörande är att inte Carina bestämmer, när ångesten ska sänkas, utan att hon får uppleva att oron försvinner utan att hon gör något åt den.

Så skedde med Carina. Hon "tvingades" att gå till skolan varje dag. Som väntat var det alltid svårare efter helg och lov. Detta beror på att uppehåll i exponeringen gör att fobin återhämtar sig spontant. Ju längre frånvaro från skolan, desto större är risken för ökad ångest. Detta problem är störst alldeles i början men minskar med tiden. Mammans vistelse i skolan blev alltmindre för varje dag för att den sista dagen bara vara att titta in i klassrummet en liten stund innan hon gick hem.

Från början av oktober till jullovet var Carina hemma endast en dag, pga. förkylning. Vårterminen började med att en viss tvekan återkom (spontan återhämtning), men ganska snart gick det åter bra med normalt föräldrastöd.

Viktigt vid skolfobi är att;

- eleven bör förmås att till varje pris gå i skolan. Att stanna hemma kan bara resultera i att fobin etableras ytterligare.

- till en början kan stöd behövas, men detta måste snarast tonas bort. Eleven får inte skaffa sig säkerheter som han/hon blir beroende av, för då kan fobin bli "kronisk" eller permanent.

- eleven får erfara skolans faktiska "ofarlighet". Man kan aldrig vänja sig vid något genom att hålla sig borta från det.

Barn som ständigt stör arbetsron

Att fortlöpande störa arbetsron i klassrummet kan inte ses på annat sätt än som ett onyttigt och oönskat beteende (typ A). Det är således nödvändigt att finna vad som motiverar till det. Varför stör eleven? Förstår man inte detta, är möjligheterna små att påverka det störande beteendet.

Det finns barn som i skolan ständigt är en källa till störningar och oro. Det kan finnas flera förklaringar till detta. Jag har tidigare beskrivit Lasse men det finns många likartade exempel.

Långt ner i åldrarna – till och med bland förskolebarn – finns exempel på barn som systematiskt saboterar sina mödrars försök till socialt umgänge. De avbryter samtal med en mängd beteenden, som syftar till att stjäla uppmärksamheten, t ex tjat, skrik och höga tjut, genom att ge sig på småsyskon eller genom att ge sig på familjens dyrbarheter.

Putte är ett sådant barn. Han lärde sig redan som liten effektiva medel att kontrollera mammans uppmärksamhet. Mamman genomskådade dock lätt det hela. Om hon försökte göra något åt det genom att ignorera Puttes beteende (behandlingsväg 2), då trappade Putte upp sina handlingar. Resultatet kunde bli att Putte prövade sig fram till en handling som inte längre gick att ignorera. Putte anpassade sig således till mammans "behandlingsåtgärd" och istället för utsläckning blev resultatet formning (shaping) av ett mera effektivt sätt att vinna hennes uppmärksamhet. Alltså:

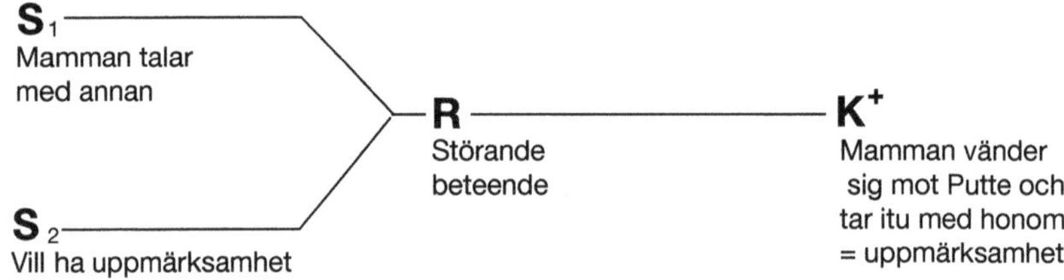

Resultatet kan bli att mamman är nödsakad att skära ner antalet kontakter med andra vuxna. Det var ju just det barnet ville! Det hela kan resultera i att mamman blir helt isolerad i sitt hem. Att bli arg är helt verkningslöst – en skällande mamma ger uppmärksamhet och uppmärksamheten är förstärkande. Om mamman ska lyckas med sina försök att få beteendet att utsläckas genom att ignorera det (behandlingsväg 2), måste hon välja att genomföra sin ignorering i situationer, där hon inte behöver ge sig. Hon ska inte kunna tvingas att ge uppmärksamhet hur mycket barnet än trappar upp sitt agerande för att få uppmärksamhet. Det kan vara mycket svårt, eftersom barnet, om det blir lämnat ensamt kan hitta på "vad som helst".

Förslagsvis kan mamman vid störigt beteende ta med sig barnet in i ett särskilt "oömt" rum och stanna där tillsammans med det, tills störandet upphört och sedan ytterligare några minuter. Avgörande är att mamman konsekvent ignorerar barnet så länge han/hon är störig (väg 2). Så snart barnet söker uppmärksamhet på ett acceptabelt sätt, måste mamman däremot "ställa upp" och ge uppmärksamhet (väg 3). Det måste ju fungera bättre att få uppmärksamhet på det sättet än att göra fel.

När man lärt sig att ett beteende fungerar exempelvis i hemmet, är det lätt att generalisera (ta med sig) beteendet till förskolan och till vanliga skolan. generaliseringen är vanligen en helt omedveten process. Men med stigande ålder och genom nya erfarenheter förändras det. De barnsligaste inslagen kan formas om från skrik, tjut och aggressivitet till provokationer av mera subtilt slag såsom kommentarer eller slammer med pennor och linjal. I skolmiljön finns dessutom flera möjliga förstärkare. Där finns många barn som kan ge uppmärksamhet och som kan skratta.

En generalisering har skett från hem till skola i Puttes fall. Alltså:

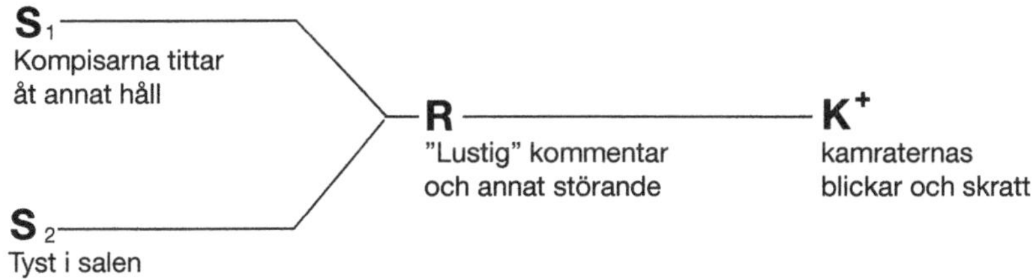

Det är fullt möjligt att kamraternas blickar inte alls är beundrande, utan kanske rent av är besvärade. Putte upplever dem ändå förstärkande. Putte är van att använda sitt agerande för att få uppmärksamhet så han är okänslig för om kamraterna är besvärade på grund av honom. Han fortsätter med sitt störande beteende så länge han upplever det förstärkande, dvs. så länge kamraternas blickar vänds mot honom.

Vad kan beteendeanalysen anvisa för lösning på problemet? Om analysen ovan är korrekt, det vill säga att Putte gör en rad saker för att vinna kamraternas "beundrande" blickar, måste man anvisa alternativa vägar för honom att vinna dessa blickar (väg 3). Samtidigt kan läraren klargöra för honom, att kamraterna inte uppskattar hans agerande (om det nu förhåller sig så förstås), vilket är ett sätt att göra blickarna mindre förstärkande (EO).

Ett annat sätt att låta Putte få uppmärksamhet kan vara att läraren exempelvis visar upp teckningar eller annat som Putte har gjort och på olika sätt framhåller hans förtjänster. Detta är en behandlingsinsats på "väg 1", dvs. ett försök att tillfredsställa behovet av uppmärksamhet utan att eleven behöver vara störande.

Ett tredje sätt är att "störtexponera" Putte för kamraternas blickar. Detta kan ske, genom att man tillåter det otillåtna. Man kan exempelvis låta honom stå framför klassen med uppmaningen att "spela apa" eller att roa klassen på sitt vis. Man gör så att säga en dygd av nödvändigheten. Det blir tillåtet att agera på det sätt som tidigare inte varit tillåtet och då kan agerandet snabbt förlora intresse.

Barn kan lära sig att vissa handlingar har en sällsynt stor förmåga att påverka omgivningen. Skolsalen har sina speciella krav på organisation och arbetsro och är därför en särdeles känslig plats för störningar. Motivationen till att störa kan vara av de mest skiftande slag. Här följer några tänkbara motiverande konsekvenser – förstärkningar.

Eleven stör arbetsron

- för att han inte klarar sina uppgifter och därför inte vet vad han ska göra
- för att förströ sig själv med något roligare
- för att få lärarens odelade uppmärksamhet – även om den är negativ
- för att han gjort alla uppgifter eller för att uppgifterna var för enkla och ointressanta
- för att avleda uppmärksamheten från det faktum att han är svag och inte klarar uppgiften
- för att det kryper i kroppen och det är svårt att sitta stilla längre
- för att provocera och få läraren ur balans

- för att han tror att han väcker kamraternas beundran som tuff eller djärv, får deras skratt eller bara tror att hans agerande uppskattas.

- för att utforska exakt när linjalen trillar ner, när man skjuter den över kanten (nyfikenhet, experimentlusta och upptäckarglädje).

Ibland är det omöjligt att förstå vilken eller vilka funktioner "störandet" har och då är det svårt att veta vad man ska göra. Det kan också vara så, att man inte har några möjligheter att göra beteendet ofunktionellt, även om man förstår vad som förstärker så är väg 2 omöjlig att genomföra. Låt oss anta att det är kamraternas skratt, som förstärker Putte att använda "lustiga" kommentarer mot vuxna eller att störa på annat vis. Det kan vara svårt att göra något åt den saken. Kamraterna kan inte förmås att inte skratta åt Putte. Vad gör man då?

Putte kan tillfälligt få lämna skolsalen där förstärkningarna finns, vilket kan utsläcka beteendet

Om man inte kan göra ett störande beteende ofunktionellt, måste man försöka en handling som är rakt motsatt och helt oförenlig med problembeteendet. Det mest oförenliga torde vara att arbeta under tystnad.

Kan man komma på en sådan oförenlig handling, gäller det att göra denna alternativa handling mer attraktiv och lockande än själva problembeteendet. Hur ska man kunna göra det? Ett användbart sätt kan vara, att ge dessa önskvärda beteenden konstlade förstärkningar som föräldrarna och läraren tillsammans kan arrangera.

Behandlingsprogram för störande elev

Först måste lärare-förälder-elev göra klart för varandra vari problemet består. Det ska klart sägas ut vad man inte kan acceptera i fråga om störande. I den diskussionen kan en kompromiss mellan skolans och föräldrarnas uppfattning bli nödvändig. Eleven informeras om alla detaljer i de beslutade gränsdragningarna och behandlingsuppläggningen. Det är viktigt att alla är eniga om var gränsen går och vad man kan tolerera. Denna gräns skrivs ner på nedanstående kort under rubriken "Förväntat beteende".

Så här kan man alltså tänka sig ett behandlingsformulär eller "kort" för Putte:

Namn: *Putte* Vecka/dag: *41*

Förväntat beteende 1 *arbeta under tystnad*

2 *tilltala läraren trevligt utan elakheter*

Dag/lekt.	Mån	Tis	Ons	Tors	Fre		
Beteende 1	3	2	2	3	3		
		Ironi Ma / Spydig Eng	Spydig Sv / Elak oä				
Beteende 2	2	3	2	1	3		
	Fräck oä / Skrik Ma		elak Sv / Spydig eng	gap, skrik / bråk oä / Ma / elak eng			
Lär.sign.	AB	AB	AB	AB	AB		

3 = Bra på förväntat vis. Toppen! Fortsätt så.
2 = Genomsnittlig för eleven. Någon förbättring.
1 = Mycket liten förbättring
0 = Dåligt

Uppnådd poäng av möjliga:

$$\frac{24}{30} = \frac{7}{10}$$

Putte bedöms till en början efter varje lektion. Det är ofta klokt att börja med att bedöma varje lektion och senare övergå till att bedöma varje dag. Bedömningen sker på en fyragradig skala, där 3 motsvarar bra och förväntat beteende, medan 0 ges för dåligt beteende. Om poängen sänks (dvs. blir mindre än 3) måste eleven få veta varför. För att eleven inte ska tappa sugen är det viktigt att sätta det "förväntade beteendet" på en nivå, som är möjlig att nå för eleven, men som samtidigt uppfyller acceptabel nivå för läraren.

Läraren gör alltid sin bedömning tillsammans med eleven, skriver in resultatet på formuläret och signerar. genom att läraren tvingas att motivera varje gjord sänkning från 3 ökar säkerheten för rättvisa bedömningar. Samtidigt lär sig eleven var gränsen för hans beteende går, genom att han får återkoppling på hur han lyckats omedelbart efter lektionen. I början är det särskilt viktigt att läraren motiverar varje sänkning under 3 och "öser på med beröm" (förstärkning) varje gång bedömningen blir 3.

Läraren har fortlöpande samtal med eleven i samband med varje bedömning. Eleven har själv hand om kortet, om det är möjligt. Han får även ta med det hem varje dag. Om eleven tycker det är förstärkande att få poäng, kan han börja se kortet som en ”värdehandling”.

Vad ska dessa poäng tjäna till? Poängen kan ges ett värde på samma vis som pengar har ett värde. Att bete sig väl kan knytas till annan förstärkning. Om Putte förtjänat 8 av 10 möjliga poäng kan han t ex få tillgång till en rad förmåner i hemmet; se vissa TV-program, spela spel tillsammans med föräldrarna, få läggdags 30 minuter senare, välja efterrätt, hyra videofilm mm.

Om Putte däremot endast förtjänat 7 av 10 möjliga, förlorar han möjligheten den gången till att få en förmån.

Det gäller att välja förmåner, som är så attraktiva som möjligt och gärna lite utöver det vanliga. Det är meningslöst att erbjuda sådant som han kommer att få i vilket fall som helst.

När Putte fått 4 av 10 poäng eller mindre, förlorar han möjligheten till alla förmåner. Han ska dock alltid ha möjlighet att läsa, att hjälpa till i hushållet och att vara tillsammans med föräldrarna. Detta får aldrig tas ifrån honom.

Det är mycket viktigt att anpassa såväl krav som förmåner till den enskilde eleven. Avsikten är att motivera och det sker bara om det utlovade är möjligt att nå och är tillräckligt attraktivt.

Svårigheter kan emellertid uppstå. Vad ska man exempelvis göra när Putte blir sjuk? Får han sina förmåner trots att han inte förtjänat dem i skolan? Nej, då skulle han lära sig att det har vissa fördelar att vara sjuk. Det kan aldrig vara meningen. Han förlorar alltså de extra förmånerna vid sjukdom. Därigenom blir skolan en källa till något positivt.

Om Putte ”tappar” eller ”glömmer” sitt kort i skolan förlorar han automatiskt alla förmåner och ett nytt påbörjas.

Om Putte förfalskar lärarens bedömning eller hans signatur, då förlorar han alla förmåner under kommande veckoslut. Det är ingen bra lösning att han förlorar förmånerna under resten av veckan, för då skulle han tappa motivationen att skärpa sig under resten av veckan.

För att uppmuntra till hög standard under längre tid, exempelvis en vecka, kan man arrangera speciella förmåner vid veckosluten. Det kan vara att gå på match med pappa, gå på restaurang och äta favoriträtten, gå till simhallen eller annat, som blir uppskattat. Putte får en sådan specialförmån om hans genomsnittspoäng per vecka är mer än 8 av 10 möjliga.

Den ovan beskrivna behandlingsuppläggningen kan användas för en svårt störande elev.

Det är lämpligt att pröva ett behandlingsprogram av den här typen under två till tre veckor. Märks inga förbättringar på den tiden behövs experthjälp. En person med stor erfarenhet av att upprätta beteendekontrakt behövs. Att ett program blir overksamt kan bero på själva uppläggningen, men det kan också bero på att förmånerna kanske inte är tillräckligt förstärkande. Det kan även finnas motiv till det störande beteendet som inte upptäckts vid beteendeanalysen. Dessa kan vara så starka att programmets förmåner inte kan konkurrera ut dem. Betrakta därför aldrig beteendeanalysen som definitiv eller slutgiltig. Hur länge ska man då fortsätta med ett program som fungerar? Det gäller att inte sluta med ett program innan de nya vanorna har etablerats. Program som Puttes kan förslagsvis avvecklas när genomsnittet är 8 av 10 poäng under en längre tid och när alla är överens om att man kan ta bort det.

gör i samband med avvecklingen av programmet klart för eleven att ett återfall kan innebära att programmet återinförs. glöm inte att alla förmånerna naturligt måste finnas att tillgå åtminstone sporadiskt även efter det att programmet avslutats. Annars kan ju följden bli att eleven måste få ett "återfall", för att få tillgång till samma förmåner igen.

Puttes program är ett exempel på beteendepåverkan där ett motsatt och oförenligt handlande görs så attraktivt med hjälp av konstlade förstärkningar, att det konkurrerar ut det tidigare beteendet.

Slagskämpen

Det finns få beteenden som vi lär oss lika snabbt och lätt som aggressivt beteende. En möjlig förklaring till detta är att aggressivt beteende hade ett klart överlevnadsvärde, då människan sprang omkring som urskogsvilde. Det var de mest aggressiva och starka som levde längst och fick möjlighet att skaffa barn och låta sina aggressiva anlag gå i arv till allt mer aggressiva generationer.

Till detta kan läggas att vår miljö översvämmas av aggressiva modeller, som kan imiteras. Ofta är de mycket framgångsrika och inspirerar därför till imitation.

Det är inte att undra på, att vi ser mycket aggressivitet mellan elever i skolan.

Det räcker dock inte med en sådan generell förklaring, för att förklara varje enskilt fall av slagsmål eller mobbning. Varje sådan situation har sin egen förklaring. Om ett och samma barn ofta är inbegripet i slagsmål har man anledning att tro att det finns vissa återkommande stimuli (S), som utlöser själva slagsmålet hos honom.

Ibland hör man uttalanden som "man måste låta aggressionen komma ut" eller "vi får inte undertrycka vår spontanitet" eller något annat i den stilen. Det finns inget vetenskapligt stöd för att vi nödvändigtvis måste "släppa ut" vår aggressivitet för att inte bli "störda", tvärtom. Det finns exempel på indianstammar som framlever sina liv med bara en bråkdel av den aggressivitet vi visar i västerlandet. De mår inte sämre än vi.

Varför blir en del barn aggressiva? Låt oss genast konstatera att handgriplig aggressivitet alltid är ett överskottsbeteende (problem av typ A, möjligen typ C eller E). Detta innebär att vi bör leta efter förstärkningarna när vi gör vår beteendeanalys.

Följande exempel har flera likheter med andra fall i boken, men är mera fördjupad.

Palle är 11 år och går i fjärde klass. Han är dagligen aggressiv mot kamrater och lärare. Han slåss med nya elever på skolan, han slåss på fotbollsplanen och i de flesta situationer där lekar, spel eller tävlingar pågår. Varför slåss han?

Enligt lärarna är han en hård, tuff och mycket lättretad pojke. Han opponerar sig ofta mot läraren och käftar emot. Får han en tillsägelse kan det ibland helt urarta. Det har gått så långt, att vissa kamrater är rädda för honom och försöker att vara honom till lags för att undvika att få stryk. Även lärarna drar sig för att ge honom tillsägelser. "Stormötet" på skolan har sammankallats, eftersom föräldrar rapporterat att deras barn är rädda för att gå till skolan. Något måste göras.

Varför slåss Palle? Beteendeanalysen visar att det aggressiva beteendet har flera viktiga funktioner för honom.

Palle är i själva verket en vek och socialt mycket ängslig – för att inte säga rädd – pojke. Han vill alltid visa att han är bäst och att han kan. Han har ett extremt behov av att hävda sig och visa hur duktig han är i kombination med kraftig känslighet för att misslyckas och skämmas. Han är dessutom mycket kritikkänslig och skäms mycket då allas ögon riktas mot honom exempelvis vid tillsägelser av läraren.

Varje gång han får en tillsägelse, riskerar att förlora i en tävling eller möter ett nytt okänt barn, blir han osäker. Han får en sympaticusreaktion – hjärtat slår fortare, han får en klump i halsen, tryck över bröstet osv. En sympaticusreaktion kan motivera på två sätt: motivera till flykt eller till anfall (se kapitel 4). Palle har lärt sig att alltid gå till anfall när han känner på detta vis. Att fly är oförenligt med hans "stil", då det innebär att visa rädsla och feghet.

Som nämnts tidigare är den fysiologiska reaktionen (sympaticus-reaktionen) densamma i alla kraftiga känslor som aggressivitet, rädsla, hat, avsky, äckel etc. Det är tolkningen eller tankarna i situationen som ger den kroppsliga reaktionen dess känslofärg. Palle klär sin sympaticusreaktion i aggressiva tankar och går till attack. Aggressiviteten ersätter och blockerar därmed hans känsla av osäkerhet och skam. Skam är obehagligare än ilska och därför tycker Palle det "lättar" att gå till anfall. Hans aggressiva beteende får negativ förstärkning. Det känns ju bättre att känna ilska än att skämmas.

Det visar sig också vid beteendeanalysen att Palle är mycket angelägen att inte bli ställd utanför och att inte få vara med och leka. Han är mycket angelägen om att bli accepterad. Detta kan förefalla anmärkningsvärt med tanke på hur han behandlar sina kamrater. Hans önskan visar sig bland annat i att han är mycket ängslig för att exempelvis ha avvikande kläder. Han kan till och med åka hem för att byta till likadana skor som kamraten för tillfället har. Han har även funnit att ett effektivt medel att få vara med kamraterna och inte bli lämnad utanför är att hota kamraterna med stryk.

Samtliga funktioner hos Palles aggressivitet kan skrivas på följande sätt:

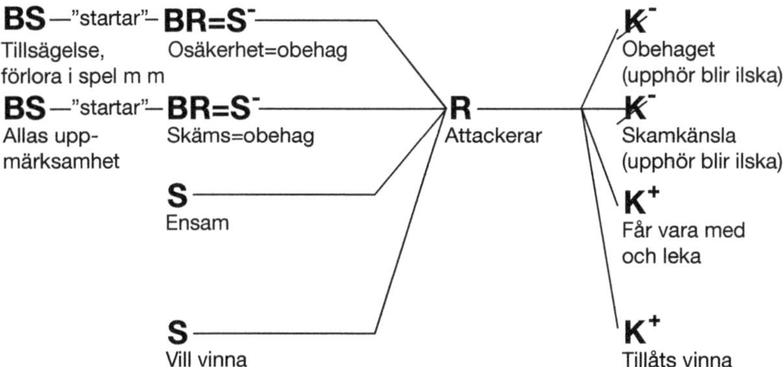

Palle kommer inte självklart att växa ifrån sitt aggressiva beteende. Så länge det har flera värdefulla funktioner, som han inte kan tillgodose på något annat vis, kommer han att behålla det. Förstärkningarna är att "fly från" eller ersätta osäkerheten/obehaget och skamkänslan med aggressivitet, samt att garantera att han får vara med och att han tillåts vinna.

Vad kan vi göra för att motivera honom att avstå från sitt aggressiva beteende? Vi får inte straffa honom med egen aggressivitet som aga, ironi eller liknande. I så fall godkänner vi ju aggressivitet och blir modeller som han själv kan imitera. Aggressivitet föder mer aggressivitet. Dessutom skulle vi då utsätta honom för en situation där han skulle skämmas och därigenom utlösa hans aggressivitet. Vi måste finna andra vägar att visa var gränsen går och att "avmotivera".

Den mest naturliga lösningen är att stärka Palles självförtroende, så att han inte behöver känna sig osäker och ängslig (väg 1). Det är ett alldeles för "flummigt" mål och dessutom är det inte gjort i en handvändning även om man visste vad det skulle innebära. Problemet måste få en snabbare lösning.

Den lösning som motsvarar andra barns, föräldrars, lärares samt inlärningspsykologiska krav är att skapa en "spelregel", som Palle måste följa. Denna regel är:

När Palle varit inblandad i bråk/slagsmål, så att något barn kommit till skada eller gråtit, då får Palle påföljande rast förskjuten. Det betyder att han får ta rast ensam eller i varje fall inte tillsammans med sina klasskamrater.

Förklaring som ges till Palle: Kan du inte hålla sams med kamraterna så tar vi inte risken för ett nytt bråk nästa rast. Du får ta rast utan dina klasskamrater – före eller efter deras rast.

Inlärningspsykologiskt motiv: Palle är angelägen att vara med sina kamrater (det finns mycket som tyder på detta). Han kommer nu att märka att hans aggressiva beteende får en rakt motsatt funktion – han blir ensam påföljande rast. Härigenom undanröjs förstärkningen på att tilltvinga sig gemenskap (behandlingsväg 2).

För att inte hamna i ändlösa diskussioner om skuldfrågan till eventuella slagsmål och bråk, bestäms att frågan om skuld är utan betydelse. Oavsett om Palle har skulden eller ej, så får han förskjuten rast, så snart han varit inblandad. Han får information om detta. Hans enda chans att få vara med kamraterna på rasterna blir därför att alltid hålla sig borta och utanför bråk. Inga undantag medges. Palle har alltid ansvar för vad han gör, oavsett vad andra gör.

Samtidigt påbörjas ett program för att lära och träna Palle i att samarbeta. Detta består av att han får uppgifter att utföra i samarbete med andra elever. Eftersom Palle är begåvad får han även i uppgift att hjälpa vissa av sina kamrater under lektioner, där han hunnit längre och kan mera. Att samarbeta är oförenligt med att bråka.

Genom att Palle får möjlighet att hjälpa sina kamrater får han också nya erfarenheter. Han får känna att det är viktigt att vara hjälpsam och att det är ett mycket effektivt medel för att själv bli uppskattad och accepterad (väg 3). Man kan inte både vara hjälpsam och slå en person på samma gång. Dessutom kan man förmoda att hans självkänsla växer då han får sådana förtroenden och märker att kamraterna tycker bättre om honom.

Summering: Palles program har flera verksamma delar. Det innehåller ansträngningar för att på sikt undanröja Palles sociala ängslighet och bygga upp hans självkänsla, vilket motsvarar väg 1. Programmet undanröjer även funktionen "att tilltvinga sig gemenskap", vinster i spel och så vidare. Detta motsvarar väg 2. Dessutom erbjuds Palle alternativa handlingsmönster i form av samarbetsövningar – väg 3.

Programmet visade sig genast mycket effektivt. Från att det tidigare dagligen inträffat incidenter med Palle – ibland upp till två, tre gånger per dag – kom han sammanlagt under påföljande år bara få förskjuten rast ett tiotal gånger, vilket motsvarar ett normalt veckoresultat innan programmet startades.

Exemplet med Palle visar en "skräddarsydd" uppläggning av en behandling som helt bygger på beteendeanalys.

Här följer en uppräkning av några tänkbara orsaker till aggressivitet.

Man är aggressiv (slåss, hotar eller trakasserar)

- *för att* aggressiviteten hämmar (innebär flykt från) osäkerhet, rädsla och ångest.
- *för att* tilltvinga sig fördelar exempelvis vid spel och lek.
- *för att* man tror att det förväntas att man ska vara aggressiv. (Andra barn bemöter "slagskämpen" på ett mer provocerande sätt än de bemöter andra barn. Aggression föder aggression.)
- *för att* framstå som tuff inför kamraterna.
- *för att* få en utskällning av läraren (en utskällning kan kännas och upplevas positiv, särskilt om ingen i hemmet över huvud taget bryr sig om vad man gör eller var man är).
- *för att* få ett allvarligt och förtroligt samtal med en förstående och vänlig vuxen.
- *för att* man är avundsjuk på den man klår upp.
- *för att* man vill förstöra för den som har det bättre och roligare än man själv har det.
- *för att* man inte får vara med och leka.
- *för att* man är ursinnig, ilsken, desperat och saknar mer konstruktiva handlingsalternativ.

Den sista och inte minst viktiga punkten i denna exempelsamling är det vi vanligen förknippar med aggressivitet. Men aggressivt beteende behöver inte nödvändigtvis motsvaras av "genuin" aggressivitet på känsloplanet. Den kan vara rent manipulativ och användas för att man vill bestämma, styra och få sin vilja igenom.

En och samma individ kan använda sitt aggressiva beteende på grund av många olika orsaker och funktioner på en gång. Exempelvis kan man aggressivt käfta och vara nedsättande mot en lärare

- *för att* man inte vill göra det läraren ber om

- *för att* visa kamraterna hur mycket man vågar och för att man tror sig vinna deras beundran

- *för att* reta läraren och få denna ur balans

- *för att* se vad läraren kan göra åt provokationen

- *för att* markera att man inte låter sig styras

Aggressivt beteende är ett handlingsmönster som vi ibland tillgriper när vi är högmotiverade, men inte har tillgång till några andra effektiva handlingar. Vi använder det också när vi är frustrerade (besvikna eller inträngda i ett hörn).

En liten klass med stora problem

Under ett läsår undervisade jag i en specialklass i sjätte årskursen. Klassen bestod av elever med en blandning av olika behov och problem. Det fanns två kategorier elever. Tre av eleverna var svårt beteendestörda, övriga åtta var endast svagpresterande elever med behov av särskilt stöd.

Av de beteendestörda var Arne (13) mer än normalbegåvad. Han hade placerats i fosterhem efter mycket skolk och utespring på nätter på hemorten. Efter många allvarliga incidenter omhändertogs han för samhällsvård. Den sista incidenten var att han slagit en stol i nacken på sin lärare. Denne pojke visade en ovanlig anpassningsförmåga. Han kunde vara mycket sympatisk och trevlig, rent av charmig. I nästa ögonblick kunde han visa fullständig känslokyla inför svagare kamraters lidande vid exempelvis mobbning. Vid ett flertal tillfällen ertappades han med att sniffa. I fosterhemmet hade man funnit honom liggande med huvudet under en motorgräsklippare med bensinkranen öppen. I slöjden hade man hittat honom berusad med en trasselsudd stinkande av cellulosalack. Sammanfattningsvis kan sägas om Arne; Han var en ledartyp för de andra oroselementen i klassen. Han retade andra barn och var vanemobbare. Han utnyttjade andra barn som sina "betjänter". Han "lånade" mopeder, rökte och sniffade.

De två andra beteendestörda eleverna, Bosse och Calle, var mera svagpresterande. Bosse kom från mycket speciella hemförhållanden. Han hade fyra syskon – alla med olika fäder. Det är inte känt om den han kallade "farsan" var hans far. Men Bosse berättade en dag i skolan, att farsan hade kommit hem.

Bosse: I lördags kom farsan hem från sjukhuset. Då ville han va' ensam me' morsan. Då sa' han: 'Här har du en tia ungdjävel, om du drar åt helvete'."

Bosse var mycket barnslig och saknade varje form av uthållighet. Han tålde inte några krav i skolsituationen. Vid krav började han störa klassen på allehanda vis. Han började högt och tydligt sjunga schlagers efter bästa förmåga. Fick han då en tillsägelse blev han genast aggressiv och började svära och kalla mig vid olika sexualglosor.

Ignorerades hans skrikande och sjungande höjde han volymen och övergick till att hitta på egna texter bestående av svordomar och sexualglosor. Om inte heller detta gav önskat resultat kunde Bosse resa sig och slå någon av de svagare eleverna exempelvis med ett karateslag i nacken.

Satt någon vuxen hela tiden intill honom kunde han vara tyst en stund och försökte arbeta.

Bosse var mycket kelsjuk. Om man exempelvis klappade honom över håret eller rörde vid honom stelnade han till, som om han ville hålla ögonblicket kvar. Ofta sökte han på lektionerna helt ogenerat upp mig för att få sitta i knäet. En kort karaktäristik av Bosse: Bosse var mycket barnslig, relativt svagbegåvad, distanslös, lättfrustrerad och lättuttröttad och var alltid svårt störande i klassrummet, om han inte hade en vuxen vid sin sida. Plågoande för de svagare eleverna på skolan.

Några anteckningar om Bosse ur klassdagboken

26/8 Kastade den svage och synskadade David i berberisbuskarna utan orsak.

Bråkade med David ytterligare en gång samma eftermiddag. David grät.

27/8	Slog Stellan på hemväg från skolan. (Stellan är en oerhört strykrädd pojke.)
30/8	Hotade klå upp Stellan på hemvägen.
31/8	Slog först David och påföljande rast även Stellan.
2/9	Slog en förstaklassare och kastade honom i berberisbuskarna två gånger samma rast.
4/9	Hotade David ett flertal gånger.
6/9	Slog David på väg ut på rast. Upphörde inte vid mina tillsägelser, varför jag fick ta tag i honom och föra ut honom. Han smet hem efter detta.

Beslut fattades att Bosse skulle gå i klinik för enskild undervisning, då svårigheterna att ha honom i klassen var avsevärda. När Bosse informeras om detta blev han alldeles utom sig och skrek, svor och slogs. Han kunde endast fås till kliniken om han blev buren dit och då under våldsamt motstånd. Bosse blev kvar i klassen.

Den tredje av de beteendestörda pojkarna, Calle, var extremt negativ och kraftlös. Det var omöjligt att få honom entusiastisk för något. Hans mest använda fraser var "Jag kan inte", "Jag orkar inte", "Måste vi det?" och "Det skiter jag i".

Även Calle var "svår" mot svagare kamrater. Så gott som dagligen rapporterades att Calle slagit någon. Calle kännetecknades av att han aldrig hörsammade första tillsägelsen. Kort sagt: Calle var mycket tjurig, aggressiv, otroligt lättfrustrerad, mycket lättledd och i grunden en mycket känslig pojke, som ofta började gråta när en viss gräns nåtts. Calles far var svårt alkoholiserad, och Calle var nummer tre av fem syskon.

Klassens sätt att fungera

Varje lektion började och slutade i fullständigt kaos. Slagsmål, bråk och gråt hörde till rutinerna. Vanligen hade Arne, Bosse eller Calle redan på rasten slagit något barn. Ofta tvingade de andra att göra förbjudna saker. Så gott som varje lektion måste börja med att reda ut något som inträffat på rasten. Andra lärare undvek Arne, Bosse och Calle, då de inte ville utsätta sig för att bli kallade vid öknamn eller dra på sig skällsord. I stället vände sig lärarna till mig med sina uppgivna anklagelser. "Nu har Arne klättrat upp på taket på stuprännan." (Byggnaden är en trevåningsbyggnad.) "Nu har Calle ritat penisar med krita i hela trappuppgången. Vad tänker du göra åt det?"

Läsåret innan hade två lärare låtit sjukskriva sig, då de inte orkade med klassen. Därefter hade en icke utbildad lärare anställts. Denne hade mest "sysselsatt" klassen med bad i simhallen, långpromenader, utflykter osv. Han hade i princip hållit klassen borta från skolmiljön.

Att bedriva undervisning i klassen på vanligt vis var helt omöjligt. Således var jag tvungen att pruta på min lärarambition. Undervisningen fick koncentreras till basfärdigheter. Det område som fick förtur blev läsning med förståelsekontroll. Detta var samtliga elever i behov av. De flesta eleverna hade dessutom glömt hur man skrev skrivstil, om de någonsin hade behärskat den färdigheten. Även detta område fick hög prioritet. För övrigt krävdes inlärning av önskvärda klassrumsbeteenden och sociala beteenden. Vad gällde klassrumsbeteenden prioriterades att sitta i bänken och koncentrera sig på sin uppgift och inte störa eller irritera kamraterna. När det gällde sociala beteenden blev kamratlighet dvs. icke-mobbning, det viktigaste.

Varför bråkade och slogs framför allt Arne, Bosse och Calle? Naturligtvis drevs de tre pojkarna var och en av sina förstärkningar. En preliminär beteendeanalys blev denna:

Arne var mycket ovan vid att behöva sitta stilla i en skolsal över huvud taget. Han hade "förvildats" då föräldrarna inte någonsin brytt sig om ifall han gick till skolan, om han gjorde sina läxor, om han sov hemma eller om han fick mat. Arne hade fått styra sig själv helt och fullt, liksom hans syskon hade fått göra. Sannolikt var detta första gången i Arnes liv som han hade krav på sig såväl från hemmet (fosterhem), som från skolan (han hade skolkat tidigare). Arne var inte road av skolan, trots att han var välbegåvad i jämförelse med sina kamrater. Att skapa kaos i skolsalen var detsamma som att få lite roligt (= förstärkning) och slippa ifrån krav (= förstärkning). Att se kamrater gråta var för honom en omväxling och roande (= förstärkning), liksom att reta lärare till yttersta gränsen (= förstärkning). Fastän åtskilligt skiljer de tre elevernas analyser från varandra, kunde man dock se vissa gemensamma drag. Behov av uppmärksamhet både från lärare och kamrater fanns troligen hos dem alla. Behovet av att kunna undvika eller fly från krav på att arbeta, att sitta i bänken och att lyssna var också mer eller mindre utpräglat hos alla tre eleverna. Likaså var vanan gemensam att "be om" hjälp genom att störa och bråka, när man inte förstod sina uppgifter eller när det tog emot lite grand. De hade under hela sin skoltid med framgång praktiserat detta beteende, eftersom det är varje lärares ambition att även få svaga och störande elever i arbete. De hade under många år fått en rad olika förstärkningar på sina störande beteenden.

Funktioner (förstärkningar) som är gemensamma för Arne, Bosse och Calle:

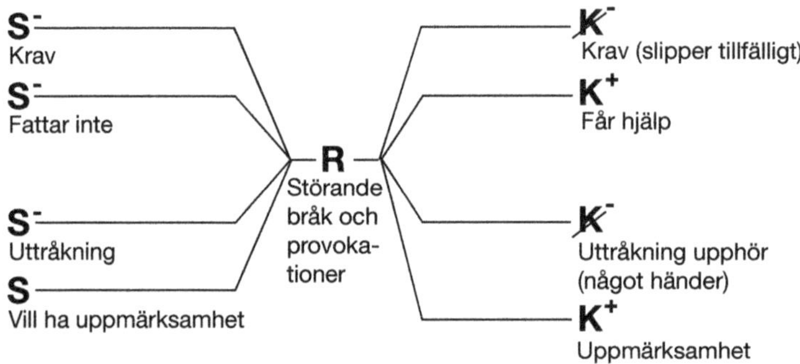

Speciellt för Bosse gällde dessutom ett extremt behov av uppmärksamhet från en vuxen. Vidare var den låga uthålligheten i kombination med den svaga begåvningen en motiverande faktor för att få hjälp och omväxling i de situationer, då han ändå ingenting fattade.

Orsakssammanhangen för Bosse (i synnerhet) blev:

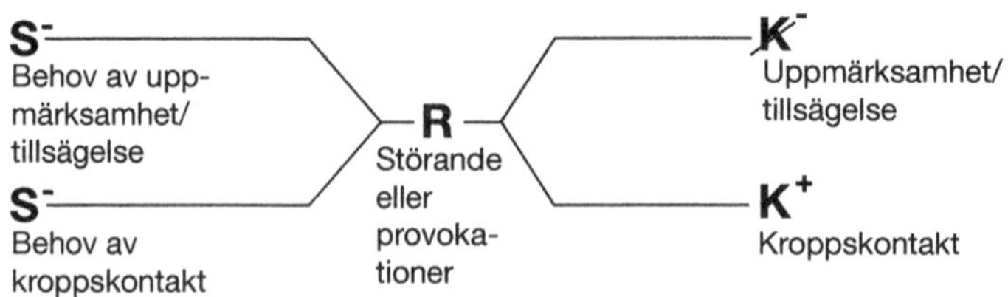

Sammanfattningsvis kan sägas att störande och bråk i klassrummet hade en hel rad förstärkningar för de tre eleverna. De eventuella nackdelar störandet hade, var möjligen att läraren blev arg. Kanske även det var förstärkande för dem? I varje fall hade ilska inte någon tillfälligt återhållande effekt på störandet.

Vad kunde man göra för att beröva störandet sina förstärkningar och göra det funktionslöst? Eftersom det störande beteendet hade många funktioner, kunde man inte alltid veta vad som var förstärkning vid varje enskilt tillfälle. Följaktligen kunde man då inte vidta åtgärder som var anpassade till varje enskilt beteende i varje situation. I stället blev man hänvisad till att söka ett bemötande, som om möjligt kunde förmodas "slå ut" alla tänkbara förstärkningar i de flesta situationer. Jag beslöt göra följande:

- Det måste vara mer effektivt att få uppmärksamhet från mig genom att arbeta och sitta i sin bänk. Uppmärksamma därför de elever som uppfyller dessa krav! Beröm och klappa om dem som försöker jobba, även om de inte presterar något!

- För att göra det möjligt för eleverna att klara de uppgifter som de föreläggs, måste uppgifterna vara så enkla att de i stort sett kan göras av eleven på egen hand. Uppgifterna måste ändå kännas meningsfulla. (Jag valde att låta eleverna skriva av böcker, för att öva att skriva med skrivstil. Dessutom fick de läsa enkla böcker med förståelsekontroll. Viktigt att rätt svårighetsnivå på läseböckerna valdes för varje enskild elev.)

- När störandet övergått i våldsamheter eller nått en så hög nivå att det inte längre kunde ignoreras, visas eleven ut ur klassrummet under en femminutersperiod. Detta kan tyckas fel med tanke på att utvisningen kan upplevas som en välkommen flykt från kraven, men den motiverades av omtanke om övriga elever. Det visade sig också att ingen av eleverna frivilligt ville lämna klassrummet, utan de måste föras ut. Tillfällig kort utvisning kallas "Time Out" (TO). Termen syftar på att man är tillfälligt utestängd från möjligheten till förstärkning. Sålunda används TO när uppmärksamhet är förstärkning och beteendet är så allvarligt, att det inte kan ignoreras eller berövas uppmärksamhet och nonchaleras. Enda sättet att ta bort uppmärksamheten (förstärkningen) är då att låta eleven lämna situationen.

Att genomföra dessa tre "behandlingspunkter" visade sig svårt. Till en början stegrades problemen, liksom för att testa om åtgärderna verkligen skulle fungera, alltså den vanliga reaktionen vid utsläckning (väg 2). En tillfällig stegring av beteendet vid utsläckning är ett bevis för att åtgärderna är effektiva så kallad utsläckningsstegring (på engelska "extinction burst").

Det störande beteendet i klassen stegrades ofta till en nivå, då utvisning måste tillgripas. Konflikterna blev många i samband med utvisningarna. Trots den avoga inställningen till skolan försökte de tre beteendestörda eleverna på alla vis att komma in i klassrummet så fort detta var möjligt. De försökte till en början exempelvis att ta sig in genom fönstren.

Ett problem som omgående dök upp var när fler än en elev blev utvisade. Jag blev vid ett tillfälle tvingad att förutom korridor använda grupprum för en andra elev och dessutom låta en tredje sitta bakom pianot.

Effekten av åtgärderna blev i viss mån en besvikelse även om arbetsklimatet i klassrummet förbättrades på många sätt. Problemet var att störandet var så avancerat, att det ofta inte kunde ignoreras och att utvisningarna i början blev många och de måste genomföras under våldsamt motstånd.

För att öka motivationen att inte bli utvisad – det vill säga för att sitta i sin bänk och inte störa under lektionstid – införde jag en ny regel:

- Den elev som varit mest utvisad under förmiddagen fick stanna kvar vid lunchdags, för att tillsammans med mig arbeta i tio minuter på lunchrasten och på så vis ta igen förlorad tid.

Denna åtgärd förbättrade effekten av de övriga åtgärderna ytterligare något. Ordningen i salen var dock sällan acceptabel, varför ytterligare insatser krävdes.

Teckenekonomi

Det som slutligen kom att lösa arbetssituationen i klassrummet var införandet av en "teckenekonomi". Med en teckenekonomi skapas en massa möjligheter att förstärka de beteenden som man vill gynna. I detta fall var syftet att motivera eleverna till att "sitta i bänken och försöka arbeta". Teckenekonomin avsåg att göra önskade beteenden i skolan attraktiva (genom förstärkning av dem), eftersom arbete i sig självt kanske inte var tillräckligt fängslande för mina elever.

En teckenekonomi är ett system, där man arrangerar situationen på ett sådant vis, att den som arbetar och sitter i sin bänk kan vinna så kallade "tecken" (eng. Token). Tecknen, polletterna är en slags "valuta" eller "pengar". Den som försöker arbeta har möjlighet att få tecken. Att arbeta ger den konstlade förstärkningen "tecken".

Vanliga pengar är också ett slags tecken på att vi har rätt att köpa sådant vi vill ha. Det mesta vi företar oss i yrkeslivet har den viktiga funktionen att förse oss med pengar, så att vi kan köpa mat och andra förnödenheter. Pengarna får oss att arbeta, även om vi hellre skulle vilja göra något annat. Pengarna är en konstlad förstärkning på arbete. Innan vi lärt oss att pengar kan ge oss sådant vi verkligen önskar, saknar de intresse. När vi lärt oss pengars förstärkningsvärde blir den förstärkare i sig själv så kallad inlärd förstärkare.

Vi arbetar en månad och förväntar oss att vi därefter ska få vår lön eller förstärkning. Om denna skulle utebli, skulle vi inte fortsätta att arbeta oförtrutet, utan söka andra vägar som har funktionen att försörja oss och ge oss pengar.

En teckenekonomi fungerar på ett liknande sätt ur motivationssynpunkt. Inte så att det avgör om vi ska få mat och om vi ska överleva, men den kan användas för att förstärka vissa handlingar exempelvis arbete eller socialt beteende. Man kan arrangera så att tecken delas ut då en person inte slåss. genom tecknen som är en konstruerad "valuta" i form av marker eller polletter, blir det mera attraktivt att bete sig i enlighet med förutbestämda regler.

Det är inget hinder att elever själva får vara med att utforma reglerna för hur och vilka beteenden som ska förstärkas. Tvärtom är det ofta en fördel, om man tillsammans med sina elever kan bestämma vilka fordringar som ska uppfyllas för att få tecken eller pollett.

Därför lät jag klassen vara med i beslut om den teckenekonomi som startades:

Alla som sitter i sina bänkar och försöker arbeta och inte stör ska kunna få en pollett. De som vid utdelningsögonblicket inte uppfyller de uppställda kraven missar då en pollett. Utdelningstillfällena sker spontant och oregelbundet.

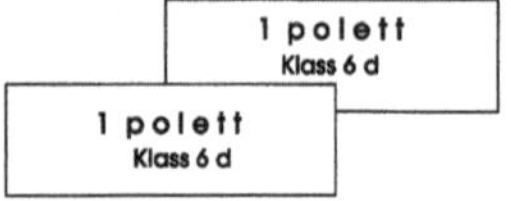

Vad är då så attraktivt med dessa polletter? Hur kan de fungera som förstärkare? Polletterna kan i sig själva vara attraktiva särskilt för mindre barn, men en teckenekonomi bygger på, att de får sitt värde genom att de öppnar möjligheten till andra attraktiva upplevelser eller saker. Polletterna måste bli så kallade "betingade förstärkare" genom att eleverna lär sig att de är värdefulla och attraktiva.

I skolsituationen kan en prislista eller "meny" sättas upp med en rad olika attraktiva aktiviteter, som sedan kan "köpas" med polletterna. Följande exempel är från klass 6D:

1. Välja skolaktivitet 10 minuter kostar 10 polletter (exempelvis byta matte mot läsning, teckning eller liknande).

2. Välja skolaktivitet 20 minuter kostar 20 polletter.

3. Få 10 minuters extra rast kostar 15 polletter

4. Läsa i friläsningsboken 30 minuter kostar 12 polletter.

5. Gå hem 10 minuter tidigare på dagen kostar 20 polletter.

6. Två elever får spela spel med varandra 20 minuter kostar 10 polletter vardera.

I prislistan kan alla upptänkliga aktiviteter tas med, under förutsättning att de är attraktiva för eleverna.

I min klass hade det under hela första delen av höstterminen varit ett stort problem med spring på toaletten och spring för att dricka vatten på lektionstid. Sannolikt hade dessa beteenden den negativa förstärkningen att de tillfälligt lyfte bort kraven i klassrummet. Toalettbesöken och att dricka vatten var ett välkommet sätt att slippa undan och få en stunds avkoppling. I genomsnitt ville 2–3 elever gå på toaletten varje lektion. Lektionen trasades sönder och arbetsron stördes. Det var inte möjligt att släppa i väg mer än en elev i taget, eftersom toalettbesöket då lätt förvandlades till "mopedlån", snatteri i livsmedelsbutiken eller smygrökning.

I och med den införda teckenekonomin kunde det bli helt tillåtet att både gå på toaletten och att dricka vatten på lektionstid, men det kostade 2 polletter. Detta gjorde slut på allt tjat om toalettbesök och vattendrickande. Ingen var längre törstig eller kissnödig under lektionstid. Teckenekonomin visade sig ha oerhört stor betydelse för elevernas motivation. I och med att den startades blev det bråttom för eleverna att komma in i klassrummet. Det blev snabbt lugnt och ordning för arbete i klassen. Alla ville tjäna polletter.

När som helst under lektionen delades polletter ut till dem som för ögonblicket uppfyllde beteendekraven. Till en början måste tilldelningen vara mycket generös för att ekonomin ska "komma igång" och bli intressant.

Varje lektion gav möjligheten att förtjäna polletter. Eleverna var väl medvetna om vad som förväntades av dem, som ville ha pollett. Inget krav på prestation ställdes, utan det krävdes bara att eleven skulle avstå från vissa tidigare så vanliga och störande handlingar. Beteenden förstärktes, inte prestationer.

Klassen blev så intresserad av att få många polletter, att vissa elever började stjäla polletter för de andra. Ett sparkortsystem måste därför införas.

Sparkort för: .....*LISA*..

Varje signatur motsvarar 5 insatta polletter.

Insättning av 5 polletter markerades med lärarens signatur. Från detta sparkort kunde sedan uttag göras genom att signaturer ströks. Eleverna var mycket sparsamma och ville inte "slösa" bort sina polletter på det prislistan erbjöd. Följden blev att omsättningen blev mycket liten. Förfalskningsförsök av lärarens signatur gjordes också.

Inlärningspsykologisk motivering till teckenekonomin

Beroende på att de enskilda elevernas beteendeanalyser inte är identiska är det vanligen svårt att finna ett gemensamt och rättvist bemötande, som samtidigt är effektivt för samtliga elever. I stället fick jag närma mig problembeteendena från andra hållet och konkurrera ut dem, alltså inte enbart att försöka utsläcka dem, utan istället förstärka motsatta och oförenliga beteenden och därmed göra dessa mer attraktiva.

Teckenekonomin avser att just konkurrera ut problembeteendena, genom att motsatta och oförenliga ersättningsbeteenden förstärks (väg 3).

De tre beteendestörda eleverna hade extremt höga krav på "rättvisa". Det visade sig bland annat i att de ängsligt bevakade om de "snälla" eleverna kunde tänkas bli "bättre" behandlade än de själva blev. Teckenekonomin blev i detta hänseende en tillgång, då den enbart är avsedd att uppmuntra det goda hos eleverna och inte är inriktad på det dåliga. Det kan exempelvis vara svårt att försvara varför man inte hänvisar de "snälla" och svaga eleverna ut i korridoren, när de olyckligtvis glömmer sig och olyckligtvis förtjänar det. Eleverna Arne, Bosse och Calle krävde ofta högljutt, att andra elever skulle behandlas "minst lika rättvist" det vill säga hårdare än de själva. Teckenekonomin gjorde det betydligt enklare att förstå, varför vissa elever fick fler polletter. Förklaringen var uppenbar för alla.

Teckenekonomin gör det vidare möjligt att tydligt visa vad som krävs i skolsalen. Det finns alltid några elever som gör det "rätta" som krävs för att få polletter. Dessa elever blir modeller som övriga blir inspirerade att härma – så kallad vikariell förstärkning.

Nackdelar med teckenekonomin

En frestelse ligger alltid på lur om man är ovan att hantera teckenekonomier. Frestelsen kan bli stor, att hota med att hålla inne polletter eller att lova polletter som någon form av påtryckning. Om man gör det, riskerar man att teckenekonomin endast blir en källa till obehag och alls inte något positivt. Eleverna kan då helt enkelt bestämma sig för, att de inte vill vara med längre och därmed blir beteendepåverkan lika med noll. Polletten ska komma utan hot eller löfte och den ska komma "sporadiskt" och alltid som en omedelbar konsekvens på önskvärt beteende.

Diskussion om teckenekonomin

Teckenekonomin hade stor effekt på elevbeteendet i min lilla klass. Man kan fråga sig varför de enskilda insatserna efter beteendeanalysen inte var lika effektiva som teckenekonomin. Det finns några möjliga förklaringar. Låt oss inskränka resonemanget till de tre kraftigt beteendestörda eleverna och hålla det på en allmän nivå.

För det första hade dessa elever under lång tid format en rad "störande" beteenden, som användes i olika syften. Om man har ett enhetligt bemötande av skrik i klassrummet och därvid alltid visar ut eleven under några minuter, då kan detta (TO) vid några tillfällen fungera för undvikande som en direkt negativ förstärkning. De gånger eleven är trött och vill slippa ifrån och gå ut, då blir time-outen förstärkande. Att alltid bemöta ett störande beteende med att utvisa eleven ur klassrummet, kan innebära att man ibland gör störandet till ett effektivt flyktbeteende, som eleverna kan använda sig av. Låt vara att eleven måste ta med sig arbetsuppgiften ut, men han kanske ändå upplever att han undkommit kravet och får lite omväxling. Alltså:

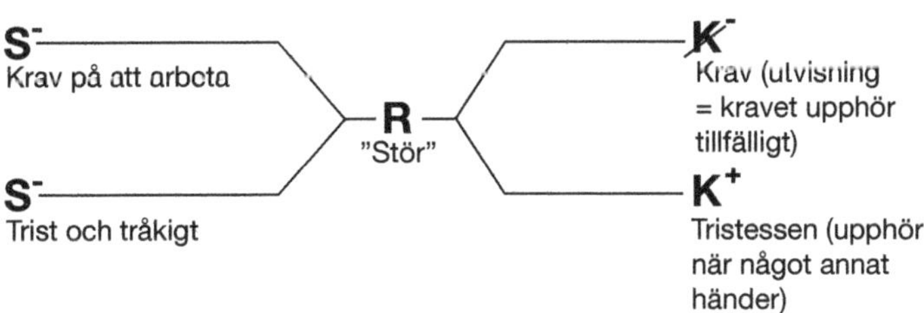

Teckenekonomin däremot är riktad mot de handlingar som är önskade i skolsalen och är ämnad att göra dessa mer attraktiva och därmed få dem att konkurrera ut de handlingar som inte är önskade. Med teckenekonomin behöver man inte riskera att motivationen för problembeteendena ökas genom negativ förstärkning.

Den andra orsaken till teckenekonomins framgång kan sannolikt sökas i de beteendestörda elevernas tidigare erfarenheter. Man kan förmoda att de tre socialt och emotionellt störda eleverna hade en mycket "speciell" social bakgrund. Vi vet inte mycket om deras upplevelser av aga och försummelse från föräldrarnas sida, men vi kan på grundval av deras beteenden sluta oss till att deras bakgrund avvek väsentligt från det vanliga. Bosses stora känslighet för att bli berörd och smekt vittnar till exempel om ett stort behov av fysisk kontakt. Alla tre eleverna hade mycket socialt störande beteenden och det kan ses som resultatet av långa formningsprocesser, där funktionen varit att bland annat få uppmärksamhet. Man kan även förmoda att de var ovana vid positiva sociala signaler som erkännanden, leenden, uppmuntran och beröm. Om det var på detta vis, kan man anta att de inte upplevde beröm och erkännanden från läraren som särskilt positiva. De hade varken lärt sig förstå eller att uppskatta dessa signaler. Däremot hade de lång och konkret erfarenhet av pengar och hade även lärt sig att förstå deras värde. Jämför Bosses beskrivning av pappans sätt att bli av med Bosse vid sitt besök i hemmet. Pappan sa: "Här har du en tia ungdjävel och dra åt helvete." En teckenekonomi fungerar i motivationshänseende mycket likt pengar, vilket kan vara en del av förklaringen till framgången. Pojkarna begrep sig på pengar. Vissa sociala förstärkare däremot hade de svårare att uppskatta och kunde till och med missförstå. Ett leende kan tas för hånleende, beröm kan uppfattas som spydighet eller ironi.

Ett av syftena med en teckenekonomi är att den inte ska behövas mer än under en övergångstid, om token delas ut intermittent. Vad ska då komma i stället som motivation? Om läraren innan han delar ut tecknen (polletterna) ger sociala förstärkningar som leenden, beröm och erkännanden kommer eleverna att lära sig att uppskatta dessa normala sociala förstärkningar. Leenden, beröm och liknande sociala företeelser får genom inlärningen via teckenekonomin själva ett förstärkningsvärde. En helt nödvändig lärdom för varje individ som ska leva och fungera i gemenskap med andra.

Ibland kan man se att teckenekonomier används på ett lite oklokt vis. Man har valt att förstärka prestationer istället för beteenden. Det kan göra hela ekonomin orättvis. De smarta tjänar flera polletter bara för att de hinner göra flera tal, gör flera uppgifter och har färre fel, även om de beter sig olämpligt. Att förstärka prestationen är direkt olämpligt, om man har för avsikt att göra eleverna på sikt välfungerande utan teckenekonomi. Man binder fast sig i systemet, eftersom varje gång eleven gjort sitt pensum ska den ha och förväntar sig att få en pollett. Hur ska man någonsin kunna avsluta teckenekonomin med ett sådant upplägg, utan att det upplevs som en bestraffning av eleverna? Genom den starka knytningen till prestationer finns inget utrymme eller flexibilitet för att glesa ut förstärkarna (polletterna) och göra dem intermittenta, så att slutligen hela systemet kan tunnas ut och "glömmas" bort.

> Teckenekonomier i skolan och hemma används bäst för att förstärka beteenden intermittent och inte prestationer. Det är mer rättvist och gör det lättare att glesa ut förstärkningarna och tona ner och på sikt slutligen helt "avskaffa" pollettsystemet.

Teckenekonomins begränsningar

Teckenekonomin kräver mycket gott samarbete för att den ska kunna användas av flera lärare, som är verksamma i samma klass. Bedömningarna som måste göras vid utdelning av polletter, måste vara någorlunda lika mellan olika lärare.

Teckenekonomin kunde i mitt fall inte heller utnyttjas vid gymnastiklektionerna. De beteenden som krävs i gymnastiksalen är alltför olika de som krävs i skolsalen för att teckenekonomin ska kunna överföras till den miljön. Samma begränsningar gällde rasterna. Själva utdelandet som ska ske omedelbart i samband med "beteendet" kan också vara svårt att genomföra, när eleverna finns på olika ställen och ibland långt från läraren.

Att tänka på vid start av en teckenekonomi

1. De beteenden som ska förstärkas med polletter/marker/"tecken" måste vara klart uttalade och tydligt utsagda. Vad krävs för att ha

möjlighet att få pollett? Tillägg kan göras efter hand, men ska då vara klart utsagda.

2. Det måste vara klart för eleven att inte varje beteende av den önskade sorten ger pollett? Möjligheten finns att få pollett – inget löfte eller regel.

3. Beteendena ska beskrivas skriftligt så att eleverna kan gå tillbaka och kontrollera vad som gäller. De beteenden som ska förstärkas är önskade beteenden. Undvik att tala om negativa beteenden, som inte ger pollett. Erfarenheten får visa detta när arbetet görs på rätt sätt.

4. Hur ser polletterna (markerna, tecknen, poängen) ut? De går endast att få tag på i denna situation. De går inte att förfalska eller att använda någon annan stans.

5. Polletterna är enkla att dela ut och lätta att hantera, registrera.

6. Gör det möjligt att dela ut tecknen/polletter omedelbart efter beteendet. Var mycket generös i början (nära kontinuerlig förstärkning) men gå snabbt över på gles (intermittent) förstärkning när det börjat fungera.

7. Vilka förmåner och fördelar kan köpas för polletterna? Gör prislista eller meny att handla från, där det klart framgår vad olika saker kostar i polletter/marker.

8. Sätt upp regler för när och hur handel med tecken och meny ska ske. Det gör hanteringen enkel.

Teckenekonomier kan användas i hemmet med ännu större effektivitet genom en än större bredd i prislistan eller menyn.

I hemmet kan flera beteenden förstärkas. Ordningen i det egna rummet kan ge poäng, att passa tider kan ge poäng, att erbjuda sig att handla kan ge poäng, att läsa läxan kan ge poäng. Allt sådant som barnen ändå ska få eller som ibland används för att blidka barnen kan användas och sättas upp på menyn. Den väntande nya cykeln, ett efterlängtat dataspel kan bli något att "köpa" för sina polletter eller så enkla saker som en videofilm eller tid vid datorn.

Nu återgår vi till klass 6 D.

Gymnastiklektionerna

Gymnastiklektionerna var till en början det tillfälle då vissa elever ansåg det vara tillåtet att fara omkring. Den stora friheten som gymnastiksalen erbjöd lockade till att börja slåss. Därför infördes ett slagsmålshörn, som alltid upprättades vid varje gymnastiklektions början.

I ett bestämt hörn av salen lades gymnastikmattor ut. Här och endast här var slagsmål tillåtet. Slagsmål gjordes därmed i ett första steg till ett typ E problem. Beteendet tilläts bara på ett visst ställe. Ville man inte vara med i slagsmål, skulle man inte gå i närheten av dessa mattor. Jag såg det som min uppgift att alltid vara tillsammans med de elever som inte ville vara i slagsmålshörnet och aktivera dem med olika bollspel och lekar.

Den första tiden var de flesta utom flickorna intresserade av "slagsmål", men snart blev de svagare pojkarna belåtna och kom över för att vara med i undervisningen, lagspelen och tillsammans med mig. De tre beteendestörda var de som sist lämnade slagsmålshörnet. Även de tröttnade och tyckte bristen på svagare kamrater att klå upp, gjorde mattorna alltmer ointressanta. Gymnastikmattorna lades ut lång tid efter det att intresset för dem hade slocknat. De användes senare som "utvisningsbås" om några elever började slåss under fotbolls- eller landbandymatch.

Genom att ingen notis togs om de elever som befann sig på slagsmålsmattorna, blev det mera förstärkande att vara med de övriga. Det var omöjligt att få uppmärksamhet från läraren om man befann sig på mattorna.

Lagspelet under gymnastiklektionerna präglades av stor osämja och många beskyllningar såväl inom som mellan lagen. För en yttre betraktare framstod spelet och agerandet på planen närmast som om 10 olika lag, med en spelare i varje, var på planen. Eleverna saknade träning och insikt i att man ska samarbeta inom laget för att nå ett gemensamt resultat.

Ett annat stort problem vid lagspel var att underordna sig regler och domslut. Högljudda protester var mycket vanliga mot riktiga domslut som gick eleven emot. Då dessa protester inte hjälpte mot den omutlige domaren (mig) hände ofta att eleven för några minuter lämnade planen med orden: "Då skiter jag i att vara med." Oförrätten glömdes vanligen mycket snabbt och eleven återgick oombedd till sitt lag.

Huvudsyftet med gymnastiken, förutom att motionera, var att genom lagspel träna samarbete och regellydnad. Även om inlärning av så svåra handlingsmönster som samarbete tar lång tid, kunde en viss förbättring märkas. Antalet utvisningar på grund av slagsmål inom eller mellan lagen blev stadigt allt färre. Eleverna kunde dock aldrig acceptera att motståndarlaget vann alltför överlägset. Jag fick därför ibland i slutskedet av matchen tillfälligt gå med i det mest underlägsna laget, för att försöka jämna ut resultatet något. Detta var en förutsättning för att undvika slagsmål i omklädningsrummet och på rasten.

Rasterna

Genom att teckenekonomin av praktiska skäl är knuten till skolsalen, påverkades inte rastbeteendena i någon högre grad. Det kan vara frestande att även försöka koppla in rastbeteendet i teckenekonomin, men risken är då stor, att det hela blir alltför komplicerat och ohanterligt.

För att påverka rastbeteendet och då framför allt slagsmål och aggressivitet, valde jag att förskjuta påföljande rast för den elev, som inte kunde hålla fred med andra elever. Ibland uppstod beteenden som inte hade något självklart bemötande och där förstärkningarna var osäkra.

Vid ett tillfälle hade Calle klottrat trapphusets väggar fulla med penissymboler med krita. Naturligt och oturligt nog väckte Calles tilltag stor uppståndelse på skolan. Detta var sannolikt Calles avsikt.

Troligen kan handlingens funktioner uttryckas på följande vis:

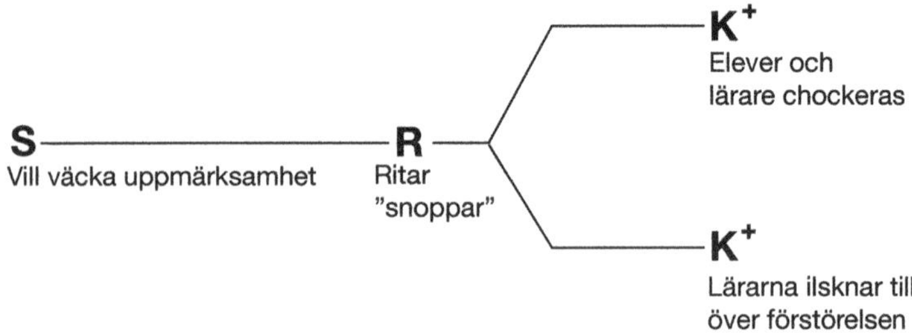

Snopparna var ritade med krita och kunde därför relativt lätt tvättas bort. Calle fick, som alltid då skada åstadkommits, ta de naturliga konsekvenserna och rätta till det som han gjort. Han utrustades med hink och skurborste för att göra rent på alla väggar. Detta fick han börja göra på raster och avsluta på eftermiddagen. Om ett av syftena med klottrandet har varit att förstöra, så berövas klottrandet denna funktion genom att Calle fick rätta till den skada han åstadkommit (väg 2). Det är alltid klokt att låta den elev som förstört eller skadat, rätta till och ersätta sin förstörelse.

Calles beteende hade trots det redan hunnit få sin förstärkning. Han hade redan fått förstärkning genom att han verkligen lyckades irritera och chockera.

För att försöka ta udden av beteendets chockerande verkan (även detta en insats på väg 2) genomfördes så kallad negativ övning med Calle. Han fick stanna kvar på eftermiddagen tillsammans med mig. Vi pratade om det inträffade. Avsikten var att klargöra för Calle att det är acceptabelt att rita sexualsymboler, men man får inte göra det var som helst. Man får rita hemma och på papper, ja, det går även bra på papper i skolan. Samtalet gick vidare: "Eftersom du tycker det är så kul att rita snoppar, så ska du få göra det nu. Här är en bunt papper och pennor. Jag vill att du ska rita en snopp på varje sida av alla dessa papper innan du går hem. Idag ska du få chansen att ha det jättekul i skolan." En ansenlig bunt papper lades framför honom. Den chockerande verkan som det tidigare klottrandet på väggarna hade fått, förtogs nu helt.

Inlärningspsykologisk förklaring

Denna så kallade negativa övning hade flera syften. Det första syftet var att avdramatisera omgivningens reaktioner och visa att jag som lärare inte var chockerad, inte ens upprörd. Jag var inte ens motståndare till att han ritade snoppar, tvärtom. För det andra var avsikten att göra Calle uttråkad av beteendet. Efter att ha ritat 300 snoppar är man ganska trött på det.

Det var inte mycket glädje (förstärkning) han fick ut av sitt snoppritande.

BETEENDEPÅVERKAN VID UTVECKLINGSSTÖRNING

Beteendeanalys och behandlingsmetoder som bygger på denna, är väl lämpade när man arbetar med beteendeproblematik bland utvecklingsstörda, liksom för skolan. Vissa menar till och med att de är särdeles lämpade för utvecklingsstörda. Uttalandet bygger på missförstånd, men det går att förstå varför man tänker så.

Att analysera ett beteendeproblem hos en utvecklingsstörd person är ibland lättare än att göra en analys hos icke utvecklingsstörda. Det beror på att sambanden mellan stimulus (**S**), beteende (**R**) och konsekvenser (**K**) i vissa fall kan vara mycket uppenbara och tydliga. Även då det gäller barn kan analyserna vara enklare till sin uppbyggnad än för vuxna.

Det kan vara lättare att avslöja ett barn, en utvecklingsstörd eller dement person med att ljuga för att slippa obehag. Undvikandet blir tydligare därför att de inte kan dölja sina motiv lika skickligt, som en vuxen normalbegåvad person kan.

Beteendeanalysen är dock lika lämplig att använda för att förstå beteendet hos alla människor. Det bygger på resultat och erfarenheter från inlärningsforskning på människor – inte specifikt på utvecklingsstörda människor eller barn. I själva verket gäller samma inlärningslagar för alla oavsett mental nivå. Det är bara antalet faktorer och olika detaljer, som kan vara olika stora. För övrigt är det ingen skillnad mellan människor och människor.

Svårigheten att förstå och göra beteendeanalys kan vara betydande även då det gäller personer med utvecklingsstörning. Det var exempelvis inte många år sedan man började förstå att självskadande bland utvecklingsstörda och dövblinda kunde ha funktioner som ett slags språk. Självskadandet kan vara ett sätt att få omgivningen att göra saker för en. Ännu senare har man förstått att självskadande beteende även kan ha funktionen av att vara smärtlindrare – alltså som en slags akupunktur eller som mental distraktion.

Problemen att göra beteendeanalys är särskilt stora när det gäller personer med autism och psykos.

Bland utvecklingsstörda personer finns beteendeproblem som är vanligare än bland andra personer. Till de vanligaste hör aggressivitet, självskadande, stereotypier (upprepat och ibland långvarigt – i timmar – gungande eller snurrande på händer, kropp eller föremål). Ett annat problem som är vanligt är ändlöst tjat, som av föräldrar och personal kan upplevas som mycket tröttande.

Beteendeanalys och behandling med utvecklingsstörda, dövblinda, senildementa och små barn skiljer sig dock från arbetet med "normala" vuxna på flera vis. Dessa människor är vanligen mindre kapabla och mindre benägna att själva inse att de har problem. De saknar vanligen motivation för att komma tillrätta med beteendet. Föräldrar, personal, lärare och andra runt omkring blir då särskilt betydelsefulla vid beteendeanalysen. Ofta blir de också den enda källan till information om problemet. Det är deras värderingar, som avgör vad som är problem. Och här kan ett etiskt problem uppstå. Vem har rätt att avgöra vad som är fel, om den som har problemet inte själv inser det?

I extremfallet är det enkelt. Det är ingen som ifrågasätter att John är självskadande, eftersom han hackar sönder sin panna mot närmaste värmeelement, så snart han får tillfälle.

Det är betydligt svårare då det gäller handlingsmönster som inte är lika uppenbart skadliga. Lisa frågar ideligen samma fråga: "Är det måndag idag?" Det gör hon dag ut och dag in. Har hon ett problem som kräver behandling?

Människorna omkring är de enda som eventuellt känner till när, var och hur problemet förekommer. Det är deras vilja man måste förlita sig på då det gäller att göra observationer, registrera och föra anteckningar.

I själva analysen är det ofrånkomligt att deras tolkningar och värderingar kan leda analysen och behandlingen rätt eller fel. "Han slår sig för att han inte vill gå ut" eller "Han framkallar kräkningar, för att han vill slippa maten", innehåller sådana tolkningar från någon annan än den som har beteendet.

Här följer ett exempel där personalens tolkningar ledde alldeles fel.

Självskadande

Anne, en döv, måttligt utvecklingsstörd kvinna utan språk, var periodvis mycket självskadande. Vanligen under höstarna och ibland även under senvintrarna slog hon med knuten hand en kind och ett öra våldsamt under några dagar. Däremellan slog hon sig aldrig. Den förklaring personalen på avdelningen gav var, att hennes självskadande berodde på "höstdepressioner". Antidepressiva medel sattes in för att motverka depressionen. Någon skillnad i självskadandet kunde inte ses på grund av detta. Självskadandet upphörde alltid efter några dagar eller efter maximalt en vecka – vare sig hon fick medicin eller ej.

En av personalen upplyste om, att hon vid ett par tillfällen sett något rinna ur hennes öra efter några dagar med synnerligen intensiva slag mot örat. Personalens tolkning av detta var: "Det beror på att hon slagit sig så hårt mot örat."

Eftersom självskadande aldrig är ett önskvärt beteende – alltså ett typ A-problem, gjordes ansträngningar att finna beteendets förstärkningar för att om möjligt kunna ta bort dessa. Det visade sig att Anne var mycket infektionskänslig och ofta på hösten och våren hade öroninflammationer. Hon slog för att dämpa smärtan från örat – slagen hade akupunkturfunktion. Genom att slå på det onda stället eller ett närliggande ställe, kan smärtan minskas – negativ förstärkning.

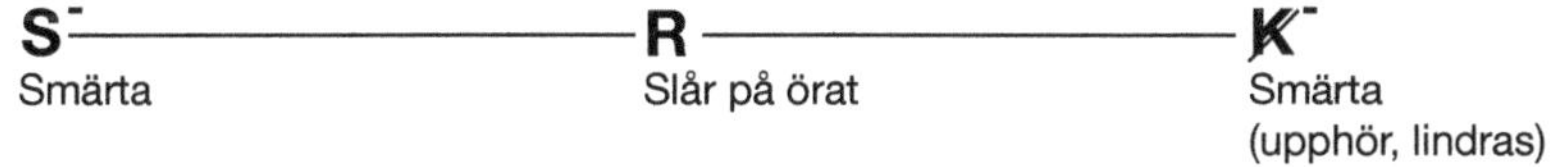

När trumhinnan brast av varets tryck och smärtan upphörde, slutade Anne att slå sig.

Personalens funderingar och tolkningar hade under flera år misslett alla riktiga analyser av problemet. Man kunde få bort orsaken till självskadandet med hjälp av penicillin (väg 1-åtgärd). Annes självskadande blev därefter inte något problem.

Insikt och motivation saknas

När personen själv saknar insikt och motivation till förändring, måste detta kompenseras. Man måste då försöka arrangera en behandlingsmiljö, som på alla sätt motiverar till att aktivt förändra beteendet.

Hela miljön måste klart visa, att personen har allt att vinna på att välja ett alternativt handlingsmönster. Förstärkningarna måste ligga på rad för de önskade beteendena och helt saknas för de oönskade, för att behandlingen ska lyckas. I arbete med människor, som är mycket motiverade till att förändra sitt beteende, kan det räcka med att undanröja motivationen till problemet, för att personen ska vara kapabel att avstå från det. När det gäller utvecklingsstörda personer, liksom barn och dementa personer, är man ofta tvingad att på konstlad väg uppmuntra nya, alternativa handlingsmönster. Därigenom kan problemet konkurreras ut.

Ida slog sig kraftigt på kinderna ofta, mycket och länge. De direkta anledningarna var ibland att någon skulle komma och ta i henne (kroppskontakt), ibland att hon skulle få något gott att äta. Idas mamma hade under många år givit Ida godis för att hon skulle sluta slå sig. Ida hade då lärt sig, att det var mycket effektivt att slå sig, om man ville ha godis eller ville att någon (mamma) skulle komma och hålla i armar och händer. Kroppskontakt förekom för övrigt ytterst sparsamt i hemmet (etablerande omständighet), vilket kunde förklara Idas behov av att "be om" det med sitt självskadande. Till bilden hör att Idas språk var mycket torftigt.

Enligt beteendeanalysen använder Ida sitt självskadande för att få godis eller kroppskontakt. Om man vill få henne att inte slå sig måste man ta bort denna förstärkning så att beteendet inte längre fungerar på det sättet. För att tydligt visa att Ida hade allt att vinna på att inte slå sig, bestämdes följande:

- I samband med att Ida slår sig – ge henne aldrig kroppskontakt, eller något gott. Har hon redan kroppskontakt när hon slår sig – ta det då tillfälligt ifrån henne denna tills självskadandet upphört (väg 2).

- När Ida inte slår sig – ge henne ofta, mycket och spontant, kramar och annan kroppskontakt och ibland godis, en kaka eller en bulle.

Syftet med detta var att visa Ida, att hon får det hon vill ha helt "gratis" utan att behöva slå sig. Vi valde således inte något specifikt beteende att förstärka med godis och kroppskontakt, utan vilka beteenden som helst utom självskadande förstärktes.

Behandlingen i sin helhet fick då följande upplägg:

Genom dessa konstlade och övertydliga funktioner på självskadandet kunde Ida uppleva att hon hade allt att vinna på att välja bort sitt självskadande. Parallellt med detta måste Ida även läras ett nytt sätt att be om kroppskontakt och godis (väg 3). Ida behöver ett sätt att kommunicera att hon vill ha kroppskontakt och godis.

Självskadande kan ha många olika funktioner. Här följer några.

Personen slår sig;

- *för att* någon ska komma och bry sig om en.

- *för att* han/hon vill ha något att dricka eller äta (erfarenheten säger att man ibland får det då man slår sig).

- *för att* han/hon har ont och vill döva smärtan.

- *för att* han/hon vill avleda eller distrahera och fly bort från obehagliga tankar eller känslor.

- *för att* han/hon vill undslippa ett krav – i alla fall tillfälligt.

- *för att* stimulera sig själv, när miljön är alltför stimulans- eller händelsefattig.

Kaos i särskoleklassen

Jesper går i en integrerad grundsärskoleklass, åk 2 på en grundskola. Han har prövat att gå i vanlig klass, men detta kunde inte fortsätta på grund av hans mycket vulgära och störande språkbruk. Jesper svär långa och oavbrutna ramsor framför allt mot lärare och assistent i klassen. Han sitter minut efter minut och skriker "Förbannade, djävla skitkäring, förbannade djävla skitkäring, förbannade pisskäringhelvete". Detta händer 10–20 gånger per dag. Hans klasskamrater tycktes till en början vara roade, men har efter hand tröttnat på det.

Jesper är den mest begåvade av eleverna i klassen. Framför allt är han intresserad av matematik. Sannolikt är han på gränsen mellan särskola och grundskola och skulle mycket väl kunna undervisas som integrerad elev i vanlig grundskoleklass, om det inte vore för hans provocerande språkbruk.

Varför gör Jesper på detta vis? Jespers problem är att betrakta som ett problem av typ E. Han beter sig på ett sätt som inte kan accepteras i skolan. Det kanske kan vara adekvat att använda detta språkbruk, men inte här. Vad motiverar honom att göra det just mot sin lärare och mot andra vuxna i sin omgivning?

Svärandet kan till viss del förklaras av den förstärkning som de sociala konsekvenserna ger. Det ger alltid i något skede uppmärksamhet från vuxna. Lärarna har varit medvetna om eller i varje fall anat uppmärksamhetens betydelse. Men man har förgäves försökt att ignorera det. Följden har blivit att Jespers skrikande har formats till att bli allt längre och allt högre. Till slut får han uppmärksamhet. En upptrappning av beteendet har skett, så att det numera finns en beteendehierarki (beteendetrappa) som Jesper använder om han inte får förstärkning i första skedet. Upptrappningen garanterar att han till slut blir uppmärksammad. Det är oerhört förstärkande för Jesper att spela apa och vara i centrum för allas uppmärksamhet.

Vid ett lärarbesök i hemmet visade sig Jesper ha flera närliggande effektiva sätt att påverka sin omgivning för att återta föräldrarnas uppmärksamhet från gäster. Till en början tyckte Jesper att det var kul med besöket av läraren och assistenten, men snart nog började han tröttna. Han satte då igång att svära på sedvanligt vis, men såväl lärare som föräldrar ignorerade detta. Jesper trappade då upp sitt beteende, gick in i sin mindre brors rum och började riva ner och slå söner broderns saker. Gästerna tackade då snabbt för sig och lämnade hemmet.

Upptrappning av beteendet ledde till förstärkning, då föräldrarna åter kunde uppmärksamma honom.

Svärandet i skolsituationen visade sig ha ytterligare en funktion. Det befriade honom tillfälligt från krav. Läraren sade t ex: "Nu Jesper ska du läsa." Jesper börjar genast svära harang efter harang. Läraren börjar då förmana honom att tystna och tala om för honom, att man inte får uppföra sig på det viset. Detta är detsamma som att Jesper tillfälligt befrias från kravet att läsa. Svär han riktigt mycket och länge så glöms kanske kravet bort helt för denna gång. Svärandet och oförskämdheterna har samma orsaks- och inlärningsbakgrund och gemensamma förstärkningar.

Här är en sammanställning av orsaker och funktioner:

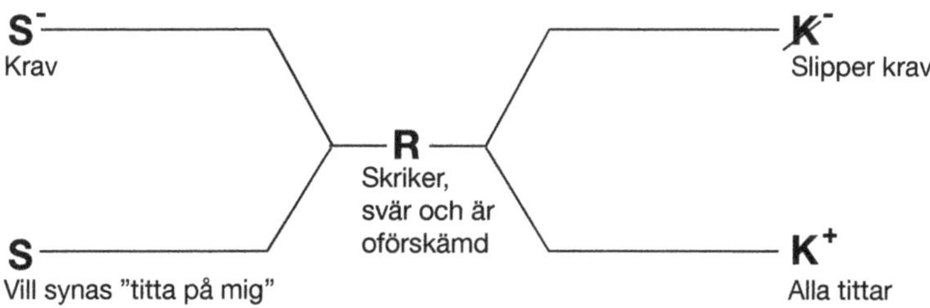

Jesper har en tre år yngre bror. Föräldrarna har fått vänta länge på sina barn och kan inte ge dem nog med uppmärksamhet och kärlek. De vill göra allt som står i deras makt för att barnen ska ha det bra på alla vis. I sin iver att vara barnen till lags, har de låtit sig styras och manipuleras av Jespers provocerande beteenden. Jesper har lärt sig att han kunde "tvinga" föräldrarna till "vad som helst" och att han effektivt kunde vinna deras uppmärksamhet från den yngre brodern. Den kunskapen hade generaliserats till förskola och skola. Problemet hade där till och med ökat något, eftersom han där hade flera barn att tävla med om uppmärksamheten. Problemet med svärandet hade med tiden fått sådana proportioner, att det bara inte kunde ignoreras. Följden blev att Jesper använde det med allt större "framgång".

Det finns en rad episoder som visar, att Jesper uppskattar omgivningens häpnad över hans beteende. Det berättas att han vid ett tillfälle gått in i en skolkorridor och dragit ner alla kläder från krokarna och kastat dem på golvet. När han upptäcktes lade han sig på golvet och skrattade och föreföll mycket road av all uppståndelse bland barn och lärare.

Läraren hade vid ett tillfälle använt hans egna oförskämdheter mot honom. Han fick så att säga "smaka egen medicin". Detta resulterade i att han ältade det inträffade i flera dagar. "Jag blev faktiskt ledsen, när du sa' så till mig."

Jespers ideliga frågande: "Är du arg nu?" kan också ses som ett tecken på att han ville veta, om han gått tillräckligt långt eller var "gränsen" går. Han föreföll vilja ha någon form av bekräftelse på att han åstadkommit något hos människorna omkring sig. Kanske var detta en följd av att han är "trött på" föräldrarnas alltid tillåtande, förlåtande och överslätande attityd? Kanske var han trött på att inte ha några gränser hemma? Klara och fasta gränser och regler upplevs ofta som en trygghet. Det är tryggare att luta sig mot en husvägg än mot en tältvägg.

Behandlingsförslag

Jesper måste få nya erfarenheter av sitt manipulativa och provocerande beteende. Han måste få uppleva, att han inte får uppmärksamhet, slipper krav eller roar kamraterna med det.

Då hans provocerande kan ha olika funktioner vid olika tillfällen, kan det vara svårt att veta vilken funktion som är aktuell vid varje enskilt tillfälle. Det är därför i praktiken omöjligt att göra provocerandet funktionslöst, genom att bemöta olika beroende på aktuell funktion. Därför valdes ett generellt bemötande, som kan tänkas göra slut på samtliga förstärkningar man funnit i analysen. Bemötandet syftade till att förhindra uppmärksamhet från läraren och från kamraterna, samtidigt som eventuella krav måste stå kvar (väg 2).

Hans beteende var så svårt att det inte kunde ignoreras. Därför bestämdes följande:

- Som generell konsekvens på provocerande (svärande och annat) får Jesper lämna kamraterna och fröken, för att tillsammans med assistenten gå in i grupprummet. Där informerar den vuxne första gången om att i det rummet får Jesper svära så mycket han vill. "Nu ska du svära här. Minst 50 gånger ska du upprepa den ramsa du sa' i klass-rummet innan vi går tillbaka. Skriv en pinne på tavlan för varje gång du upprepar ramsan. Då kan vi se när du är klar. Jag sitter här och läser min bok och lyssnar på min mobil under tiden." När det är "färdigsvuret" går man utan förebråelser och kommentarer tillbaka till klassrummet.

Inlärningspsykologiska synpunkter

Genom detta förfarande (negativ övning) vinner man följande: Svärandet blir helt odramatiskt och ointressant, eftersom det förlorar sin förmåga att påverka vuxna och att fånga uppmärksamhet. Istället för att många tittar på honom, blir han ensam med en vuxen som inte bryr sig. Man förbju-der det inte, men det måste nu ske under vissa bestämda betingelser. Beteendet behandlas sålunda som om det är ett typ E-problem. Sväran-det medför att Jesper, i stället för att få uppmärksamhet, förlorar den uppmärksamhet han hade (väg 2) – utsläckning.

På sikt minskar hans motivation att svära, men hans behov av uppmärksamhet och av att kunna påverka sin omgivning minskar för den skull inte. Man kan därför förmoda, att han omedvetet kommer att utveckla andra sätt att manipulera, såvida hans behov inte kan uppfyl-las på ett annat, naturligt och spontant sätt. Viktigt är därför att Jesper i början får uppmärksamhet i övermått utan att behöva tillgripa svärande och provocerande (väg 1). När han ber om att "få uppträda" inför klassen är det viktigt, att man under en tid tillåter honom att göra det.

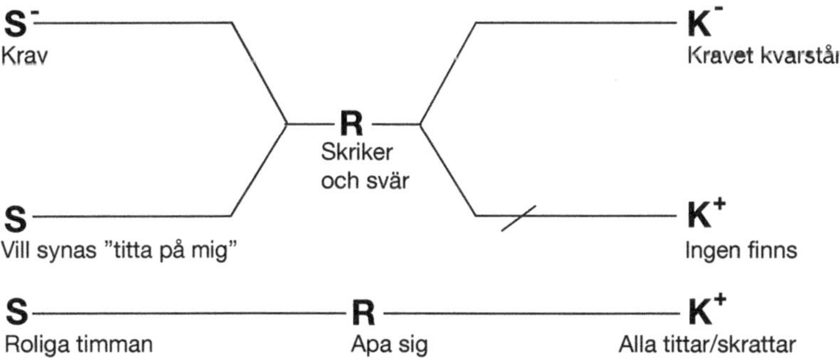

Registreringen av problemet var enkel. Alla tillfällen, då han fick lämna klassgemenskapen för att svära i annat rum tillsammans med assistenten, noterades.

I detta fall var insatserna mycket effektiva och Jesper valde på några veckor helt bort svärandet och oförskämdheterna i skolan. Dock kvarstod problemen i hemmet, då föräldrarna inte kunde förmå sig att agera på samma bestämda vis. De ansåg det hjärtlöst att reagera på det nya sättet mot hans "små dumheter".

Oroliga Ola

Ola är en måttligt utvecklingsstörd, 18 år gammal pojke, som på grund av allvarliga beteendeproblem skrivs in på ett behandlingsinriktat elevhem. Hans problem visar sig i tjat, sparkande i väggar, högljudda skrik, självskadande och aggressivitet. Föräldrarna och framför allt modern, vågar och orkar inte ha Ola hemma. Efter ett misslyckat försök att ha Ola boende på ett vanligt elevhem, skrivs Ola in på det behandlingsinriktade elevhemmet. Beteendeanalys görs. Det konstaterades att tjat är ett typ C-problem (beteendet förekommer alltför mycket), medan övriga beteenden är av typ A (onyttiga och skadliga). I vår analys letar vi efter vilka förstärkningar beteendena har.

Ola förefaller ofta vara osäker på vad som ska ske. Vid närmare undersökning visar det sig, att mamman i sin rädsla för pojkens vredesutbrott ofta har tillgripit lögner och falska löften för att lugna Ola och för att "klara sig" ur pressande och hotfulla situationer. Pojken har på så vis förlorat tilltron till det vuxna säger. Han har därför ett mycket starkt behov av att flerdubbelt återförsäkra sig, vilket han gör genom att upprepa sina frågor till samma och till andra vuxna personer.

Exempel på viktiga skeenden som Ola ofta upprepat kontrollerar genom att fråga är:

> "Får jag åka hem på lördag?"
>
> "Får jag kaffe snart?"
>
> "Är det dags att äta snart?"
>
> "Ska jag gå till skolan i morgon?"

"Åker vi till landet på lördag?"

Alla Olas frågor besvaras varje gång av föräldrar och vårdpersonal, eftersom man är rädd, att han annars ska få ett "utbrott". Men det räcker inte för Ola, då han inte litar på de svar han får. Svaren förmår bara att tillfälligt lugna honom. Snart smyger åter tvivlet in och han måste fråga igen. Resultatet blir ett mycket påfrestande och provocerande tjat.

Ola kan trissa upp sig allt mer om skilda personer ger något olika svar, svävande svar eller innehållsmässigt olika besked. Tjatet byts mot skrikande, som i sin tur ersätts av sparkande i väggar, som i några fall ersätts av öppen aggressivitet (personalen angrips) och självskadande. Olas problem kan ses som en kedja av handlingar, där en "värre" handling ersätter den förra, om denna inte har förmått personal/förälder att lugna honom. En upptrappning av beteendet sker, därför att Ola omedvetet har lärt sig (genom formning) att om han inte får klara besked då han tjatar, då får han det kanske om han skriker. Och skulle han inte få det när han skriker, så kanske han kan tvinga fram det om han sparkar i väggarna och så vidare.

Tjatets funktion kan skrivas:

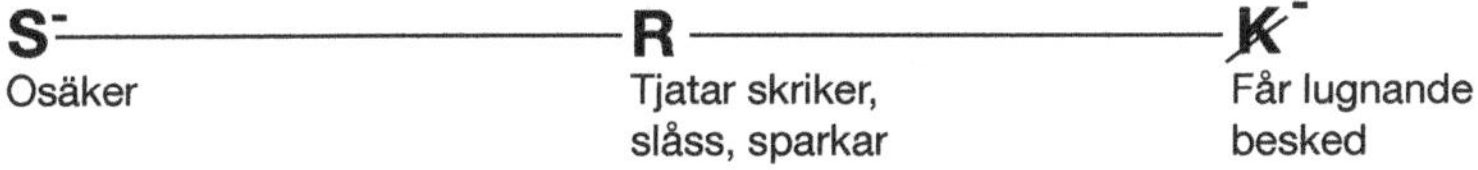

Olas erfarenhet har lärt honom att föräldrar och personal anstränger sig att förklara och lugna honom mera ju längre i beteendekedjan han går. Man kan säga att den oro och osäkerhet, som han känner trots att han fått ett svar, blir startskottet till nästa upptrappning. Olas beteende är en så kallad beteendekedja.

Beteendeanalysen ledde fram till följande behandlingsåtgärder:

- För att stilla Olas oro inför vad som ska ske, skapas en enkel almanacka. Almanackan omfattar en vecka där varje dag har en egen färg. På morgnarna får Ola flytta en pil som pekar ut den aktuella dagen (pilen är fäst med kardborreband). På almanackan finns även plats för att sätta fast ett kort på mamma och pappa (betyder åka hem), på en telefon (vilket betyder "ringa hem"), på badet, på landet. Bilderna fästs vid den dag då Ola ska vara med om dessa saker. På så vis blir Ola på sikt medveten om när han ska åka hem, när han ska bada, när han ska åka till landet osv.

- Varje söndagskväll gör man i ordning kommande vecka med bilder tillsammans med Ola. Ola får på så vis information om viktiga händelser först muntligt och sedan har han sin almanacka som stöd för minnet under hela veckan.

- Ola kan inte klockan. Därför skapas en "dubbelklocka", genom att en urtavla av papp med vridbara visare sätts på väggen intill den vanliga klockan. När Ola första gången exempelvis frågar: "Kommer pappa nu?" då han väntar på att bli hämtad, förklarar personalen att "pappa kommer klockan fem. Då ser klockan ut så här." Man sätter därvid pappklockan på fem. Ola har nu möjlighet att själv jämföra den riktiga klockan med pappklockans visare. Om Ola skulle fråga om (tjata) hänvisas han att titta på klockorna. (Dessa åtgärder motsvaras av väg 1. De tillfredsställer hans behov av säkerhet och visshet innan han har börjat stöka för att få visshet.)

- När Ola börjar tjata: "Får jag åka hem på fredag?" svarar man bara: "Titta på din almanacka." Han hänvisas hela tiden till almanackan och får inga lugnande besked av tjat (väg 2).

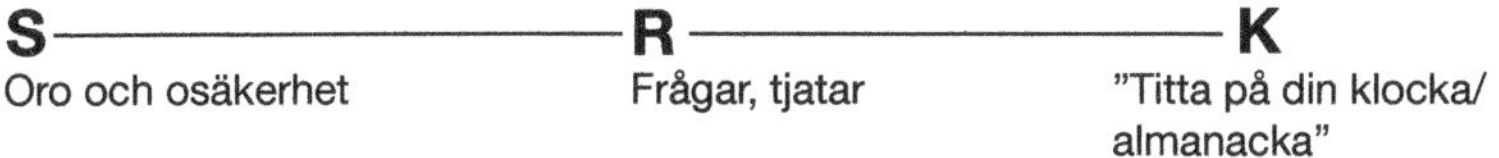

- Vid tillfällen då Olas almanacka inte kan utnyttjas för att klargöra och försäkra honom om vad som ska ske, ska ingen möda sparas, för att vid första bästa tillfället förklara för Ola vad som gäller. När man kan anta att han förstått, kan man bara svara "Det vet du redan" vid upprepad fråga. Det är viktigt att man i personalgruppen informerar varandra om vad man sagt till Ola och hur man lämpligen kan besvara upprepad fråga (motsvarar väg 1 och 2).

- Om Ola ändå trappar upp sitt beteende för att tvinga fram försäkringar och överskottsförklaringar, undviker man att ge efter för det (väg 2). Om så skulle ske, får han ytterligare bekräftat, att hans aggressivitet och självskadande har en funktion att fylla, genom att de ger de återförsäkringar han vill ha och är van vid (väg 2).

- Om Ola trots förklaringar och almanackan blir aggressiv och/eller självskadande, hänvisas han till det egna rummet med uppmaningen att han ska stanna där tills han är lugn (väg 2).

Behandlingsprogrammet avsågs gälla tills vidare och permanent. Fortlöpande under behandlingsperioden fördes anteckningar över "tjat", spark i väggen, slag i väggen, självskadande och aggressivitet.

Inom en 19 veckorsperiod kunde en kraftig sänkning av alla de nämnda problemen noteras. Vid halvårsuppföljningen konstaterades ytterligare en sänkning och vid ettårsuppföljningen var problemet borta.

SLUTORD

Tillämpad beteendeanalys måste naturligtvis förenklas åtskilligt när den presenteras i en bok av det här slaget. Det finns ingen möjlighet att här ge en komplett bild av allt inom inlärningspsykologin eller beteendeterapin. Det finns gott om engelskspråkiga volymer, där en mera vetenskaplig och fullständig ansats görs. Några av de mest lästa och kända redovisas i litteraturlistan. Vanligen är de skrivna för psykologstuderande, kliniskt verksamma och forskare och är av den anledningen ofta svårtillgängliga. Syftet med denna bok är att ge den som saknar erfarenhet av inlärningspsykologisk behandling (beteendeterapi) en introduktion och ett praktiskt hjälpmedel för att analysera och kanske även påverka mänskligt beteende. Framför allt syftar den till att ge verktyg till att förstå varför människor beter sig som de gör och kanske även för att förstå sitt eget beteende. Blotta insikten om "varför" torde få en och annan att, om inte annat, förändra sitt eget beteende.

All fostran och undervisning syftar till att påverka beteenden, vilket även inbegriper åsikter, normer, värderingar och attityder. Förhoppningsvis kan denna bok medverka till att läsaren inte lika ofta behöver hänge sig åt att gissa vad som kan vara bäst att göra, då han/hon i fortsättningen står inför ett "beteendeproblem" nästa gång. Jag hoppas att medvetna och genomtänkta insatser istället kommer att utmärka läsarens handlande. Skulle sedan insatserna inte lyckas så har förhoppningsvis det systematiska arbetssättet gjort det möjligt att utesluta den prövade insatsen i framtiden. Man ska inte behöva upprepa det dåliga och felaktiga mera än en gång. Kan upprepning av misstagen undvikas, då är ett syfte med boken uppnått.

Boken är inte bara förenklad. Flera avsnitt inom beteendeterapin är uteslutna. Boken är huvudsakligen inriktad på pedagogik, träning, fostran och mindre på terapi. Jag har därför inte funnit anledning att fördjupa mig i behandling av fobier, tvångssyndrom, panikångest, psykos, sömnlöshet, sexuella problem, alkoholism, narkomani eller rökning med mera.

Tvångssyndrom har jag ingående behandlat i en särskild bok. Ältandet som ger så mycket lidande fick en egen bok 2007.

Även om de fall och exempel som valts har varit mera pedagogiska än terapeutiska till sin karaktär, så har ändå inte alla typer av problem, som finns i skolan eller med barn och utvecklingsstörda, kunnat belysas med exempel. Tillämpad beteendeanalys är ju ett generellt sätt att ta sig an beteendeproblem och det är därför min förhoppning att läsaren med sina "nya" kunskaper ska kunna tackla andra problem än de som utgjort exempel i boken. Jag hoppas att läsningen gjort läsaren bättre rustad att ta sig an helt nya och obekanta beteendeproblem.

De behandlingsåtgärder som blir resultatet av en beteendeanalys är i de allra flesta fall förändringar i miljön, förändringar i bemötandet av problembeteendet och i vissa fall även attitydpåverkan och undervisning.

Färdiga protokollbehandlingar

Under de senaste 40 åren har flera mer eller mindre färdiga protokollbehandlingar tagits fram för att människor lättare ska kunna använda sig av beteendeterapi och hantera olika typer av mänskliga beteenden. Ett sådant exempel är ART (Aggression Replacement Training vilket betyder Träning för att Ersätta Aggressiva beteenden), som är ett program avsett att använda för att hjälpa aggressiva barn och ungdomar. Programmet bygger i alla delar på tillämpad beteendeanalys (beskrivet på sid 116).

ART är bara ett exempel på färdiggjorda protokollbehandlingar, men det finns många flera. Risken med dessa mallar eller "protokollbehandlingar" är att den som inte kan tillräckligt om beteendeanalys tror att det behandlingen passar för andra typer av problem.

Den här boken kan förhoppningsvis hjälpa till att skingra oklarheter kring ART och andra färdiga protokollbehandlingar. Protokollbehandlingarna är inte mirakelmediciner som hjälper för annat än det de är skapade för att göra. Den som lärt sig beteendeanalys kan i bästa fall själv förstå vilka delar i ART, som bör användas i det enskilda fallet. Han bör även själv kunna utarbeta behandlingsinsatser liknande ART, men mera skräddarsydda för det enskilda fallet. Boken syftar alltså till att göra föräldrar, lärare och andra behandlare mindre hemfallna åt att okritiskt använda behandlingsmodeller som inte passar i det enskilda fallet. Protokollbehandlingarna lurar till att avstå från att göra en riktig beteendeanalys och att därefter välja adekvata insatser.

> Beteendeanalys kan vara ett medel att utesluta viss pedagogisk eller inlärningspsykologisk behandling. Det kan visa sig vid beteendeanalysen att beteendet är helt adekvat, men att situationsfaktorerna är de som ska åtgärdas i första hand, så att insatser på väg 1 bör göras.

Jocke snattade i godisaffären på rasterna. Man fann vid närmare kontroll att det skedde på förmiddagarna och sällan efter lunch. Förklaringen var att Jocke inte fick någon mat på morgonen innan han gick hemifrån och ibland inte heller på kvällen. Föräldrarna som var missbrukare hade ibland ingen uppsyn över sina barn på grund av sitt eget missbruk. Jocke stal godis för att han var hungrig, men efter skollunchen fanns inte längre anledningen kvar. Behandlingen av Jocke blir i första hand inte behandling av Jocke utan av situationen runt honom. Det man gör är att undanröja den så kallade "etablerande omständigheten" ("establishing operation" sidan 38) som hungern utgör. Får Jocke mat hemma, så är han inte hungrig och då finns inte längre den anledningen att snatta, eftersom godis då inte är lika förstärkande.

Behandling av snattandet som Jocke ägnade sig åt blev inte en behandling av snattande, utan en förändring av mathållningen under hans morgnar och kvällar hemma.

Vad krävs förutom kunskap om beteendeanalys

Att göra beteendeanalys är svårt och kräver förutom kunskap, erfarenhet, analytisk förmåga, ett systematiskt handlag, fantasi och inlevelseförmåga och en god portion tur hos den som gör analysen. För att lyckas med att framgångsrikt genomföra en behandling krävs dessutom konsekvens, tålamod, envishet och övertygelse hos alla som är inbegripna.

Av det förda resonemanget framgår, att tillämpad beteendeanalys inte är en "gotteköpslösning", som man lite halvhjärtat kan prova några gånger och sedan förkasta för att det inte fungerade. Att det ibland inte fungerar kan ha många olika förklaringar. Analysen kan vara helt eller delvis fel, behandlingsinsatserna kan vara ineffektiva eller inte ansluta till den korrekta analysen och vidare kan inkonsekvens och brist på engagemang hos en eller flera av "behandlarna" spoliera den allra bästa behandlingsuppläggning.

ytterligare en orsak kan finnas till att man tror sig misslyckas är, att man inte gjort registreringar eller gjort dem felaktigt. Saknar man eller har odugliga data, kan man över huvud taget aldrig säkert utvärdera någon insats alls. Utan data kan man varken prisa eller förkasta sina insatser.

När du beslutat dig för att gripa dig an ett fall, bered dig då på att du kanske får gå runt i "problemlösningscirkeln" många gånger innan du har en heltäckande analys. Bered dig också på att du måste anpassa dina insatser allt eftersom nya pusselbitar kommer fram. Var också medveten om att alla kollegor eller föräldrar inte självklart är lika entusiastiska som du själv och därför kanske i sitt oförstånd agerar så att behandlingsresultaten direkt motarbetas.

Låt dig inte nedslås av dessa varningsord! Är du övertygad att du har en korrekt analys, det vill säga att du känner orsakerna till problembeteendet och att det föreslagna behandlingsåtgärderna är i linje med beteendeanalysen, då har du alla möjligheter att påverka även "ljumma" och halvintresserade kollegor. När problemen blir tillräckligt akuta ökar motivationen även hos den mest klentrogne. Ingen annan terapeutisk riktning har ett sådant stöd i behandlingsforskning som kognitiv beteendeterapi och tillämpad beteendeanalys.

Etiska synpunkter

Vid något tillfälle har jag mött lärare, som uppfattar beteendeanalysen som något slags försvar eller "ursäkt" för ett oförsvarligt beteende hos eleven.

Att analysen säger: "Palle är aggressiv och slåss för att han är mycket ångestfylld eller osäker i vissa sociala situationer." (se exemplet på sidan 227). Detta uppfattas som att Palle tas i försvar, fast det endast är en förklaring. Man värjer sig mot känslan att det skulle kunna vara lite synd om skolans plågoande.

Istället för att acceptera analysen och försöka finna behandlingsvägar utifrån den, var lärarna anklagande mot föräldrarna och valde att ställa dessa till svars för Palles rastbeteende. Lärarnas agerande tycktes närmast vara ämnat att få föräldrarna att sluta älska sin son och få dem att få upp ögonen för vilket odjur han egentligen var. Lärarna ansåg att hemsituationen var ansvarig för beteendet i skolan. För något sådant finns inget vetenskapligt stöd. Allt beteende har ett klart samband med den så kallade "här-och-nu-situationen".

Vem bestämmer vad som ska läras?

Är det rätt och riktigt att påverka beteenden hos andra människor? Den frågan ställs ibland och den blir särskilt intressant och brännande om man har tillgång till effektiva medel. Tillämpad beteendeanalys (TBA) är effektiv om den används på ett kunnigt sätt. Därför har den fått kritik för att den kan missbrukas. Tillämpad beteendeanalys är ett verktyg som ska användas för att förstå varför människor beter sig som de gör. Ett verktyg kan inte anklagas för att vara oetiskt. Det är användarens etik som prövas, när han använder TBA och beteendeterapi. Det är användarnas, förälderns, lärarens eller personalens, etik som ska ifrågasättas om TBA används på ett tvivelaktigt sätt. Det gäller vid all inlärning, fostran, träning, och undervisning.

Tillämpad BeteendeAnalys (TBA) föreskriver aldrig vilken inlärning och vilka handlingar som kan tränas eller läras in. Lika lite som all språkinlärning bara syftar till att lära ut ett visst språk. Tvång som inslag i inlärning eller behandling är ofta meningslöst. I stället måste man medelst förstärkning göra personen motiverad att ändra sitt beteende.

TBA har ytterligare ett mycket viktigt syfte. Den ska avslöja om problembeteendet är en anpassning till felaktigheter i miljön, dvs när insatser på väg 1 bör göras. Det ska inte vara nödvändigt att bete sig tokigt eller dumt, för att få det man har en självklar rätt till på grund av tokigheter i miljön eller systemet.

Betingelserna i samhället påverkar beteendet

Om det är mera lönsamt att vara sjukskriven än att arbeta, får man räkna med att många väljer att vara sjukskrivna. Detta gäller särskilt om man har ett slitsamt och ickeförstärkande arbete. Är det trevligare, behagligare och mindre plågsamt att sitta hemma än att slita ut sig på ett hårt arbete, då är det naturligt att vissa av oss väljer att sitta hemma, även om det ger mindre pengar i börsen. Vilka förstärkningar som är mest värda kan bara individen själv som värdera. Det går att avläsa på hans beteende.

En skicklig beteendeanalytiker skulle med stor sannolikhet kunna hjälpa till att bygga upp gynnsamma förstärkningsförhållanden för beteenden som vi vill se i samhället, istället för att låta systemen lura människor att göra "fel" saker och sedan klandra dem för det.

Döm inte människorna för att de anpassar sig till betingelserna i samhället.

För några år sedan dömdes ett gäng ungdomar till gemensamt straff för att de hade hotat, misshandlat kamrater under längre tid. Det kunde inte klarläggas vem eller vilka i gänget som gjort vad. På det sättet hade de klarat sig undan rättvisan flera gånger tidigare. Denna gång dömdes de för att alla kunde anses ha ett ansvar för det gänget utfört. Plötsligt var det inte lika attraktivt att vara med i gänget, då det kunde innebära obehag. Det viktigaste av allt var dock att rätten hade tagit bort förstärkningarna på att neka och skylla på varandra. Den negativa förstärkningen att slippa undan straff trots skuld, fanns inte längre tillgänglig. Detta kommer säkert att påverka gängbeteende i framtiden.

Så långt vi kan, borde vi se till att kriminella och farliga beteenden inte förstärks genom system, regler, lagar och domslut. Att hota vittnen till tystnad borde inte vara så förstärkande, för då skulle det minska. Att neka till brott man bevisligen gjort, borde heller inte vara så förstärkande.

Så långt vi kan borde vi se till att hederlighet, ansvarskännande och ärlighet förstärks.

Så långt vi kan borde vi också se till att skapa sådana förstärkningar att våra barn och ungdomar alltid uppmuntras, när de visar önskvärda beteenden.

Per-Olov gick i fjärde klass och hans fröken lanserade idén att barnen skulle få skriva "tankebok". Tankeboken skulle vara en ärlighetens bok, där allt kunde skrivas utan risk. Den skulle vara en förtroendelänk mellan lärare och elev. Idén var mycket god, då många barn inte har någon vuxen att tala med i svåra och känsliga frågor. Tankeboken kunde vara ett sätt, dels att få en förtrolig relation med en vuxen och dels få den vuxnes perspektiv på saker, där man inte vet hur man ska agera.

Per-Olovs största problem var att han upplevde sig orättvist beskylld till mycket strul som hände i skolan. Han tyckte att han fick skäll för sådant, som han inte hade gjort. Det kändes som om det inte hjälpte att försöka hålla sig utanför bråk. Han kände det som om han ändå alltid fick skulden. Detta skrev Per-Olov i sin bok.

När läraren fick läsa detta blev hon rasande. Per-Olov fick stanna inne på rasten och fick en utskällning, för att han for med osanning och dessutom fick han stanna inne påföljande raster och skriva att han hade varit lögnaktig på ett papper.

Vilka beteenden förstärktes i detta lilla drama. Per-Olov fick inte förstärkning på att vara "ärlig". Hans sanning kallades för lögn. Han blev bestraffad för att han gav vuxna förtroenden och han fick dessutom återigen uppfattningen att han alltid gör fel och missbedömer saker. Sannolikt kommer han inte att säga hur han upplever saker till andra lika lätt i framtiden. Det sägs att en känsla inte kan vara fel, men denna gång fick han klart för sig, att hans känsla var fel.

Fostrarens och behandlarens roll

Med det ovan sagda i tankarna borde man som fostrare eller behandlare rannsaka sina syften. Vad vill jag påverka eller förändra egentligen? Har jag rättfärdiga krav på ett förändrat beteende hos detta barn, denna elev eller person. Finns flera personer som tycker som jag? Är beteendet skadligt för personen själv eller bara irriterande för mig? Ingår det i min fostrarplikt att försöka motivera personen att förändra just detta beteende?

Oavsett om man använder arbetssättet som beskrivs i denna bok eller något annat sätt, måste man vara klar över att man inte fostrar för sin egen "bekvämlighets skull" eller för att tillfredsställa egna behov. Fostran ska vara till för att den som fostras ska klara en viss situation bättre, lära sig hantera någon situation på ett mindre destruktivt sätt eller inte komma till skada på grund av sitt beteende.

Kan man ärligt hävda att man inte har egoistiska syften med sitt beteendepåverkande och att de åtgärder man vidtar, inte tjänar tvivelaktiga syften, då är den tillämpade beteendeanalysen ett gott hjälpmedel.

Tillämpad beteendeanalys (TBA) är det verktyg som du har till din tjänst för att förstå varför en person beter sig som han/hon gör och vad som händer om du ändrar ditt bemötande av hans/hennes beteende på ett visst sätt. TBA har inte någon inbyggt syfte för hur och till vad det ska användas, lika lite som en verktygslåda har ett inbyggt syfte för hur ett hus ska se ut. TBA är bara ett verktyg att förstå och eventuellt påverka. Det är användaren som ansvarar för hur verktyget används.

Det kan aldrig vara fel att försöka förstå varför en människa beter sig om hon gör.

Litteraturförteckning

Bandura, A:
Principles of behavior Modification. Rinehart&Wiston 1968.

Bandura, A & Walters, R:
Social Learning and Personality Development. Holt, Rinehart and Winston 1963.

Daniels, A:
Bringing Out the Best in People. Mcgraw-Hill 2000.

Goldstein A, Glick B. och Gibbs J:
ART – en multimodal metod för att ge aggressiva barn och ungdomar sociala alternativ. KM & Borneling AB 2004.

Hayes, S. Wilson, K. and Strosahl, K:
Acceptance and Commitment Therapy. The Guilford Press, 1999.

Martell C.R. Addis, M.E. & Jacobson, N.S:
Depression in Context. W.W. Norton 2001.

Rönnberg S:
Beteendeanalys. Riktlinjer för analys, datainsamling och utvärdering i beteendeterapi. Stockholm CBM, 1978.

Sulzer-Azaroff, B & Mayer, R:
Behavior Analysis for Lasting Change. Wadsworth 1991.

Sundel, M & Sundel, S:
Behavior Change in the Human Services. Sage Publications 2004.

Wadström, Olle:
Självskadande – om orsaker och behandling i ett beteendeterapeutiskt perspektiv. Nord-Press forlag, Dronninglund Danmark 1989.

Wadström, Olle:
Tvångssyndrom – orsaker och behandling i ett beteendeterapeutiskt perspektiv. Psykologinsats AB (sjätte omarbetade upplagan) 2017.

Wadström, Olle, Ekvall, Daniel:
Idrottsglädje, prestation, utveckling – kognitiv beteendeterapi för tränare, idrottare och föräldrar. Psykologinsats AB 2013

Wadström, Olle:
Sluta älta och grubbla – lättare gjort med kognitiv beteendeterapi. Psykologinsats (femte upplagan) 2017.

Wadström, Olle:
När Mowrer inte räcker till – operant analys av ältande. Beteendeterapeuten (2013:1)

Wadström, Olle:
Kognitiv BeteendeTerapi och lite till – 49 års erfarenheter som beteendeterapi. Psykologinsats (2020)

Ordlista

Autonomt beteende

Inre beteenden som inte kan kontrolleras med viljan och som styrs av det autonoma nervsystemet. Exempelvis hjärtslag, svettning, mage och tarmars beteende, med mera. Viktigast i detta sammanhang är beteenden som uppkommer vid ångest/oro/olust – en sympaticusreaktion. När sympaticusreaktionen inte dominerar är den så kallade parasympaticusreaktionen mera aktiv.

Betingning (respondent)

Inlärning av en automatisk känsloreaktion. När betingning skett reagerar känslorna automatiskt och utan hänsyn till logik och förnuftiga tankar. Exempelvis kan man genom betingning bli rädd för något som tidigare var helt neutralt.

Betingning (operant)

Inlärning av ett viljemässigt kontrollerbart beteende (motoriskt och kognitivt) (operant) och dess samband med förstärkningar.

Betingat stimulus

Föremål, situation eller något annat som genom inlärning fått den automatiska förmågan att väcka en känsla. Exempel på ett betingade stimulus är en "spindel", som väcker ångest hos en spindelfobiker eller en "valsituation" som väcker beslutsångest en annan.

Beteendekedja	En kedja av beteenden där ett beteendes förstärkning (positiva konsekvens) blir igångsättare (startstimulus) för nästa beteende. Och detta beteendes förstärkning blir startstimulus för nästa beteende och så vidare.
Etablerande omständighet	En omständighet som gör en förstärkning antingen mera eller mindre kraftfull. Hunger ökar en bulles förstärkningseffekt, det vill säga gör det mera angeläget att bete sig så att man får en bulle. En tanke, som gör det mera angeläget att undvika ångest, är en etablerande omständighet (EO). Exempelvis tanken: "Det är farligt för hjärtat att ha ångest." Denna tanke/information är en omständighet, som gör det mera förstärkande att undvika sådant som ger högre puls.
Exponering	Att utsätta sig för något. Inom beteendeterapin avses vanligen att utsätta sig för något (betingat stimulus), som väcker ångest och oro i syfte att motbetinga det. Genom exponering tar man bort förmågan hos det betingade stimulit att automatiskt väcka sympaticus (ångest, stress).
Exponering med responsprevention	Man utsätter sig för ett betingat stimulus och avstår från att använda säkerhetsbeteenden (= responsprevention), vilket är nödvändigt för att motbetingning ska kunna ske.

Förstärkning K⁺ positiv / K⁻ negativ

Varje konsekvens på ett beteende, som gör att beteendet sannolikt kommer att fortsätta användas eller att användas ännu mera. Man skulle kunna säga "motivationshöjande konsekvens". Blir jag road och glad av att hoppa hopprep, då gör jag det mera. Road och glad förstärker beteendet att hoppa hopprep (positiv förstärkning).

Förstärkning K⁻ negativ

Den angenäma konsekvensen kan också vara att befrias från något obehag eller olust (negativ förstärkning). Exempelvis beteenden som gör att något oangenämt minskar. Att ta Voltaren minskar smärtan och är därför en negativ förstärkare, som förstärker det beteendet.

Förstärkningsformeln

Även kallat förstärkningsparadigm. Skrivs S – R – K och visar på beteendets (R) samband med situationen (S) och beteendets konsekvenser/förstärkningar (K). Det som föregår beteendet och det som kommer ut av det. Varje beteende har alltid en stark knytning till här – och – nu-situationen, vilket man försöker åskådliggöra med formeln.

Generalisering

Generalisering är exempelvis när en person börjar använda ett beteende hemma, som han har lärt sig i skolan. Egentligen är det att sprida eller vidga användningsområdet för ett beteende. generaliseringen sker ofta helt omedvetet.

Inkompatibelt beteende	Två beteenden är inkompatibla med varandra, om de inte kan utföras samtidigt. Man kan inte tänka en tröstetanke och en skrämmande värsta tanke i samma ögonblick. Alltså är dessa beteenden inkompatibla med varandra.
Kognition, kognitioner	Tankebeteende. Beteenden som utförs av hjärnan. Har likheter med yttre, motoriska beteenden genom att de är inlärda och viljemässigt kontrollerbara och vidmakthålls av förstärkningar.
Motbetingning	Det som sker om man exponerar eller utsätter sig för sina betingade stimuli (inlärda triggers) utan att fly, undvika eller vidta några säkerhetsbeteenden som helst. Det som sker kallas också habituering.
Motoriskt beteende (yttre beteende)	Beteenden som utförs av muskler och skelett, synliga rörelser och observerbara beteenden. Kallas även motoriska beteenden. Dessa beteenden har likheter med kognitiva beteenden, vilka också är inlärda och viljemässigt kontrollerbara och vidmakthålls av förstärkningar.
Operant	Motoriskt och kognitivt (tanke-) beteende, detta är inlärt och viljemässigt beteende, kontrollerbart. Alla beteenden vi utför med muskler och skelett samt tankar.
Parasympaticusreaktion	Reaktion då kroppens inre anpassar sig till den faktiska situationen. Vilar jag så vilar hjärta, blodtryck och maten smälts och kroppen reparerar sig. Motsatt reaktion till sympaticusreaktion.

Respons

De beteenden som individen gör för att hantera sin göra som situation. Exempelvis röra sig, idrotta, äta, samtala, tänka, fundera.

Respondent

Inre beteende styrt av det autonoma nervsystemet. Beteendet svarar för den beteende inre miljön såsom puls, andning, matsmältning och svettning.

Stimulus

Något som föregår och medverkar till att få ett beteende att starta. Det börjar regna (S) vilket gör att jag reagerar (R) med att fälla upp mitt paraply, för att slippa bli våt (K).

Sympaticusreaktion

Reaktion i det autonoma nervsystemet vid kraftiga känslor och som inte kan kontrolleras med viljan. Sympaticusreaktionen kännetecknas av ökad puls och blodtryck, avstannad mag- och tarmaktivitet, förändring av blodflödet i kroppen. Sympaticusreaktion är en förberedelse för kamp eller flykt.

Säkerhetsbeteende

Varje beteende synligt eller osynligt som fungerar som ångest- eller obehagssänkare. Tröstetankarna är kognitiva säkerhetsbeteenden, dvs. tankar som vi använder i syfte att minska olust i situationen.

Utsläckning

När ett beteende inte längre får någon förstärkning (angenäm eller förväntad konsekvens), slocknar det. Motivationen att använda beteenden som inte leder till något försvinner. Vi upphör att utföra meningslösa beteenden.